高等职业教育交通土建类专业教材

公路工程施工监理
（第2版）

主　编　徐静涛
副主编　陈　晴　杨　丹　李　杨
参　编　崔　琦　李　博　高　峰
　　　　姜仁安　张万臣
主　审　刘仲波

北京理工大学出版社
BEIJING INSTITUTE OF TECHNOLOGY PRESS

内容提要

本书依据《公路工程施工监理规范》(JTG G10—2016)，紧密结合工程实际编写，突出实用性。全书除绪论外共分为七章，涵盖了公路工程施工监理在质量、进度、费用、安全、环保、合同管理等方面的工作职责、权限、内容、程序、方法等，主要内容包括公路工程施工监理概论、公路工程施工质量监理、公路工程施工进度监理、公路工程施工费用监理、公路工程施工合同其他事项管理、公路工程施工安全监理、公路工程施工环境保护监理等。

本书可作为高等院校公路工程等相关专业的教材，也可作为公路工程职业培训及工程技术人员、监理人员的参考用书。

版权专有　侵权必究

图书在版编目（CIP）数据

公路工程施工监理 / 徐静涛主编. —2版. —北京：北京理工大学出版社，2020.7（2020.10重印）
ISBN 978-7-5682-8805-7

Ⅰ.①公… Ⅱ.①徐… Ⅲ.①道路施工－施工监理－高等学校－教材 Ⅳ.①U415.12

中国版本图书馆CIP数据核字（2020）第137163号

出版发行 /	北京理工大学出版社有限责任公司
社　　址 /	北京市海淀区中关村南大街5号
邮　　编 /	100081
电　　话 /	（010）68914775（总编室）
	（010）82562903（教材售后服务热线）
	（010）68948351（其他图书服务热线）
网　　址 /	http://www.bitpress.com.cn
经　　销 /	全国各地新华书店
印　　刷 /	北京紫瑞利印刷有限公司
开　　本 /	787毫米×1092毫米　1/16
印　　张 /	16.5
字　　数 /	432千字
版　　次 /	2020年7月第2版　2020年10月第2次印刷
定　　价 /	48.00元

责任编辑 / 陈莉华
文案编辑 / 陈莉华
责任校对 / 周瑞红
责任印制 / 边心超

图书出现印装质量问题，请拨打售后服务热线，本社负责调换

第 2 版前言
FOREWORD

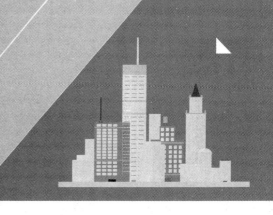

工程监理制度是公路工程建设中一项科学、有效的管理措施，它保证了工程建设的法制化、规范化和程序化。工程监理在公路工程施工中发挥了重要的作用，有效推动了公路工程建设的发展和社会的进步。

本书对工程监理在公路工程施工中的主要职责和重要意义进行了总结，概述了工程监理的工作准则，分析了工程监理在公路工程施工中的作用，提出了工程监理在公路工程施工中作用扩大化的建议，即需要做好流动监理、全面深入了解每个环节，重视安全、定期检查，控制质量、减少成本，加强对重点环节的监理，做好施工过程与竣工验收阶段的质量控制，加强监理人才的培养，才能有效发挥工程监理在公路工程施工中的作用。

本书修订过程中，删除了一些公路施工中较少使用的陈旧内容。对各章节的知识体系进行了深入的思考，并联系实际进行知识点的总结与概括，使该部分内容更具有指导性与实用性。并对各章复习思考题也进行了适当的删减与补充。

本书由吉林交通职业技术学院徐静涛担任主编，由吉林交通职业技术学院陈晴、杨丹、李杨担任副主编，长春工程学院崔琦和吉林交通职业技术学院李博、高峰、姜仁安、张万臣参与了本书部分章节的编写。具体编写分工如下：绪论、第一章由崔琦编写，第二章、第六章由徐静涛编写，第三章由杨丹编写，第四章由李杨编写，第五章第一～五节由李博编写，第五章第六、七节由高峰、姜仁安、张万臣编写，第七章由陈晴编写。全书由徐静涛统稿，由吉林交通职业技术学院刘仲波主审。

本书在修订过程中，参阅了国内同行的多部著作，部分高等院校的老师提出了很多宝贵的意见，在此表示衷心的感谢！

本书虽经反复讨论修改，但限于编者的学识及专业水平和实践经验，修订后的教材仍难免存在疏漏和不妥之处，恳请广大读者指正。

编　者

第1版前言

FOREWORD

"十二五"时期，我国经济社会已进入一个新的历史阶段，交通运输也已进入新的发展时期，我国公路总里程将达到450万千米，国家高速公路网基本建成，高速公路总里程将达到10.8万千米。伴随公路事业的快速发展，工程监理制也走过了20多个年头，监理制度的作用也越发显得突出。与监理制度有关的政策法规不断完善，对新时期公路工程施工监理提出了更高的要求，一方面监理行业吸引了大量的专业技术人员从业，另一方面对监理人员的素质要求也越来越高。随着公路工程监理的职业资格认证制度的推行，公路工程施工监理已经不能仅仅作为一门专业课来适应对它的发展，更多院校的学生以及专业技术人员已经把监理作为一个就业的方向和可持续发展的行业。

本书以《公路工程施工监理规范》（JTG G10—2006）、《公路工程质量检验评定标准》（JTG F80/1—2004）、《公路路基施工技术规范》（JTG F10—2006）、《公路沥青路面施工技术规范》（JTG F40—2004）、《公路路面基层施工技术规范》（JTJ 034—2000）、《公路水泥混凝土路面施工技术规范》（JTG F30—2003）、《桥涵施工技术规范》（JTJ 041—2000）、《公路隧道施工技术规范》（JTJ 042—1994）等为主要依据，紧密结合交通运输部的公路工程监理培训教材的内容来进行编写。

编写过程中，编者深入工程一线，搜集了大量的工程资料，用于本书的编写内容，这主要集中在第三章公路工程施工质量监理，第八章公路工程施工环境保护监理。这样使本书具有结合工程实际，突出重点的特点。

本书第一、三、四、五章由吉林交通职业技术学院徐静涛编写，第二、六章由吉林交通职业技术学院申建、陈立春、崔晓义编写，第七章由内蒙古大学交通学院吴茂胜编写，第八章由中庆建设有限责任公司程淑娟编写，全书由徐静涛统稿，由吉林交通职业技术学院周秀民主审。另外，吉林交通职业技术学院赵金云、吉林省天达工程咨询有限公司赵博、吉林省嘉鹏建设集团朱加良也参与了本书的编写工作。在此对参加编写工作的编者以及本书参考的相关论著和资料的编者一并表示感谢。

由于编者水平有限，书中难免有不妥和不足之处，恳请专家和读者批评指正。

编　者

目录

绪论 …………………………………………… 1
  一、工程监理的基本概念 ………………… 1
  二、与工程监理有关的行为主体及各方的
     关系 …………………………………… 1
  三、国内外工程监理制度的产生和发展 …… 2
  四、实行工程监理制度的必要性 ………… 4
  五、工程监理的特点 ……………………… 5
  六、监理工程师的基本要求 ……………… 6
  七、公路工程质量保证体系 ……………… 7
  复习思考题 …………………………………… 8

第一章 公路工程施工监理概论 …………… 9
第一节 公路工程施工监理的基本知识 …… 9
  一、施工监理的基本内容 ………………… 9
  二、施工监理阶段的划分及各阶段监理工作
     的主要内容 ………………………… 10
第二节 监理工程师的职责权力与管理 …… 11
  一、监理工程师的概念 …………………… 11
  二、监理工程师的职责权力 ……………… 11
  三、监理工程师的管理 …………………… 11
第三节 监理单位与管理 ………………… 13
  一、监理单位的概念 ……………………… 13
  二、监理单位的资质 ……………………… 14

  三、监理单位的管理 ……………………… 14
第四节 监理机构 ………………………… 15
  一、监理机构设置 ………………………… 15
  二、监理机构组织模式 …………………… 15
  三、监理机构的人员配备 ………………… 17
  四、各级监理机构主要职责 ……………… 18
  五、监理设施和设备 ……………………… 20
第五节 工地会议与监理文件、资料 …… 21
  一、工地会议 ……………………………… 21
  二、监理资料 ……………………………… 22
  复习思考题 ………………………………… 31

第二章 公路工程施工质量监理 …………… 32
第一节 工程质量概述 …………………… 32
  一、工程质量的概念 ……………………… 32
  二、工程质量形成的过程 ………………… 32
  三、工程质量的特点 ……………………… 32
  四、工程质量等级评定 …………………… 33
第二节 公路工程施工质量监理的依据、
     程序、方法和特点 ……………… 38
  一、公路工程施工质量监理的依据 ……… 38
  二、公路工程施工质量监理的程序 ……… 38
  三、公路工程施工质量监理的方法 ……… 39

四、工程质量监理的特点 …………… 41

第三节　公路工程施工质量监理的阶段划分
　　　　与内容 …………………………… 41
　　一、施工准备阶段质量监理内容 …… 41
　　二、施工阶段质量监理内容 ………… 44
　　三、验收与缺陷责任期阶段监理 …… 47

第四节　监理试验室 ……………………… 47
　　一、监理试验室的职责 ……………… 48
　　二、监理试验室的工作内容 ………… 48
　　三、监理试验室的设置 ……………… 49

第五节　工程质量缺陷与质量事故 ……… 50
　　一、工程质量缺陷与质量事故的产生原因 … 50
　　二、工程质量事故分类 ……………… 51
　　三、公路工程质量事故分级管理规定 … 51
　　四、公路工程质量事故报告相关规定 … 51
　　五、质量事故书面报告内容 ………… 52
　　六、发生重大质量事故的现场保护措施 … 52
　　七、质量事故处理实行"三不放过"原则 … 52
　　八、监理工程师在质量事故中的处理方法 … 52

第六节　路基工程施工质量监理 ………… 55
　　一、路基施工准备阶段质量监理 …… 55
　　二、路基施工阶段质量监理 ………… 58
　　三、路基中间交工验收阶段质量监理 … 73

第七节　路面工程施工质量监理 ………… 74
　　一、垫层施工质量监理 ……………… 74
　　二、基层、底基层施工质量监理 …… 75
　　三、面层施工质量监理 ……………… 76

第八节　桥涵工程施工质量监理 ………… 83
　　一、扩大基础、承台、系梁施工质量监理 … 83
　　二、钻（挖）孔灌注桩施工质量监理 … 85
　　三、墩、台身和盖梁施工质量监理 … 88
　　四、钢筋混凝土沉井施工质量监理 … 89
　　五、预制梁（板）及安装施工质量监理 … 90
　　六、就地浇筑梁（板）施工质量监理 … 95

　　七、悬臂梁施工质量监理 …………… 98
　　八、支座安装施工质量监理 ………… 101
　　九、钢管拱桥及钢桥施工质量监理 … 103
　　十、桥面系施工质量监理 …………… 103
　　十一、涵洞、通道工程施工质量监理 …… 105

第九节　隧道工程施工质量监理 ………… 106
　　一、概述 ……………………………… 106
　　二、隧道工程施工准备阶段质量监理 … 107
　　三、隧道工程施工阶段质量监理 …… 107

第十节　交通安全设施工程施工质量监理 … 118
　　一、交通安全设施工程施工质量监理要点 … 118
　　二、交通标志工程施工质量监理 …… 118
　　三、路面标线工程施工质量监理 …… 119
　　四、隔离栅工程施工质量监理 ……… 119
　　五、视线诱导设施工程施工质量监理 …… 120
　　六、防眩板工程施工质量监理 ……… 120

复习思考题 ………………………………… 121

第三章　公路工程施工进度监理 ………… 122

第一节　工程进度监理的作用与任务 …… 122
　　一、进度监理的作用 ………………… 122
　　二、进度监理的任务 ………………… 122
　　三、工期、质量、费用三者的关系 … 123

第二节　进度监理的基本方法 …………… 124
　　一、横道图法 ………………………… 124
　　二、S曲线 …………………………… 125
　　三、工程进度管理曲线 ……………… 127
　　四、斜条图法 ………………………… 128
　　五、网络计划图 ……………………… 129

第三节　进度计划的编制与审批 ………… 129
　　一、进度计划编制的原则、依据 …… 129
　　二、进度计划的基本内容 …………… 130
　　三、进度计划的表示方式 …………… 130
　　四、进度计划的审批 ………………… 130

第四节　进度计划的检查与调整·······131
　　一、进度计划的检查·············131
　　二、进度计划的调整·············132
复习思考题·······················142

第四章　公路工程施工费用监理·······143
第一节　工程费用概述·············143
　　一、工程费用的概念·············143
　　二、工程费用的组成·············143
　　三、工程费用的特点·············147
　　四、影响工程费用的因素···········147
第二节　工程费用监理的原则、方法与
　　　　　　职权·················147
　　一、费用监理的原则·············147
　　二、费用监理的方法·············148
　　三、费用监理工程师的职责·········149
　　四、费用监理工程师的权力·········149
第三节　工程量清单···············149
　　一、工程量清单的概念···········149
　　二、工程量清单的内容···········149
第四节　工程计量·················154
　　一、工程计量的必要性···········154
　　二、工程计量的有关规定·········154
　　三、工程计量的规则和方法·······156
第五节　工程费用支付·············159
　　一、工程费用支付的原则·········159
　　二、工程费用支付的种类·········159
　　三、工程费用支付的程序·········161
　　四、清单支付项目···············162
　　五、合同支付项目···············164
复习思考题·······················168

第五章　公路工程施工合同其他事项管理···169
第一节　概述·····················169

　　一、合同的基本概念·············169
　　二、公路工程合同的类型·········169
　　三、公路工程施工合同管理的必要性···170
　　四、合同管理的主要内容·········170
第二节　工程分包·················171
　　一、工程分包的形式·············171
　　二、分包与转让的区别···········172
第三节　工程保险·················172
　　一、保险的种类·················172
　　二、保险的检查与落实···········174
第四节　工程变更·················174
　　一、工程变更的概念·············174
　　二、工程变更的内容·············174
　　三、工程变更的估价·············175
　　四、工程变更的申请与审批·······176
第五节　工程延期与费用索赔·······176
　　一、工程延期···················176
　　二、费用索赔···················180
第六节　合同违约与纠纷···········184
　　一、合同违约···················184
　　二、合同纠纷···················186
第七节　FIDIC合同条件简介·······187
　　一、FIDIC产生的历史背景与发展···187
　　二、FIDIC的《土木工程施工合同条件》的
　　　　内容构成···················188
　　三、FIDIC合同条件的基本特点和适用
　　　　范围·······················188
复习思考题·······················189

第六章　公路工程施工安全监理·······190
第一节　概述·····················190
　　一、安全监理的概念·············190
　　二、安全监理的依据·············190
　　三、安全监理的作用·············191

四、安全监理的原则 ················ 191
五、安全监理的职责 ················ 191

第二节　公路工程施工安全监理内容 ······ 192
一、招标阶段安全监理的工作内容 ······ 192
二、施工准备阶段安全监理的工作内容 ··· 192
三、施工阶段安全监理的工作内容 ······ 193
四、交工验收阶段安全监理的工作内容 ··· 195
五、建立施工安全监理资料及台账 ······ 197

复习思考题 ·························· 199

第七章　公路工程施工环境保护监理 ····· 200
第一节　概述 ························ 200
一、施工环境保护监理的概念与任务 ···· 201
二、公路施工对环境的影响因素 ········ 201
三、公路施工环境保护监理的原则与依据 ··· 202
四、公路施工环境保护监理的职责 ······ 203
五、公路施工环境保护监理的工作程序 ··· 203
六、公路施工环境保护监理的措施 ······ 204
七、公路施工环境保护监理的工作方式 ··· 205
八、环境污染和生态破坏事故处理 ······ 205

第二节　施工准备阶段的环境保护监理 ··· 205
一、施工准备阶段的环境保护监理的工作内容 ························ 205
二、施工准备阶段的环境保护监理要点 ··· 206

第三节　施工阶段的环境保护监理 ······· 211
一、路基工程施工环境保护监理 ········ 211
二、路面工程施工环境保护监理 ········ 213
三、桥涵工程施工环境保护监理 ········ 216
四、隧道工程施工环境保护监理 ········ 218

五、取土、弃土场环境保护监理 ········ 221
六、排水工程施工环境保护监理 ········ 222
七、砌筑工程施工环境保护监理 ········ 222
八、交通安全设施工程施工环境保护监理 ··· 223
九、环境保护工程监理 ················ 223

第四节　交工验收与缺陷责任期阶段环境保护监理 ······················ 224
一、交工验收环境保护监理 ············ 224
二、缺陷责任期环境保护监理 ·········· 225
三、竣工环境保护验收监理 ············ 225

复习思考题 ·························· 227

附录一　公路工程施工监理规范 ········· 228
附录二　公路工程施工监理用表 ········· 238
B-01　监理计划书报审表 ·············· 238
B-02　监理实施细则报审表 ············ 239
B-03　监理指令单 ···················· 240
B-04　工程停工令 ···················· 241
B-05　复工令 ························ 242
B-06　工地会议纪要 ·················· 243
B-07　监理日志 ······················ 244
B-08　巡视记录 ······················ 245
B-09　旁站记录 ······················ 246
B-10　监理月报告书 ·················· 247
B-11　索赔时间/金额审批表 ··········· 254
B-12　工程缺陷责任期终止证书 ········ 255

参考文献 ···························· 256

绪 论

一、工程监理的基本概念

"监理"一词是外来语，是根据英文"Supervision"的含义得来的，一般直译为监督、管理、引导等。"监理"的含义可以表述为：一个执行机构或执行者，依据一定的准则，对某一行为的有关主体进行督察、监控或评价，同时采取组织、协调、疏导等措施，协助行为主体实现其行为目的。

按照交通运输部的有关规定，目前公路工程监理仅在施工阶段实施，因而公路工程监理实指公路工程施工监理。它是指具有相应资质的监理单位，按国家有关规定受项目业主的委托，依据监理合同，对工程施工质量、安全、环境保护、进度、费用等方面实施的监督和管理活动。

二、与工程监理有关的行为主体及各方的关系

（一）与工程监理有关的行为主体

业主：有时也称为项目法人，它是指某个工程项目的投资者或资金筹集者，并在工程建设的前期及实施阶段对工程建设的费用、进度、质量等重大问题有决策权的组织。业主一般就是建设项目的产权所有人，与工程建设项目有着密切的利害关系，在工程建设中拥有确定建设工程规模、标准、功能，以及选择施工、监理单位等重大问题的权力。

承包人：有时也称为施工企业、承建单位、承包人，它是指通过投标或其他方式取得某项工程的施工权，材料、设备的制造、供应权，并和业主签订合同，承担工程施工费用、进度、质量、安全、环保责任的单位或个人。

监理单位：它是指取得法人资格，并取得交通主管部门颁发的公路施工监理资质证书的，依法从事工程监理业务的经济组织。

（二）工程监理中行为主体间的相互关系

1. 业主与监理单位的关系

业主与监理单位应签订监理合同，二者是委托与被委托的合同关系，应做到各负其责，独立工作，相互尊重，密切合作。业主不得随意干涉监理工作，否则视为侵权违约；监理单位必须保持公正，不得和承包人有经济联系，更不得串通承包人侵犯业主利益，否则业主将用合同或法律手段，追究监理单位的经济和法律责任。

2. 业主与承包人的关系

业主与承包人应签订施工合同，二者是发包与承包的合同关系。业主将工程发包给承包人，

承包人按合同约定完成工程，双方必须按合同履行所有的承诺，违约者要承担相应的违约责任。

3. 监理单位与承包人的关系

监理单位与承包人不签订任何合同，二者是监理与被监理的关系，这个关系在业主与承包人签订的施工合同中予以明确。监理单位代表业主对承包人的建设行为进行监理，但也要维护承包人的合法权益；承包人应按合同规定接受监理单位的监督和管理。若监理人员的行为不公正，承包人有权向有关部门申诉。

需要特别强调指出的是，作为行使政府监督职能的各级质量监督机构在整个工程建设活动中将对业主、承包人和监理单位实施有效的监督。四方之间的关系如图0-1所示。

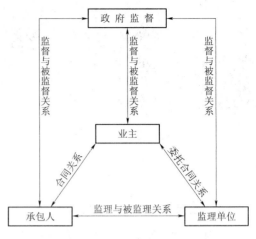

图0-1 工程建设中四方之间的关系

三、国内外工程监理制度的产生和发展

(一) 国外的工程监理制度

1. 国外工程监理制度的产生和发展

工程监理作为建设领域的一项科学管理制度，起源于工业革命发生以前的16世纪的欧洲。它的产生和发展与商品经济的发展、建设领域的专业化分工、社会化大生产相伴随，并日趋完善。

16世纪以前的欧洲，建筑师就是总营造师，他受雇于业主，负责设计、购买材料、雇佣工匠，并组织、管理工程的施工。进入16世纪以后，欧洲出现了华丽的花型建筑，立面设计比较讲究，社会上对建筑技术的要求越来越高，因而设计与施工分离。建筑师队伍出现了专业分工，一部分建筑师联合起来专门从事设计；一部分建筑师专门负责施工；还有一部分建筑师便专门向社会传授技艺，为业主提供建筑咨询或接受业主的聘请，专门监督、管理施工，这就是监理行业的萌芽。但这时的监理业务仅仅局限于施工过程中的质量监督和替业主计算工程量、验方等。

18世纪60年代的英国工业革命，大大促进了整个欧洲工业化的发展，社会上大兴土木带来了建筑业的空前繁荣，建筑技术日趋复杂，工程建设规模不断扩大，质量要求也越来越高，相应地要求采取一种高效率而又精确的工作方式和建立一种新的雇佣关系，来达到工程建设高质量的要求。业主也越来越感觉到，单靠自己来监督、管理工程建设已力不从心，因而监理服务的必要性逐步为人们所认识。

19世纪初，随着建设领域商品经济关系的日益复杂，为了维护各方经济利益并加快工程进度，明确业主、设计者、施工者之间的责任界限，英国政府于1830年以法律手段推出了总合同制度，要求每个建设项目由一个承包人进行总包。总包制度的实施，导致了招标投标交易方式的出现，也促进了工程监理制度的发展。此时，工程监理的业务内容得到进一步扩充，其主要任务是帮助业主计算标底，协助招标，控制费用、进度、质量，进行合同管理以及项目的组织和协调等。

第二次世界大战以后，欧美各国在恢复建设中加快了向现代化发展的速度，需要建设许多大型、巨型工程，如航天工程、大型水利工程、高速公路、水电站、核电站和新型城市开发等。这些工程投资多、风险高、规模大、技术复杂，无论是投资者还是承包人，都难以承担由于投资不当或管理不善而造成的损失。竞争激烈的社会环境、巨大的项目风险迫使业主更加重视项目建设的科学管理。业主为减少投资风险，节约工程费用，需要聘请有经验的咨询监理人员，对工程建设前期的可行性进行研究论证，帮助其进行决策分析。这样工程监理的业务范围由项目实施阶段向前延伸至项目决策阶段，工程监理工作便贯穿建设活动的全过程。

20世纪70年代以后，欧、美、日等工业发达国家的工程监理制度向法制化、规范化发展。美国的《统一建筑管理法规》、日本的《建筑师法》及《建筑基准法》、我国香港地区的《建筑条例》和《建筑管理法规》等，都对工程监理的内容、方法以及从事监理的社会组织作了详尽的规定。工程监理制度正逐步成为工程建设管理组织体系的重要组成部分。在西方国家工程建设中形成了业主、承包人和监理工程师三足鼎立的基本格局。

20世纪80年代以来，工程监理制度在国际上有了很大的发展。一些发展中国家也开始效仿发达国家的做法，结合本国实际，建立或引进监理机构，对工程项目建设实施监理。世界银行和亚洲开发银行等国际金融组织，也都把实行工程监理作为提供贷款的必备条件之一，工程监理已成为国际惯例和工程建设必须遵循的制度。20世纪80年代以后，我国的世界银行贷款项目也开始实行了监理制度。

2. 国外工程监理的主要模式

(1)QS(Quantity Surveying)。这是英联邦国家的一种体系，直译为数量估计，从事QS工作的人员称为估计员，QS的工作内容虽然日渐丰富，但是英联邦国家一直沿用这个名称。

QS的国际组织是英国皇家特许测量师学会(RICS)，地方性组织是中国香港、加拿大、新加坡、澳大利亚等测量师学会(协会)。英联邦国家对QS的审核是十分严格的，首先要脱产学习三年半或业余学习五年(1天/周+1夜/周)，取得QS学士学位，接着要在RICS认可的项目上实习三年，熟悉QS的全部业务，然后通过RICS考试，考试时间为两天，并要解决项目QS服务的几个实际问题，合格后才能取得RICS颁发的证书。QS为业主提供的服务主要有：投资预算的咨询；投资规划和价值分析；合同管理咨询；索赔处理；编制招标文件；评标咨询；竣工决算审核；付款审核等。

(2)CM(Constriction Management)。CM是美国的一种体系，直译为建筑工程管理。

CM实际上是一种边设计和边施工的模式。采用CM模式，就是从项目开始阶段就雇佣具有施工经验的咨询人员参与到项目实施过程中来，以便为设计专业人员提供施工方面的建议并随后负责管理施工过程。这种安排的目的是将工程项目作为一个完整的过程来对待，在决策时能够同时考虑设计与施工的因素，力争使项目在最短时间内，以最经济的成本和满足要求的质量完成并交付使用。

(3)PM(Project Management)。PM是项目管理的简称，是第二次世界大战以后，20世纪50年代末、60年代初逐步在美国、前联邦德国、法国、日本等国广泛应用的项目管理方法。它是指咨询工程师受业主和设计、承包人的委托，为其提供项目组织协调、费用控制、进度控制、质量控制、合同管理、信息管理等服务。我国的工程监理是根据PM的基本理论，结合我国的具体情况提出的。

(二)我国公路工程监理制度的发展

改革开放以来，我国基本建设管理体制改革的重大举措之一，就是实行了工程监理制度。

经过多年来的试点先行、稳步提高和全面推行三个阶段，使工程监理制度从无到有、从探索实践到完善提高，对提高工程质量、建设管理水平和投资效益等方面发挥了重要作用。我国的公路工程监理制度是参照国际惯例，结合我国国情建立起来的。公路工程监理制度在我国的产生和发展大致经历了以下三个阶段。

1. 试点先行阶段（1986—1990 年）

为了适应我国改革开放形势的发展，推动公路工程建设领域改革开放的进一步深化，经国务院批准同意，交通运输部于 1986 年和 1987 年率先在利用世界银行贷款建设的西安——三原一级公路和京津塘高速公路上开展了工程监理的试点，接着又在全国各地的许多项目上推行监理试点。交通运输部于 1989 年 4 月发布了《公路工程施工监理暂行办法》等规范性文件，并于 1989 年 10 月组建了交通运输部工程建设监理总站，以更好地指导公路工程监理有序地开展。

2. 稳步提高阶段（1991—1994 年）

监理试点工作，积累了大量的经验，取得了很大成绩，我国公路工程监理行业已初步形成，公路工程监理进入了稳步提高阶段。在此期间，全国范围内大部分国道和高等级公路实行了工程监理。同时，交通运输部就公路工程监理的实施先后发布了《公路工程施工监理办法》《公路、水运工程监理工程师注册办法》《公路、水运工程监理单位资格审批暂行规定》等一系列规范性文件。

3. 全面推行阶段（1995 年以后）

1995 年 4 月交通运输部颁布了公路工程监理行业标准《公路工程施工监理规范》，这标志着我国公路工程监理已进入了全面推行阶段。1997 年交通运输部为适应公路工程监理事业发展的需要，又制定并推广使用了《公路工程施工监理合同范本》，提高了监理服务委托合同签订的质量，促进了公路工程监理工作制度化、规范化和科学化建设。1997 年，全国人大先后通过的《中华人民共和国公路法》和《中华人民共和国建筑法》均载入了工程监理的内容，使工程监理制度在公路工程建设管理体制中的重要地位得到了国家法律的保障。

目前，全国已形成了一支素质较高、规模较大的公路工程监理队伍。在建公路工程项目绝大多数实行了工程监理，重点公路项目全部实行了监理，工程监理制度在工程建设中发挥着越来越重要的作用，已受到社会的广泛关注和普遍认可。

四、实行工程监理制度的必要性

1. 实行工程监理制度是工程建设管理体制改革的需要

长期以来我国一直沿用业主自筹、自建、自管和工程指挥部负责的工程建设管理模式（中华人民共和国成立初期至 20 世纪 70 年代末）。这种缺乏专业化、社会化的工程建设管理体制使得工程项目建设始终处于低水平管理状态，工程建设项目投资、进度、质量严重失控。因此，改革传统的工程建设管理体制，建立一种新型的、适应市场经济发展的工程建设管理体制成为必然趋势。

2. 实行工程监理制度是深化工程建设领域改革的需要

20 世纪 80 年代初，我国基本建设引进了竞争机制，投资开始有偿使用，建设任务逐步实行招标承包制，工程建设监督已转向政府专业质量监督与企业的自检相结合，但是政府的专业质量监督无法对建设工程不间断、全方位地进行，建设市场还不规范，约束机制尚不完善。因此，仅有竞争机制，没有约束机制，这种改革是不完善、不匹配的，改革的深化呼唤着工程监理制度的诞生。

3. 实行工程监理制度是提高工程建设项目管理水平的需要

实行工程监理制度，有利于形成高水平的，以技术、管理水平和服务质量为竞争基础的大批管理中介服务实体；有利于培养大批高水平的项目管理人才；有利于为业主提供高质量的技术、管理服务。

4. 实行工程监理制度是规范建设市场、发展社会主义市场经济的需要

随着我国社会主义市场经济的确立和发展，工程建设领域的商品经济关系得到了加强，经济利益主体出现多元化的局面。一个健全、完善的建设市场，必须包括所有市场的主体。项目法人、设计、施工、设备材料生产供应单位和监理单位的出现与发展，都是在市场经济环境下社会化分工的结果，形成了建设市场的基本主体。他们在参与工程项目建设中的利益得到了有效的横向制约。所以，实行工程监理制度，是规范建设市场、发展和完善社会主义市场经济的需要。

5. 实行工程监理制度是扩大对外开放和与国际接轨的需要

随着改革开放的深入发展，我国的项目建设与国际交往日益增多，外商投资的建设项目、使用国际金融组织贷款建设的项目越来越多。这些项目的建设，投资者或贷款方基本上都要求实行国际上通行的工程监理制度。世界银行、亚洲开发银行等国际金融组织都把实行工程监理制作为提供贷款的必要条件之一。因此，我国的建设市场要与国际建设市场接轨，重要的一点是我们应该熟悉和掌握国际上通行的工程监理制度，培养工程监理队伍。

只有大力发展我国的工程监理制，培养高水平的、具有市场竞争能力和抗风险能力的监理队伍，才能使我国的工程监理业适应国际工程建设的形势，不仅在国内占领市场，而且将参与国际工程建设竞争。

五、工程监理的特点

1. 工程监理的服务对象具有单一性

我国的工程监理制度规定，工程监理单位只接受业主的委托，即只为业主服务，它代表业主对承包人的建设行为进行监督管理。它不能接受承包人的委托来对业主进行监控。从这个意义上，可以认为我国的工程监理就是为业主服务的项目管理。

2. 工程监理属于强制推行的制度

我国的工程监理是依靠行政手段和法律手段在全国推行的。因此，不仅在各级政府部门中设立了主管工程监理有关工作的专门机构，而且制定了有关法律、法规、规章，明确提出国家推行工程监理制度，并且明确规定了必须实行工程监理的工程范围。

3. 工程监理具有监督功能

我国的工程监理单位与业主是被委托与委托关系，与承包人无任何经济关系，但根据业主授权，有权对承包人履约行为进行监督，对承包人施工过程和施工工序进行监督、检查和验收。因此，工程监理具有监督功能。

4. 工程监理实行市场准入的双重控制

我国对工程监理的市场准入采取了单位资质和人员资格的双重控制，即要求监理单位具有相应的监理资质等级，专业监理工程师以上的监理人员取得监理工程师资格证书。应当说，这种市场准入的双重控制对于保证我国工程监理队伍的基本素质，规范我国工程监理市场起到了积极的作用。

六、监理工程师的基本要求

（一）监理工程师的知识结构

1. 法律

了解与工程建设密切相关的各种法律和法规，如经济合同法、仲裁法、工程建设监理规定、有关的合同条款范本等。

2. 工程技术

要具备本专业扎实的理论和丰富的工程实践经验，且应熟悉并全面掌握相关的工程技术知识、技术规程、规范等。

3. 工程管理

要懂一些项目管理学的知识，掌握现代化管理的方法和手段，如网络计划技术，费用、进度、质量的控制方法，以及计算机辅助管理技术等。

4. 工程经济

主要指技术经济分析知识，应掌握可行性研究的方法，能进行技术方案的经济比较，以及概、预算的编制与审核等。

（二）监理工程师的职业道德准则

监理单位和监理人员应遵循"严格监理、热情服务、秉公办事、一丝不苟"的监理原则展开监理工作。监理工程师除应具备较广泛的知识和丰富的工程实践经验外，还须具备较高的政治素质和高尚的职业道德准则。其具体要求如下：

(1)热爱本职工作，忠于职守，认真负责，具有对工程建设的高度责任感。

(2)坚持严格按照合同实施对工程项目的监理，既要保护业主的利益，又要公平合理地对待承包人。

(3)监理工程师本身要模范地遵守国家以及地方的各种法律、法规和规定，同时也要求承包人模范地遵守，并据以保护业主的正当权益。

(4)监理工程师不得接受业主所支付的监理酬金以外的报酬以及任何形式的回扣、提成、津贴或其他间接报酬。同时，也不得接受承包人的任何好处，以保持监理工程师的廉洁性。

(5)监理工程师要为业主严格保密。监理工程师了解和掌握的有关业主的情报资料，必须严格保密，不得泄露。

(6)当监理工程师认为自己正确的判断或决定被业主否决时，监理工程师应阐明自己的观点，并且要以书面的形式通知业主，说明可能给业主一方带来的不良后果。如认为业主的判断或决定不可行时，应书面向业主提出劝告。

(7)监理工程师当发现自己处理问题有错误时，应及时向业主承认错误，并同时提出改进意见。

(8)监理工程师对本监理机构的介绍应实事求是，不得向业主隐瞒本机构的人员现实情况、过去的业绩以及可能影响监理服务质量的因素。

(9)监理单位和监理工程师个人，不得经营或参与经营承包施工，不得参与采购、营销设备和材料，也不得在政府部门、承包人和设备、材料供应单位任职或兼职。

(10)监理工程师不得以谎言欺骗业主和承包人，不得伤害、诽谤他人名誉借以提高自己的地位和信誉。

(11)监理工程师不得以个人名义接受委托,开展工程监理任务,只能由监理单位承担。

(12)为自己所监理的工程项目聘请外单位监理人员时,须征得业主的认可。

(13)接受职业继续教育,努力学习专业技术和监理知识,不断提高业务能力和监理水平。

七、公路工程质量保证体系

为了适应我国公路工程建设管理体制改革的需要,提高工程质量管理水平,保护国家及社会公共利益,交通运输部在总结我国过去公路建设历史经验的基础上,根据公路建设的特点,科学地制定了公路工程的"政府监督、法人管理、社会监理、企业自检"的质量保证体系。

(一)政府监督

政府监督是指政府交通主管部门及其所属的质量监督机构依法对工程建设和工程建设从业单位及从业人员进行监督管理的活动。政府监督是公路工程质量保证体系中极其重要的质量监督环节之一,是政府职能部门强化对工程质量管理的具体体现。显然在质量保证体系中,政府监督处于龙头主导地位,强化政府监督的作用,可以使质量保证体系有序而高效地运作。

(二)法人管理

为了建立投资约束机制,规范业主的行为,建设工程应当按照政企分开的原则,组建项目法人,实行项目法人责任制,即由项目法人对项目的策划、资金筹措、建设实施、生产经营、债务偿还和资产的保值增值,实行全过程负责的制度。

国有单位经营性大、中型建设工程必须在建设阶段组建项目法人。项目法人可按《中华人民共和国公司法》(以下简称《公司法》)的规定设立有限责任公司(包括国有独资公司)和股份有限公司等。

(三)社会监理

社会监理是指具有法人资格和相应监理资质的社会监理单位,受项目业主的委托,依据监理合同和施工合同,全面监督、管理工程的实施,对工程质量、安全、环保、进度、费用及合同其他事项进行全面监理,同时做好信息管理工作和组织协调的专业化的管理活动。社会监理具有以下的性质。

1. 服务性

监理单位是技术密集型的高智能服务组织,属于中介服务性质的单位,其本身不是建设产品的直接生产者和经营者。它依靠其高技术、高智能和丰富的经验为业主提供智力服务。

2. 科学性

工程监理单位应当由组织管理能力强、工程建设经验丰富的人员担任领导;应当有足够数量的、有丰富管理经验和应变能力的监理工程师组成的骨干队伍;要有一套健全的管理制度;要有现代化的管理手段;要掌握先进的管理理论、方法,要积累足够的技术、经济资料和数据;要有科学的工作态度和严谨的工作作风,要实事求是、创造性地开展工作。

3. 委托性

工程监理的实施需要业主的委托和授权。监理单位只有与业主签订委托监理合同,明确了监理的范围、内容、权利、义务与责任等,才能在规定的范围内行使监理权,合法地开展监理活动。

4. 公正性

监理单位和监理工程师在工程监理中必须具备组织各方协作配合，调节各方利益，促使合同当事人各方圆满履行合同责任和义务，保障各方合法权益等方面的职能，这就要求其必须坚持公正性。当业主与承包人发生利益冲突时，监理工程师应当站在公正的立场上，以事实为依据，以有关的法律法规和双方所签订的工程建设合同为准绳，公正、有效地解决和处理问题。公正性是对监理行业的必然要求，是社会公认的职业准则，也是监理单位和监理工程师的基本职业道德准则。

（四）企业自检

企业自检是指施工单位按照与建设单位签订的合同文件要求，为保证工程质量所必须建立的内部施工质量保证体系。主要表现为以下几项内容。

1. 配备人员

施工方应根据工程规模的大小和工程结构的特点配备相应数量和称职的自检人员，以满足工程需要。

2. 配备试验设备

施工方配备了与工程规模和结构特点相适应的试验设备，试验设备的类型、规格应符合合同文件中有关试验标准的规定。

3. 采用标准、规范化的工作方法

应根据国家和交通运输部颁布的有关规范、标准制定有关的工作制度，明确采用的工作方法和标准。

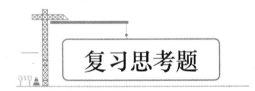

1. 什么是公路工程监理？
2. 与工程监理有关的行为主体是什么？它们之间的相互关系怎样？
3. 监理工程师应具备的知识结构是什么？
4. 我国公路建设的质量保证体系包括哪几方面？
5. 我国实行工程监理制度的必要性是什么？
6. 我国工程监理制度的特点是什么？

第一章

公路工程施工监理概论

第一节 公路工程施工监理的基本知识

一、施工监理的基本内容

施工监理就是监理单位依据法律、法规、文件的要求，在施工准备阶段、施工阶段及交工验收与缺陷责任期阶段对工程质量、工程费用、工程进度、施工安全、环境保护和合同其他事项管理进行监督和管理。

施工监理包括以下内容。

1. 质量监理

质量是工程建设的关键，影响公路工程质量的因素很多，监理工程师应按照合同要求对影响工程质量的各个因素从原材料、施工工艺到成品进行监理。

2. 安全监理

安全生产是保证施工质量、进度、费用等目标顺利实现的前提条件之一。

监理工程师应依据国家有关法规，按照合同规定的要求，督促承包人按照工程建设安全生产法规和强制性标准组织施工，消除施工中的安全隐患，杜绝、控制和减少各类伤亡事故，实现安全生产。

3. 环保监理

环境保护是我国一项基本国策。监理工程师应根据国家环保法律法规，督促承包人按照有关环保法规和强制性标准组织施工，消除或控制施工中的环境影响因素，落实环保措施，杜绝、控制和减少施工对环境的污染，实现环保生产。

4. 进度监理

监理工程师应按照审批后的施工组织计划进行进度监理。当出现导致工程延误的关键因素时，监理工程师应及时要求承包人采取措施并调整计划，如增加施工机械或人力，以保证在竣工期限内完成工程。

5. 费用监理

施工监理还应在质量符合标准、工期按照合同要求的基础上，对工程费用进行监理。工程费用包括合同文件中工程量清单内所列的项目，以及因承包人索赔或业主未履行义务而涉及的一切费用。监理工程师应尽可能合理地减少工程量清单中所列费用以外的附加支出，以达到控制费用的最佳效果。

6. 合同其他事项管理

监理工程师应依照合同的约定，及时按工作程序处理各种合同管理问题，其主要内容包括工程分包、工程变更、工程延期、费用索赔、工程保险、违约处理、争端协调等，以确保对工程质量、安全、环境保护、进度、费用实施有效监控。

对一个工程项目而言最重要的是质量、进度和费用，只有确定了质量、进度和费用目标值，监理单位才能采用各种有效措施和手段，对工程项目进行有效监督管理。因此，工程项目的质量、进度和费用三大目标的实现是工程监理的核心内容。

费用与进度的关系是：加快进度往往要增加投资；但是加快进度可使项目提前使用，则可增加收入，提高投资效益。进度与质量的关系是：加快进度可能影响质量；但严格控制质量，避免返工，进度则会加快。费用与质量的关系是：质量好，可能要增加费用；但严格控制质量，可以减少经常性的维护费用，延长工程使用年限，则又提高了投资效益。

质量、进度和费用三大目标的关系是对立统一的关系，既有对立的一面，又有统一的一面，既互相影响、互相制约，又互相联系、互相促进，构成了一个既统一又相互矛盾的目标系统。因此，对于监理工程师而言，要能处理好在各种条件下工程项目三大目标之间的关系及其重要顺序，使其控制恰到好处，是最关键的。在确定各目标值和对各目标值实施控制时，都要考虑到对其他目标的影响，要进行多方面、多方案的分析、对比，做到既要费用省，又要质量好、进度快，力争费用、质量和进度三大目标的统一，确保整个目标系统可行，并达到整个目标系统最优化。

二、施工监理阶段的划分及各阶段监理工作的主要内容

公路工程施工监理阶段可划分为施工准备阶段监理、施工阶段监理、交工验收与缺陷责任期阶段监理三个阶段。各阶段监理工作的主要内容如下。

1. 施工准备阶段监理

监理合同签订之日至合同工程开工令确定的开工之日为施工准备阶段。该阶段监理工作的主要内容为：参加设计交底；审批施工组织设计；检查承包人的质量、安全、环保等保证体系；审核承包人工地试验室；审批承包人提交的对原始基准点、基准线和基准高程的复测结果；验收地面线；审批工程划分；确认场地占用计划；核算工程量清单；签发开工预付款支付证书；召开监理交底会；召开第一次工地会议；签发合同工程开工令等。

2. 施工阶段监理

合同工程开工之日至合同工程交工验收申请受理之日为施工阶段。该阶段监理工作的内容是集中力量做好工程质量监理、安全监理、环保监理、进度监理、费用监理，同时做好合同其他事项管理工作和信息管理工作，并及时地组织协调，确保工程顺利进行。

3. 交工验收与缺陷责任期阶段监理

合同工程交工验收申请受理之日至缺陷责任终止证书签发之日为交工验收与缺陷责任期阶段。该阶段监理工作的主要内容为：审查交工验收申请；评定工程质量与编制监理工作报告；参加交工验收；签认交工结账证书；检查承包人剩余工程的实施；巡视检查已完工程；指示承包人进行工程缺陷修复；督促承包人按合同规定完成竣工资料；签发工程缺陷责任期终止证书（附录二 B-12）；签发最后支付证书；参加工程竣工验收等。

第二节　监理工程师的职责权力与管理

一、监理工程师的概念

监理工程师是指经全国公路工程监理工程师执业资格考试合格，取得监理工程师执业资格证书，并经岗位登记从事公路工程监理业务的专业人员。

公路工程监理工程师按执业资格分为监理工程师和专业监理工程师两类。监理工程师在监理机构中可担任总监理工程师或驻地监理工程师；专业监理工程师只能担任其资格证书核准专业的监理工程师。

总监理工程师是由监理单位法定代表人任命并书面授权，经项目业主同意，行使合同赋予监理单位的全部职责，负责项目工程全部监理工作的总负责人。总监理工程师对监理单位负责，管理监理机构的日常事务。

驻地监理工程师是指经总监理工程师书面委托并授权，代表总监理工程师行使部分职权，负责该项目部分工程监理工作的驻地监理负责人。

专业监理工程师是根据项目监理岗位职责分工，经总监理工程师或驻地监理工程师的授权，负责实施某一专业或某一方面监理工作的监理工程师。

将经监理业务培训合格，取得交通主管部门颁发的监理业务培训证书，但尚未取得监理工程师资格证书而从事监理工作的人员统称为监理员。

二、监理工程师的职责权力

《中华人民共和国公路法》明确提出了国家推行工程监理制度，《建设工程质量管理条例》赋予监理工程师签字权，并明确了监理工程师的多项职责，从而使监理工程师执业有了明确的法律依据，确立了监理工程师的法律地位，同时也说明监理的行为受法律保护。监理工程师的职责根据监理合同中的监理工作任务与性质确定，其权力由业主的授权确定。

总的来说，监理工程师的职权就是：技术上的核定权；组织协调的主持权；材料、设备和工程质量的确认权和否决权；进度与工期的确认权和否决权；施工安全和环境保护的确认权和否决权；工程款支付与结算的确认权和否决权等。若监理人员不称职，建设单位有权提出更换。

三、监理工程师的管理

监理工程师资格实行分级管理。交通运输部基本建设质量监督总站为交通运输部监理工程师资格管理工作的办事机构，具体负责全国监理工程师的执业资格考试、资格确认、颁证和指导岗位登记等工作。各省(市、区)交通厅(局)是本地区监理工程师执业资格管理的主管部门，具体由省交通厅(局)工程质量监督站负责本地区的监理工程师执业资格考试管理、资格审查、申报及监理工程师岗位登记等工作。

(一)监理工程师执业资格考试

为加强公路工程监理工程师执业资格管理，自2004年起，交通运输部在考试试点工作的基础上，在全国组织公路工程监理工程师执业资格考试，并将其纳入全国公路专业技术人员执业资格制度实施规划。公路专业技术人员只有参加全国公路工程监理工程师执业资格考试并考试合格，才能取得监理工程师资格证书。实行监理工程师资格考试制度的意义在于：第一，有利于统一监理工程师的基本水准，保证监理工程师队伍的质量；第二，有利于促进申请监理工程师的人员熟练掌握监理的基本知识和方法；第三，通过考试确认监理工程师资格，是国际上的通行做法，这种符合国际惯例的方式，有助于与国际咨询业接轨，开拓国际工程建设监理市场。

1. 考试报名条件

(1)遵守国家法律、法规，职业道德和工作业绩良好，热爱监理工作。

(2)取得工程类或经济类中级以上专业技术职务任职资格，或取得工程类初级专业技术职务任职资格且取得该资格的年限满足以下规定，即大学专科毕业的须满5年；大学本科毕业的须满4年；硕士研究生毕业或获得硕士学位的须满2年。

(3)年龄65周岁以下，身体健康，能胜任现场监理工作。

(4)报考监理工程师资格须具有公路工程或相关专业大专以上学历，从事公路工程及相关专业技术工作累计5年以上；报考专业监理工程师资格须有公路工程或相关专业中专以上学历，从事公路工程及相关专业技术工作累计3年以上。

凡符合相应报考条件，且自愿参加考试者，须如实填写报名表和报考科目核定表，并提供本人学历证、职称证、身份证等证件原件、复印件，报省级质监站进行报考资格审查，符合报考条件的、省级质监站应于考试前20天向应考者核发准考证，载明考试科目、考场、时间等事项和有关考试纪律。

2. 考试组织管理

为规范公路工程监理工程师执业资格考试管理工作，提高资格考试的透明度和公信力，交通运输部成立监理工程师执业资格考试工作领导小组，全面负责全国公路工程监理工程师执业资格考试管理工作。部领导小组办公室设在交通运输部基本建设质量监督总站，具体执行部领导小组决定，承办有关具体工作，其主要任务是：

(1)发布考试大纲、组织建立试题库、组织考试命题；

(2)指导和监督各地的报考及考试管理工作；

(3)组织阅卷、确定单科成绩合格分数线；

(4)核发监理工程师执业资格证书；

(5)制订有关考试工作管理规定，并监督落实；

(6)提出年度考试工作总结报告。

各省(市、区)交通厅(局)负责本地区公路工程监理工程师执业资格考试管理工作，有关具体工作由交通厅公路工程质量监督站负责，其主要任务是：

(1)发布考试通知，组织报考，审查报考者资格；

(2)确定考试费标准；

(3)组织监考工作，维护考场秩序，承担相关考务工作；

(4)对违规单位和个人实施处罚；

(5)向部领导小组汇报有关情况，报送考试工作总结并接受监督。

3. 考试内容及时间

(1)公路工程监理工程师执业资格考试实行全国统一大纲、统一命题、统一组织的办法，每年举行一次，考试时间由交通运输部统一确定。

(2)监理工程师执业资格分监理工程师和专业监理工程师两级。考试的内容按公路、水运两个行业，考试内容包括监理知识、专业知识、综合能力三个部分，其中监理知识包括监理理论和合同管理两个科目；专业知识分为经济系列和工程系列，经济系列包含公路工程经济一个科目，工程系列含有道路与桥梁、隧道工程、公路机电工程三个科目，报考者只需任选一个科目；综合能力包含综合考试一个科目。

(3)初次申报监理工程师或专业监理工程师资格，监理理论、合同管理为必考科目。报考监理工程师资格需同时加考工程经济科目、工程系列的一个科目和综合考试科目；报考专业监理工程师资格需同时加考工程经济科目或工程系列的一个科目。

(4)考场原则上设在省会城市。

4. 执业资格确认

经公路工程监理工程师资格考试合格者，由交通运输部监理工程师执业资格考试领导小组根据应考者的考试结果，核审其公路工程监理工程师或专业监理工程师资格及其监理专业，并颁发相应的监理工程师执业资格证书，确认其相应的监理工程师资格。

(二)监理工程师岗位登记

监理工程师执业资格考试合格，并持有监理工程师执业资格证书，然后通过岗位登记对监理人员的素质和岗位责任能力的全面考查，才能从事公路工程监理工作。因此，为加强对公路工程监理从业人员执业行为的管理，交通行业实行监理工程师岗位登记制度。

在监理企业中从事监理工作的公路工程监理工程师，均应进行岗位登记，接受监督管理。监理工程师必须在一个监理企业进行了岗位登记，才能取得岗位资格，而且仅能在一个监理企业登记，而不能同时在两个或两个以上企业登记。未通过岗位登记的监理工程师不得从事公路工程监理工作，但其资格证书继续有效。

监理工程师岗位登记包括上岗登记和业绩登记。

监理工程师受聘于一家具有交通主管部门颁发的监理资质的监理企业时，应申请上岗登记；业绩登记是监理工程师担任建设项目监理岗位职务的记录，监理企业应及时申报监理工程师业绩登记。

(三)监理工程师的继续教育

随着现代科学技术的迅猛发展，新材料、新工艺、新技术、新设备被大量地应用于工程实践。监理工程师要不断扩大知识面，学习新的理论知识、政策法规，这样才能不断提高执业能力和工作水平，以适应建设事业发展及监理服务的需要。因此，监理工程师每年都要接受一定学时的继续教育。继续教育可采取多种不同的方式，如脱产学习、集中授课、参加研讨会(班)、撰写专业论义等。继续教育的内容应紧密结合监理业务内容，逐年更新。

第三节　监理单位与管理

一、监理单位的概念

监理单位是指具有法人资格、并取得交通主管部门颁发的公路工程施工监理资质证书，从事工程监理业务的经济组织。它是监理工程师的执业机构。

监理单位必须具有自己的名称、组织机构和场所，有与承担监理业务相适应的经济、法律、技术及管理人员,有完善的组织章程和管理制度,并应具有一定数量的资金和设施。符合条件的单位经申请取得监理资质证书,并经工商注册取得营业执照后,才可承担监理业务。

二、监理单位的资质

监理单位资质是指监理企业的人员组成、专业配置、测试仪器的配备、财务状况、管理水平等方面的综合能力。

1. 监理单位资质等级划分

公路工程监理单位的监理资质分为甲级、乙级、丙级3个等级和特殊独立大桥专项、特殊独立隧道专项、公路机电工程专项。

2. 监理单位的从业范围

公路工程监理单位应当按照其获得的资质等级和业务范围开展监理业务。

(1)取得公路工程专业甲级监理资质,可在全国范围内从事一、二、三类公路工程、桥梁工程、隧道工程项目的监理业务;

(2)取得公路工程专业乙级监理资质,可在全国范围内从事二、三类公路工程、桥梁工程、隧道工程项目的监理业务;

(3)取得公路工程专业丙级监理资质,可在企业所在地的省级行政区域内从事三类公路工程、桥梁工程、隧道工程项目的监理业务;

(4)取得公路工程专业特殊独立大桥专项监理资质,可在全国范围内从事特殊独立大桥项目的监理业务;

(5)取得公路工程专业特殊独立隧道专项监理资质,可在全国范围内从事特殊独立隧道项目的监理业务;

(6)取得公路工程专业公路机电工程专项监理资质,可在全国范围内从事各等级公路、桥梁、隧道工程通信、监控、收费等机电工程项目的监理业务。

公路工程监理业务的分级标准见表1-1、表1-2。

表1-1 公路工程分级标准

		一 类	二 类	三 类
1	公路工程	高速公路	高速公路路基工程及一级公路	一级公路路基工程及二级以下各级公路
2	桥梁工程	特大桥	大桥、中桥	小桥、涵洞
3	隧道工程	特长隧道、长隧道	中隧道	短隧道

注:一、二、三类分级标准中含配套的交通安全设施、环保工程和沿线附属设施,不含各专项内容。

表1-2 公路工程专项分级标准

1	特殊独立桥	主跨250 m以上钢筋混凝土拱桥、单跨250 m以上预应力混凝土连续结构、400 m以上斜拉桥、800 m以上悬索桥等结构复杂的独立特大桥项目
2	特殊独立隧道	大于3 000 m的独立特长隧道项目
3	公路机电工程	通信、监控、收费等机电工程

三、监理单位的管理

交通运输部负责公路工程专业甲级、乙级监理资质和公路工程专业特殊独立大桥专项、特殊独立隧道专项、公路机电工程专项监理资质的行政许可工作。省级交通运输主管部门负责公路工程专业丙级监理资质的行政许可工作。

监理单位资质实行定期检验制度，每两年检验一次。监理单位的定期检验工作由做出许可决定的许可机关委托其所属的质量监督机构负责。定期检验的内容是检查监理单位现状与资质等级条件的符合程度以及监理单位在检验期内的业绩情况。对定期检验不合格的监理单位，质量监督机构应当责令其在六个月内进行整改。整改期满后仍不能达到规定条件的，由质量监督机构提请原许可机关对其予以降低资质等级或者撤销对其的资质许可。监理单位未按规定的期限申请资质定期检验的，其资质证书失效。

监理单位遗失监理资质证书，应当在公开媒体和质量监督机构指定的网站上声明作废，并到原许可机关办理补证手续。监理单位的名称、地址、法定代表人、企业负责人和技术负责人等发生变更，应当在变更后两个月内到原许可机关办理证书变更手续。

第四节 监理机构

一、监理机构设置

监理机构是指由监理单位派出，并代表监理单位履行监理合同的现场监理组织。根据监理服务内容、服务期限、工程项目组成、工程规模、技术复杂程度、现场条件等因素，监理机构可设置一级监理机构或二级监理机构。

高速公路和一级公路可设置二级监理机构，即总监理工程师办公室(简称总监办)和驻地监理工程师办公室(简称驻地办)。开工里程在 20 km 以下，宜设置一级监理机构，即只设置总监理工程师办公室(简称总监办)。

二级和二级以下公路及养护工程可根据工程规模、难易程度、合同工期、现场条件等因素设置一级或二级监理机构。

独立大桥和独立隧道工程可设置一级监理机构。

二、监理机构组织模式

在工程监理实践中形成的监理组织模式包括直线型模式、职能型模式、直线—职能型模式、矩阵型模式。

1. 直线型监理组织模式

直线型监理组织模式的特点是项目监理机构中不设置专业职能部门，任何一个下级只接受上级的命令。各级部门主管人员对所属部门的问题负责。直线型监理组织模式结构简单、权力集中、命令统一、决策迅速、指挥灵便，但专业分工差，横向联系困难。这种组织模式适用于技术简单、专业分工不细的中小型项目，如图 1-1 所示。

2. 职能型监理组织模式

公路工程监理组织采用职能型监理组织模式(图 1-2)，可以充分发挥监理机

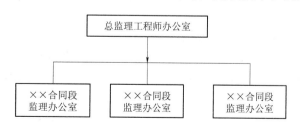

图 1-1 直线型监理组织结构图

构内各专业职能部门的作用。但在设置时，必须注意各专业职能部门的职责与权限划分，以避免各职能部门间职责不清，协调困难，政出多门。这种组织模式适用于工作内容多、技术专业化强、管理分工细的企业组织。

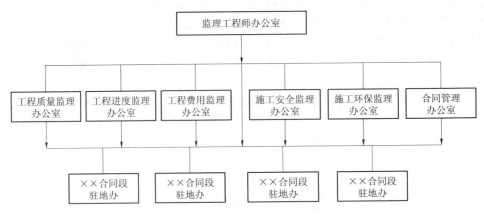

图 1-2 职能型监理组织结构图

3. 直线—职能型监理组织模式

公路工程监理组织采用此种组织模式，既可以发挥监理机构内各专业职能部门的作用，又可以发挥上级机构的领导、协调作用，如图 1-3 所示。我国世界银行贷款公路项目的监理组织普遍采用此种组织模式。

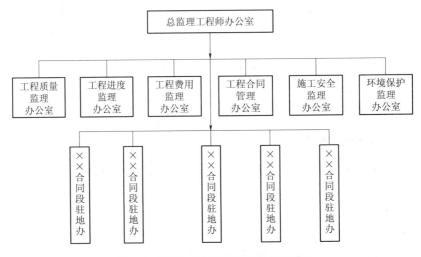

图 1-3 直线—职能型监理组织结构图

4. 矩阵型监理组织模式

当监理单位承担一个大型项目或同时承担多个项目，对专业技术和管理人才需求量很大而单位人才资源又有一定限度，且复杂项目又要求多部门、多专业配合实施，对人才资源利用率要求很高时，最适合采用矩阵型监理组织模式，如图 1-4、图 1-5 所示。这种组织模式能充分适应工程项目监理人才要素在时间、方位、工序上投入不均衡性这一特点，优化人力资源，进行动态控制，以保证或协调工程项目在不同阶段的监理要求。

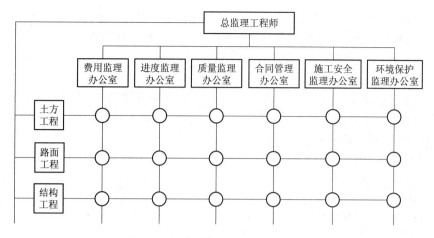

图 1-4 矩阵型监理组织结构图(一)

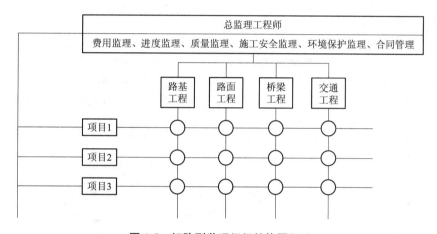

图 1-5 矩阵型监理组织结构图(二)

三、监理机构的人员配备

1. 监理机构人员构成

我国工程项目监理机构实行总监理工程师负责制，监理机构应配备的监理人员通常包括总监理工程师、驻地监理工程师、专业监理工程师(以上统称为监理工程师)，测量、试验人员和现场旁站人员等相关专业技术人员(以上统称为监理员)。

总监理工程师应具有相应专业的高级技术职称，取得交通运输部监理工程师资格证书，具有五年以上的现场工程监理经历，担任过两项以上同类工程的总监或驻地职务。

驻地监理工程师应具有相应专业的中级或高级技术职称，取得交通运输部监理工程师资格证书，具有同类工程三年以上监理经历。

专业监理工程师应具有相应专业的中级或高级技术职称，取得交通运输部专业监理工程师资格证书，具有同类工程三年以上监理经历。

监理员一般应具有相应专业的初级以上技术职称，经交通主管部门批准的监理业务培训并取得监理培训结业证书，具有一年以上的工程及相关专业实际工作经历。

2. 监理机构人员数量

监理机构中监理人员的数量和结构，应根据监理内容、工程规模、合同工期、工程条件和施工阶段等因素,按保证对工程实施有效监理的原则确定。高速公路、一级公路等宜按每年每7 500万元建安费配备监理工程师1名,并可根据工程特点和实际需要在0.8~1.2系数范围内调整。遇重大工程变更等情况,应经建设单位同意后调整监理人员配备,并签订补充协议。监理单位变更总监理工程师或监理工程师时,应经建设单位书面同意。

东南亚各国的经验认为,投资密度以每年完成100万美元为单位,将工程复杂程度分为简单、一般、较复杂、复杂、极复杂5个等级。复杂程度的等级由以下9个方面决定。

(1)工程设计:简单到复杂;
(2)工程位置:方便到偏僻;
(3)工地气候:温和到恶劣;
(4)工地地形:平坦到崎岖;
(5)工地地质:简单到复杂;
(6)施工方法:简单到复杂;
(7)工地供应:方便到困难;
(8)施工工期:短到长;
(9)工程种类(分项目的数量):少到多。

然后,用简单的打分形式,根据每项的难易程度从0~10分给定分数。最终以9项的平均分数作为确定工程项目复杂程度的依据:0~3分为简单;3~5分为一般;5~7分为较复杂;7~9分为复杂;9~10分为极复杂。每年完成100万美元工作量所需的监理人员数可参考表1-3。

表1-3 每年完成100万美元工作量所需的监理人员数

监理人员 工程复杂程度	监理工程师	助理工程师 (技术员、监理员)	行政人员
简单	0.20	0.75	0.10
一般	0.25	1.00	0.10
较复杂	0.35	1.10	0.25
复杂	0.50	1.50	0.35
极复杂	0.50	1.50	0.35

四、各级监理机构主要职责

(一)总监理工程师办公室的主要职责

(1)熟悉所有合同文件和国家颁发的与本工程有关的施工监理规范、质量检验标准、法律法规及相关主管部门的补充规定,了解施工现场,贯彻执行建设单位下发的各种管理办法、技术规范、规程及有关规定;

(2)主持编制监理计划,制订监理机构规章制度,审批监理细则,召开监理交底会、第一次工地会议;

(3)签发合同工程开工令、单位或合同工程的暂停工令和复工令;

(4)审批承包人提交的施工组织设计和总体进度计划,检查和督促承包人实施进度计划,审批承包人的修正计划;

(5)建立监理的试验、检测工作体系,按合同要求建立中心试验室,按照规定的频率独立开展监理的试验、检测工作;

(6)审批承包人拟用于本工程的重要材料及混凝土配合比;

(7)调查、处理工程质量缺陷和事故,出现重大质量事故时,督促承包人按规定上报有关部门;

(8)协助、配合有关部门对工程安全事故的调查、处理工作;

(9)按照建设单位下发的管理办法的有关规定,参与建设单位主持的现场办公会议,根据现场办公会议纪要所进行的设计变更,审核变更单价和总额以及延期和费用索赔;

(10)签发支付凭证,在支付报表上签署意见后上报;

(11)根据合同规定处理违约事件,协调争端,在争端解决过程中作证;

(12)编制监理工作报告、月报、季报和年报,按建设单位的规定上报工程进度及其他有关资料,并应对准确性负责;

(13)协助建设单位审查承包人的交工验收申请书,在交工证书上签署意见,评定工程质量;

(14)督促、检查和签证承包人按工程管理部门和建设单位的要求编制竣工文件;

(15)编制监理方面的竣工文件;

(16)监督承包人认真执行缺陷责任期的工作计划,检查和验收剩余工程,对已交工工程中出现的缺陷、病害调查其原因并确定相应责任;

(17)签发工程缺陷责任终止证书;

(18)签发最终支付证书;

(19)配合建设单位竣工验收和工程移交工作;

(20)其他应承担的工作。

(二)驻地监理工程师办公室各级监理人员的主要职责

工程项目监理机构中的各级监理人员的职责与该监理机构所承担的监理任务密切相关。

1. 驻地监理工程师的主要职责

驻地监理工程师应按照总监理工程师所授予的职责权限开展监理工作,是执行监理工作的直接责任人,并对总监理工程师负责。其主要职责包括以下各项:

(1)参与编制监理计划,主持编制监理细则;

(2)受总监理工程师委托主持工地例会和专题工地会议;

(3)负责组建监理驻地试验室;

(4)预审承包人提出的分包项目和分包人;

(5)预审承包人提交的施工组织设计、施工进度计划和资金流动计划;

(6)预审或经授权签发施工图纸;

(7)核查进场材料、构配件、工程设备的原始凭证、检测报告等质量证明文件及其质量情况;

(8)审批一般工程原材料和混合料配合比、承包人的机械设备、施工方案;

(9)审批分部和分项工程开工申请报告,签发分项和分部工程暂停令和复工令;

(10)协助总监理工程师协调参建各方之间的工作关系,按照职责权限处理施工现场发生的有关问题,签发一般监理文件;

(11)审批承包人测量基准点的复测、原地面线测量及施工放样成果;

(12)检验工程的施工质量,并予以确认或否认;

(13)审核工程计量的数据和原始凭证,确认工程计量结果;

(14)预审各类支付证书;

(15)提出变更、延期、索赔及质量和安全事故处理等方面的初步意见;

(16)组织分部、分项工程中间验收和质量评定,签发中间交工证书;
(17)按照职责权限参与工程的质量评定工作和验收工作;
(18)收集、汇总、整理监理资料,编写合同段监理工作报告;
(19)施工中发生重大问题和遇到紧急情况时,及时向总监理工程师报告、请示;
(20)指导、检查专业监理工程师和监理员的工作,必要时可向总监理工程师建议调换监理员。

2. 专业监理工程师的主要职责

专业监理工程师应按总监理工程师或驻地监理工程师所授的职责权限开展监理工作,其主要职责包括以下各项内容:
(1)负责编制本专业的监理细则;
(2)负责本专业监理工作的具体实施;
(3)组织、指导、检查和监督本专业监理员的工作,当人员需要调整时,向总监理工程师提出建议;
(4)审查承包人提交的涉及本专业的计划、方案、申请、变更,并向总监理工程师或驻地监理工程师提出报告;
(5)日常巡视、旁站、抽检,并做好记录;
(6)定期向总监理工程师或驻地监理工程师提交本专业监理工作实施情况报告,对重大问题及时向总监理工程师和驻地监理工程师汇报和请示;
(7)根据本专业监理工作实施情况做好监理日记;
(8)负责本专业监理资料的收集、汇总及整理,参与编写监理月报;
(9)核查进场材料、设备、构配件的原始凭证、检测报告等质量证明及其质量情况,根据实际情况认为有必要时对进场材料、设备、构配件进行平行检验,合格时予以签认;
(10)负责本专业的工程计量工作,审核工程计量的数据和原始凭证。

3. 监理员的主要职责

监理员应按监理工程师授予的职责权限开展监理工作,其主要职责应包括以下各项:
(1)核实进场原材料质量检验报告和施工测量成果报告等原始资料;
(2)检查承包人用于工程建设的材料、构配件、工程设备使用情况,并做好现场记录;
(3)按设计图纸及有关标准,对承包人的工艺过程或施工工序进行检查和记录,对工序施工质量检查结果进行记录;对工程的重要环节或关键部位及隐蔽工程实施全过程监理;
(4)参加审查承包人的施工进度计划和施工方案,并督促检查其执行情况;
(5)监督检查承包人的各项试验、测量工作,复核所有试验、测量记录,认定并留下痕迹;
(6)初审承包人提交的各种资料和表格,核实承包人提交的工程计量表,提出审查意见;
(7)执行监理细则,做好监理日志和填好各种监理图表;
(8)授权核查关键岗位施工人员的上岗资格;检查、监督工程现场施工安全和环境保护措施的落实情况,发现异常情况及时向监理工程师报告;
(9)授权检查承包人的施工日志和试验室记录;
(10)协助专业监理工程师做好日常巡视、旁站、抽检取样等工作,并做好记录。

五、监理设施和设备

监理工程师在施工监理过程中为了质量、进度、费用、安全、环保等监理内容得到保证、得以落实,往往需要必要的监理设施和设备,包括试验设备、测量设备、交通工具、通信设施、照相摄像器材、办公生活设施、气象设备等。

第五节　工地会议与监理文件、资料

一、工地会议

公路工程施工监理实行工地会议制度，是工程建设主要行为主体的工作协调会议，通过工地会议检查合同的执行情况，发现问题，采取措施。工地会议是监理工程师进行全面监理的一种重要方法。

(一)工地会议的形式及记录

1. 工地会议形式

工地会议按召开时间、内容及参加人员的不同，分为第一次工地会议、工地例会、专题工地会议三种形式。

2. 工地会议记录

工地会议应由主持单位做好记录，会议形成的纪要应由参加单位确认，并可作为合同文件的一部分。会议中决定执行的有关事项，仍应按规定的监理程序办理。

(二)工地会议的内容

1. 第一次工地会议

(1)会议目的。第一次工地会议的目的，在于监理工程师对工程开工前的各项准备工作进行全面的检查，确保工程实施有一个良好的开端。

(2)会议组织。第一次工地会议应在工程正式开工前召开。总监办应事先将会议议程及有关事项通知建设单位、施工单位及其他有关单位并做好会议准备。会议应由总监理工程师主持，建设单位、施工单位法定代表人或授权代表必须出席。各方在工程项目中担任主要职务的人员及分包单位负责人应参加会议。第一次工地会议应邀请质量监督部门参加。

(3)会议内容。

①第一次工地会议上，各方应介绍各自的人员、组织机构、职责范围及联系方式。建设单位应宣布对监理工程师的授权；总监理工程师应宣布对驻地监理工程师授权；施工单位应书面提交对工地代表(项目经理)的授权书。

②施工单位应陈述开工的各项准备情况；监理工程师应就施工准备以及安全、环保等予以评述。

③建设单位应就工程占地、临时用地、临时道路、拆迁、工程支付担保情况以及其他与开工条件有关的内容及事项进行说明。

④监理单位应就监理工作准备情况以及有关事项做出说明。

⑤监理工程师应就主要监理程序、质量和安全事故报告程序、报表格式、函件往来程序、工地例会等进行说明。

⑥总监理工程师应进行会议小结，明确施工准备工作还存在的主要问题及解决措施。

2. 工地例会

(1)会议目的。工地例会的目的，在于监理工程师对工程实施过程中的进度、质量、费用、安全、环保等方面的情况进行全面检查，为正确决策提供依据，确保工程顺利进行。

(2)会议组织。工地例会应由总监理工程师或驻地监理工程师主持，宜每月召开一次，建设单位代表和施工单位现场主要负责人及三方有关人员参加。

(3)会议内容。会议应检查上次会议议定事项的落实情况，并就工程质量、安全、环保、费用、进度及合同其他事项等进行讨论，提出解决问题的措施并确定下一步工作的具体安排和要求。

3. 专题工地会议

(1)会议目的。专题工地会议的目的，在于监理工程师对日常或经常性的施工活动中的专门问题进行研究、协商和落实，使监理工作和施工活动密切配合。

(2)会议组织。专题工地会议由监理工程师主持，根据工程需要及时召开，建设单位代表和施工单位代表及其他有关人员参加，必要时应邀请有关专家参加。

(3)会议内容。会议对施工期内出现的工程质量、安全、环保、费用、进度及合同管理等方面的重点、难点和需要协调的问题进行研讨，并提出明确的解决方案和落实措施。

二、监理资料

1. 监理资料的内容

监理资料包括监理管理文件、质量监理文件、安全监理文件、环保监理文件、费用与进度监理文件、合同事项管理文件，以及监理日志、巡视记录、旁站记录、监理月报、监理工作报告等其他监理文件和影像资料。

(1)监理管理文件。监理管理文件应包括监理合同，监理计划、监理细则、会议记录、会议纪要，综合性往来文件等。其中，监理计划是监理单位在接受业主委托并签订监理合同之后，针对所要监理的工程项目编制的如何实施监理的计划，是开展监理工作的纲领性文件；监理细则是在监理计划的基础上，由项目监理机构的专业监理工程师针对建设工程中某一专业或某一方面的监理工作编写，并经总监理工程师批准实施的操作性文件，用于指导本专业或本子项目具体监理业务的开展。

(2)质量监理文件。质量监理文件应包括质量监理要求和往来文件，测量、材料等审查、试验资料，抽检记录，隐蔽工程验收和工程质量检验评定资料，质量问题处理资料等。

(3)安全、环保监理文件。安全、环保监理文件应包括安全、环保管理制度、监理要求和往来文件，检查记录，事故、隐患及问题处理资料等。

(4)费用与进度监理文件。费用与进度监理文件应包括费用与进度计划文件、监理要求和往来文件，工程计量、支付文件，工程开工令，进度检查文件等。

(5)合同事项管理文件。合同事项管理文件应包括工程分包、履约检查文件，工程停工令(附录二 B-04)及复工令(附录二 B-05)，工程变更、延期、索赔、违约和争端处理文件，价格调整文件等。

(6)监理日志。监理日志应按附录二 B-07 的格式填写，并应经驻地监理工程师或总监审核。巡视记录应经驻地监理工程师审核。监理日记和施工日记一样，都是反映工程施工过程的实录。因此，认真、及时、真实、详细、全面地做好监理日记，对发现问题，解决问题，甚至仲裁、起诉都有作用。

(7)监理月报。监理月报(附录二 B-10)由项目总监理工程师组织编写，由总监理工程师签认，每月向建设单位和上级监理机构报送，其主要内容包括当月工程实施情况，当月监理工作情况，当月工程质量、安全、环保、费用、进度监理和合同事项管理等情况统计，发现施工存在的主要问题及处理情况，下月监理工作重点等。

(8)监理工作报告。工程结束时,监理工程师应提交监理工作报告,其主要内容包括工程概况;监理工作概况,包括组织机构、人员、设备和设施情况等;监理工作成效,包括质量、安全、环保、费用和进度监理及合同事项管理等措施,施工过程中的检查情况,工程质量评定情况及问题和事故处理情况等;交工验收时存在的问题及处理情况;监理工作体会、说明和建议。

2. 监理资料管理

(1)监理机构应建立健全监理资料管理制度,并应根据工程建设需要建立资料的计算机管理系统,对文件资料进行管理。

(2)监理工程师应建立材料、试验、测量、计量支付、工程变更、安全、环保等各项台账。

(3)监理资料应及时整理,分类有序、系统、完整、妥善存放和保管。

(4)监理资料应内容完整、填写认真、审批意见与签认齐全。

3. 监理资料归档

(1)监理归档文件必须完整、准确、系统地反映工程监理活动的全过程。

(2)监理文件归档与保存应符合国家及部、省主管部门的有关规定。

(3)不列入归档的监理资料也应分类整理,与工程直接相关的文件资料,竣工后移交建设单位保管。

工程实例

监理计划书

一、工程概况(略)

二、监理工作目标

(1)根据本工程旧线和新线的施工特点及技术难点,从组织、技术、合同和经济的角度采取有效措施,对工程质量、进度、费用、安全及环保实施全面控制,最合理地实现本工程的五大目标,保证所监理的工程质量合格,竣工验收时,工程质量总评分达到95分以上。

(2)总工期:××年××月××日—××年××月××日。

三、监理工作依据

(1)监理合同;

(2)项目法人与施工单位签订的正式合同及附件;

(3)施工图纸及说明;

(4)合同工程量清单及说明;

(5)施工图纸、技术规范、工程质量检验评定标准、试验规程等;

(6)国家、交通运输部、××省颁布的监理法律、法规等;

(7)项目法人下发的管理办法和有关文件,以及项目法人代表和承包人在工程实施过程中有关的会议记录、函电和其他文字记载等。

四、监理工作范围

(1)建设项目批复的设计文件的全部内容;

(2)对本工程质量、安全、环保、费用、进度等进行全过程监理;

(3)对建设单位在合同中委托的其他服务事项进行监理。

五、监理工作内容

(一)总监理工程师办公室(略)

(二)驻地监理工程师办公室(略)

六、监理机构各部门及岗位职责

(一)监理机构部门设置

1. 总监理工程师办公室组织机构

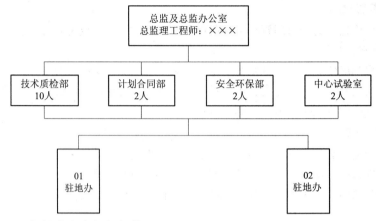

2. 驻地监理工程师办公室组织机构

本工程项目设两个驻地监理工程师办公室,组织机构如下:

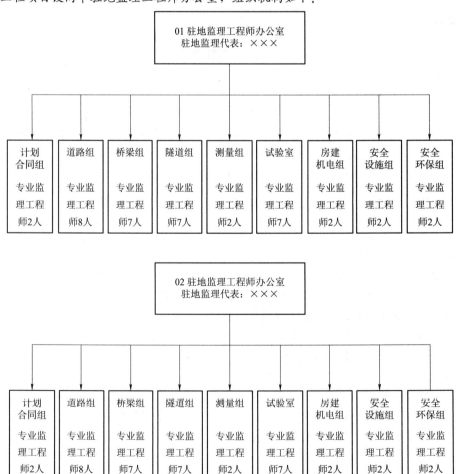

(二)部门岗位职责

1. 总监理工程师办公室部门岗位职责

(1)技术质检部岗位职责(略);

(2)计划合同部岗位职责(略);

(3)安全环保部岗位职责(略);

(4)中心试验室岗位职责(略)。

2. 驻地监理工程师办公室部门岗位职责

(1)计划合同组岗位职责(略);

(2)道路组岗位职责(略);

(3)桥梁组岗位职责(略);

(4)隧道组岗位职责(略);

(5)测量组岗位职责(略);

(6)试验室岗位职责(略);

(7)房建机电组岗位职责(略);

(8)安全设施组岗位职责(略);

(9)安全环保组岗位职责(略)。

七、监理人员和设备的配备及进退场计划

(一)总监理工程师办公室

(1)人员配置表:

部门	姓名	职务	计划进退场时间
总监		总监理工程师	
技术质检部		部长、副部长	
		路基专业监理工程师	
		路基专业监理工程师	
		路基专业监理工程师	
		桥梁专业监理工程师	
		桥梁专业监理工程师	
计划合同部		计划监理工程师	
安全环保部		专业监理工程师	
中心试验室		试验室主任	
		路基路面试验员	
		桥涵试验员	

(2)检、试验仪器配置表：

编号	类别	名称	单位	配置数量	性能参数	计划进退场时间
1	通用设备	全站仪	台	1		
2		水准仪	台	4	自动安平	
3		核子密度仪	台	1		
4		电子天平	台	1	称量2 kg 感量0.01 g	
5		电子天平	台	1	称量10 kg 感量0.5 g	
6		电子天平	台	1	称量20 kg 感量2 g	
7		化学分析天平	台	1	称量200 g 感量0.000 1 g	
8		浸水天平	台	1	称量5 kg 感量0.1 g	
9		万能试验机	台	1	100 t	
10		台秤	台	2	称量50 kg 感量50 g	
11		游标卡尺	个	1	0～150 mm	
12		相对密度计	个	1	标准	
13		表现密度筒	套	1	各种容积	
14		坍落度筒	个	4	标准	
15		水泥胶砂成型试模	套	4	40 mm×40 mm×40 mm	
16		烘箱	台	2	0～200 ℃ 精度1 ℃	
17		泥浆黏度仪	套	4		
18		泥浆相对密度仪	个	4		
19		标准筛(方孔、圆孔)	套	2		
20	土工及无机结合料稳定材料	光电液塑限测定仪	台	1	0～22 mm	
21		电动多功能脱模器	台	1	大中小试件	
22		路面材料强度试验仪	台	1	0～100 kN 0～10 mm	
23		承载比(CBR)试验仪及试验附件	套	2	0～50 kN 0～25 mm	
24		滴定设备	套	2	标准	
25		灌砂筒	套	4	标准	
26		自动击实仪	台	2	重型、轻型	

续表

编号	类别	名称	单位	配置数量	性能参数	计划进退场时间
27	集料	针片状规准仪	个	2	标准	
28		洛杉矶磨耗机	台	1	转速20～33 r/min	
29		自动砂当量试验装置	台	1	频率(180±2)次/min	
30		摇筛机	台	1	适用直径20～30 cm筛	
31		压碎值测定仪(粗集料)	套	1	150 mm×128 mm	
32	水泥及混凝土	标准恒温恒湿养护箱	台	2	20 ℃±1 ℃ ≥90%	
33		水泥混凝土搅拌机	台	1	60 L	
34		水泥混凝土标准振动台	台	1	频率2 860次/min	
35		水泥净浆搅拌机	台	1	3 L	
36		水泥砂浆稠度仪	台	1	标准	
37		水泥标准稠度仪	台	1	标准	
38		水泥电动抗折机	台	1		
39		煮沸箱	台	1	31 L	
40		水泥胶砂搅拌机	台	1	5 L	
41		水泥胶砂振动台	台	1	频率(60±1)次/s	
42		负压筛析仪	台	1	标准	
43		标准养护室	间	1	自动控制	
44		水泥混凝土压力试验机	台	1	200 t	
45		雷氏夹膨胀值测定仪	台	1	标准	
46		回弹仪	个	2		
47		水胶比测定仪	台	2		
48	道路工程	取芯机	台	1	取芯直径0～200 mm 深度0～700 mm	
49		摆式摩擦系数测定仪	套	1	标准	
50		轻型动力触探仪	台	1	锤重10 kg	
51		路面构造深度测试仪	套	1	容积25 mL±0.15 mL 自动检测	
52		连续式平整度仪	台	1	最小转弯直径5 m 连续检测	
53		贝克曼梁弯沉仪	套	2	5.4 m	
54		路面渗水仪	台	1	盛水600 mL	

续表

编号	类别	名称	单位	配置数量	性能参数	计划进退场时间
55	沥青及沥青混凝土	针入度仪	台	1	标准	
56		低温延度仪	台	1	标准	
57		软化点仪	套	1	标准	
58		闪点仪（克利夫兰开口杯法）	套	1	标准	
59		含蜡量测定仪	台	1	－30 ℃～60 ℃ 精度 0.5 ℃	
60		薄膜烘箱	台	1	0～200 ℃、精度 0.1 ℃	
61		旋转薄膜烘箱	台	1	163 ℃±0.5 ℃	
62		轮碾成型机	台	1		
63		车辙试验机	台	1		
64		沥青混合料拌合机	台	1	20 L	
65		恒温水浴	台	1	0～80 ℃ 精度 0.5 ℃	
66		马歇尔自动击实仪	台	1	锤重 4 536 g±9 g 锤重 10 210 g±10 g	
67		马歇尔稳定度仪	台	1	最大荷载 50 kN 适用 152.4 mm、101.6 mm	
68		沥青抽提仪	台	1	最大样品质量 3 000 g	

（3）委托试验项目表：

编号	名称	备注
1	外加剂	
2	波纹管	
3	碱活性	
4	钢绞线、锚具	

（4）办公设备配置表：

编号	名称	单位	数量	计划进退场时间
1	资料柜	只	4 组	
2	桌椅	套	每人一套	
3	传真机	台	1	
4	相机	架	2	
5	复印机	台	1	
6	电脑	台	6	

(5)通信、交通设施配置表：

编号	名称	单位	数量	计划进退场时间
1	固定电话	部	1	
2	移动电话	部	20	
3	汽车	部	4	

(6)生活设施配置表：

编号	名称	单位	数量	计划进退场时间
1	彩电	台	1	
2	洗衣机	台	1	
3	冰箱	台	1	

(二)驻地监理工程师办公室
(1)人员配置表：

部门	姓名	职务	计划进退场时间
驻地监理代表		驻地监理工程师	
路基组		路基专业监理工程师	
		路基专业监理工程师	
		路基专业监理工程师	
桥梁组		桥梁专业监理工程师	
		桥梁专业监理工程师	
计划合同组		计划监理工程师	
安全环保组		专业监理工程师	
中心试验室		试验室主任	
		路基路面试验员	
		桥涵试验员	

(2)检、试验仪器配置表(略)；
(3)委托试验项目表(略)；
(4)办公设备配置表(略)；
(5)通信、交通设施配置表(略)；
(6)生活设施配置表(略)。

八、监理实施方案

为对本工程项目进行有效的监理服务，使本段监理工作标准化、规范化，特制订如下监理方案。依据合同要求本高速公路建设项目采用二级监理机构开展监理服务，设置总监理工程师办公室和驻地监理工程师办公室。

总监理工程师办公室设置四个职能部门：技术质检部、计划合同部、中心试验室、安全环保部。

驻地监理工程师办公室设置两个，第一驻地监理工程师办公室(01)负责对NS01、NS02、NS03标段的路基、桥梁工程和NSM01标段路面工程的质量、安全、进度、费用、环保的控制和管理；第二驻地监理工程师办公室(02)负责对CN04、CN05标段的路基、桥梁工程和NSM02标段路面工程的质量、安全、进度、费用、环保的控制和管理。驻地办应根据工程项目类别需要设置相应的专业监理工程师。

总监办和驻地办必须严格按照《公路工程施工监理规范》(JTG G10—2016)要求进行职责划分，总监办各职能部门和驻地办各专业监理工程师应认真履行职责，在合同授予的权力范围内"严格监理、热情服务、公正科学、廉洁自律"。做到抓好质量，均衡进展，准确计量，保障安全，在合同工期内有效实现总体目标。

九、监理规章制度

（一）办公室管理制度

(1)总监办和驻地办要设专人进行考勤，考勤工作要态度端正，实事求是。驻地办每月考勤结果于次日经驻地监理代表签字上报总监办。

(2)总监、驻地代表请假须向业主主管领导申请。

(3)其他监理人员事假、探亲假应由本人填写申请表，经主管领导同意后方可离开工作岗位。

(4)办公印章应由专人保管，未经负责人同意任何人不得拿到工作以外的地方使用；个人名章由本人保管，不得交由他人特别是交由施工单位保管，一经发现严肃处理。

(5)工作时间严禁任何人在办公室喧哗、玩游戏。

(6)办公室、试验室、食堂购买物品必须设专人进行验收，建立台账。

(7)食堂账目管理要透明，做到日清、月结、账目公布。伙食费账目经伙食管理委员会研究同意后可销毁，否则不得随意销毁。

(8)监理人员必须遵守有关规定、遵守国家的法律法规，严禁吃、拿、卡、要现象的发生。

（二）试验室管理制度

(1)建立仪器、设备台账，并根据仪器进、退场要求适时修订台账。

(2)仪器设备配件要妥善保管，说明书、操作手册和原始记录要专人保管。

(3)建立仪器、设备转借、出租台账，转借、调转必须经主管领导签字确认。

(4)建立化学药品入库、使用、过期销毁台账。

(5)按要求定期对仪器、设备进行检定，及时索要检定证书，对不符合相关规定要求的仪器设备应及时进行维修、更换或报废处理。报废处理的仪器设备必须经主管领导签字确认。

(6)仪器、设备的使用者必须严格按操作规程进行操作，并定期对其进行保养，非责任人不得擅自对仪器、设备进行拆装。

(7)定期检查仪器、设备的使用状态，保证其始终处于有效的工作状态。

(8)试验记录应规范、真实，不涂改，归档及时，妥善保管以便追溯备查。

(9)试验数据要及时输入电脑进行数据处理，数据整理要科学，符合相关规定。

(10)试验报告签字盖章齐全，试验结论准确、符合规范标准，报告发送及时。

(11)影响工程质量的报告应由试验室主任直接向有关主管领导报告，处理重大质量事故的报告应向公司领导汇报后发出。

（三）档案管理制度

(1)管理、质量、计划合同、试验资料、安全环保要严格按照总监办下发的"监理规程"要求建立档案及归档管理，设专人负责。

(2)资料归档前内业管理员要认真进行检查、审核，保证资料的完整、真实、规范。

(3)档案资料要分门别类，有序存放，做到检阅方便。

(4)档案资料应采用专用档案柜进行保管，做到防潮、防水、防污染。

(5)所有档案不得复印,不得外借,本标段人员可在管理员的监督下进行查阅,阅后及时收回归档。

(6)施工照片要保证不重、不漏,能反映分项(分部)工程整体质量状况,按单元划分顺序,采用标准相册进行分类存档。

(四)安全生产管理制度

(1)总监办和各驻地办要成立安全领导小组,建立应急联系方式。

(2)总监办和驻地办的安全设施配置要合理、齐全,建立台账,用后及时补充。

(3)定期对监理人员进行安全教育,提高防范意识,增强防范能力。

(4)办公及生活车辆设专人负责,统一调度。使用车辆的部门要提前与负责人沟通,以便合理安排车辆。

(5)司机要定期对车辆进行检查、保养,建立使用、保养记录,保证车辆正常使用。

(6)严格遵守交通规则,严禁超速行驶、酒后驾车、私自出车。

(7)非专职司机在任何时候不得擅自动用车辆。

(8)试验室、办公和生活区要设防火、防盗责任人,无人时必须切断电源、水源,关好门窗。外来人员办理工作事宜应在相关人员的指导下进行。

(9)酒精、液化气灌、汽油存放、使用必须严格按规定的方法进行管理。

(10)监理人员在工作期间应严格遵守各项安全生产之规定,严禁违章指挥、违章操作。

(11)对危险性较大的施工项目,要在安全可靠,设备、设施有保障的条件下进行作业检查。

(五)卫生管理制度

(1)办公区、生活区、食堂要保持环境干净,物品摆放整洁、有序。要保持个人卫生,养成良好的生活、工作习惯。

(2)建立值日轮流制度,保证每天打扫室内外卫生。

(3)定期对餐厨具进行消毒。

(4)定期对生活和周围环境进行消毒。

(5)办公废纸、生活垃圾,应弃至指定垃圾坑内,远离生活区,避免或减少对环境的污染。

十、监理工作程序框图及表格(略)

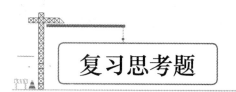

复习思考题

1. 简述施工监理的基本内容。
2. 施工监理阶段应怎样进行划分?
3. 简述监理单位资质等级的划分及从业范围。
4. 监理机构有哪几种组织模式?试阐述其特点。
5. 简述监理人员的构成情况。
6. 总监理工程师办公室的主要职责是什么?
7. 专业监理工程师的主要职责是什么?
8. 工地会议的形式、目的、内容是什么?
9. 监理资料应如何管理?

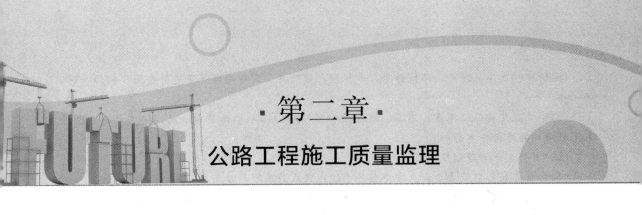

第二章

公路工程施工质量监理

第一节 工程质量概述

一、工程质量的概念

在公路工程建设中，质量是工程建设的关键，任何一个环节、任何一个部位出现问题，都会给工程的整体质量带来严重的后果，直接影响到公路的使用效益，甚至返工重建造成巨大的经济损失。因此，工程质量是公路工程建设的生命。

按照《建筑工程施工质量验收统一标准》(GB 50300—2013)，公路工程质量的定义可以为反映公路工程满足相关标准规定或合同约定的要求，包括安全、使用功能及其在耐久性能、环境保护等方面所有明显和隐含能力的特性总和。

二、工程质量形成的过程

任何工程项目从酝酿筹备到投产运行都先后经历决策规划、设计、施工、项目竣工验收四个阶段，且各阶段对工程项目的质量均有不同的影响。在项目的决策规划阶段，主要是制定项目的质量目标及其水平；设计阶段则是通过勘察设计使质量目标具体化；施工阶段则是将质量目标付诸实施的过程，且通过施工及进行相应的质量控制把设计图纸变成工程实体，这一阶段是质量控制的关键时期；而交工验收阶段则是对工程项目的质量目标的完成程度进行检验、评定和考核的过程，是实现建设投资向生产力转化的标志，应积极慎重地抓好这一重要环节。

三、工程质量的特点

1. 影响质量的因素多

凡与决策、设计、施工和竣工验收各环节有关的各种因素都将影响到工程质量。如人工、机械、设备、材料、测量器具、施工工艺、技术措施、管理制度、施工工期、工程造价和施工环境等，均直接和间接地影响工程质量。

2. 质量波动性大

公路工程以露天作业为主，受气候和地质的影响较大，无稳定的生产设备和生产环境，具有产品固定、人员流动的生产特点，与有固定的自动线和流水线的一般工业产品相比，工程项目更容易产生质量波动。

3. 容易产生系统因素变异

工程项目结构复杂，施工流动性强，施工环境变化大，质量要求比较高，因此，影响工程质量的偶然性因素和系统性因素比较多。例如，施工方法不当、不按操作规程操作、机械故障、材料有误、仪表失灵、设计计算错误等原因都会产生系统因素的质量变异，造成工程质量事故。因此，要防止出现系统性因素的变异。

4. 容易产生第二判断错误

公路工程项目施工过程中，施工工序多，隐蔽工程多，由于各道工序需要交接，或隐蔽工程部位后续工序将覆盖前道工序的成果，若不及时进行工序交接检查并发现其中存在的问题，就可能留下质量隐患，产生判断错误，将前道工序的不合格误认为合格，容易产生第二判断错误。

5. 竣工验收的局限性

因为公路工程的位置固定和结构上的整体性的特点，工程项目建成以后不能像一般工业产品那样依靠终检判断产品质量，或将其拆卸、解体来检查其内在的质量。工程项目的竣工验收难以发现某些工程内在的、隐蔽的质量缺陷，所以，工程质量的控制应以预防为主。

6. 评价方法的特殊性

工程项目质量是在承包人按合同规定的质量标准自行检查评定的基础上，由监理工程师组织进行检查验收并进行评定。这种评定方法体现了"验评分离、强化验收、完善手段、过程控制"的指导思想。

四、工程质量等级评定

(一)一般规定

(1)根据建设任务、施工管理和质量检验评定的需要，应在施工准备阶段按《公路工程质量检验评定标准 第一册 土建工程》(JTG F80/1—2017)附录 A 将建设项目划分为单位工程、分部工程和分项工程(表 2-1)。施工单位、工程监理单位和建设单位应按相同的工程项目划分进行工程质量的监控和管理。

1)单位工程。在合同段中，具有独立施工条件和结构功能的工程。
2)分部工程。在单位工程中，按结构部位、路段长度及施工特点等划分的工程。
3)分项工程。在分部工程中，根据施工工序、材料或工艺等划分的工程。

表 2-1 一般建设项目的工程划分

单位工程	分部工程	分项工程
路基工程 (每 10 km 或每标段)	路基土石方工程(1～3 km 路段)①	土方路基，填石路基，软土地基处治，土工合成材料处治层等
	排水工程(1～3 km 路段)①	管节预制，混凝土排水管施工，检查(雨水)井砌筑，土沟，浆砌水沟，盲沟，跌水，急流槽，水簸箕，排水泵站沉井、沉淀池等
	小桥及符合小桥标准的通道，人行天桥，渡槽(每座)	钢筋加工及安装，砌体，混凝土扩大基础，钻孔灌注桩，混凝土墩、台，墩、台身安装，台背填土，就地浇筑梁、板，预制安装梁、板，就地浇筑拱圈，混凝土桥面板桥面防水层，支座垫石和挡块，支座安装，伸缩装置安装，栏杆安装，混凝土护栏，桥头搭板，砌体坡面护坡，混凝土构件表面防护，桥梁总体等

续表

单位工程	分部工程	分项工程
路基工程 （每10 km 或每标段）	涵洞、通道（1～3 km路段）①	钢筋加工及安装，涵台，管节预制，管座及涵管安装，波形钢管涵安装，盖板预制，盖板安装，箱涵浇筑，拱涵浇（砌）筑，倒虹吸竖井、集水井砌筑，一字墙和八字墙，涵洞填土，顶进施工的涵洞，砌体坡面防护，涵洞总体等
	防护支挡工程（1～3 km路段）①	砌体挡土墙，墙背填土，边坡锚固防护，土钉支护，砌体坡面防护，石笼防护，导流工程等
	大型挡土墙、组合挡土墙（每处）	钢筋加工及安装，砌体挡土墙，悬臂式挡土墙，扶壁式挡土墙，锚杆、锚定板和加筋土挡土墙，墙背填土等
路面工程 （每10 km 或每标段）	路面工程（1～3 km路段）①	垫层、底基层，基层，面层，路缘石，路肩等
桥梁工程② （每座或每合同段）	基础及下部构造（1～3墩台）③	钢筋加工及安装，预应力筋加工和张拉，预应力管道压浆，混凝土扩大基础，钻孔灌注桩，挖孔桩，沉入桩，灌注桩桩底压浆，地下连续墙，沉井，沉井、钢围堰的混凝土封底，承台等大体积混凝土结构，砌体，混凝土墩、台，墩台身安装，支座垫石和挡块，拱桥组合桥台，台背填土等
	上部构造预制和安装（1～3跨）③	钢筋加工及安装，预应力筋加工和张拉，预应力管道压浆，预制安装梁、板，悬臂施工梁，顶推施工梁，转体施工梁，拱圈节段预制，拱的安装，转体施工拱，中下承式拱吊杆和柔性系杆，刚性系杆，钢梁制作，钢梁安装，钢梁防护等
	上部构造现场浇筑（1～3跨）③	钢筋加工及安装，预应力筋加工和张拉，预应力管道压浆，就地浇筑梁、板，悬臂施工梁，就地浇筑拱圈，劲性骨架混凝土拱，钢管混凝土拱，中下承式拱吊杆和柔性系杆，刚性系杆等
桥梁工程② （每座或每合同段）	桥面系、附属工程及桥梁总体	钢筋加工及安装，混凝土桥面板桥面防水层，钢桥面板上防水黏结层，混凝土桥面板桥面铺装，钢桥面板上沥青混凝土铺装，支座安装，伸缩装置安装，人行道铺设，栏杆安装，混凝土护栏，钢桥上钢护栏安装，桥头搭板，混凝土小型构件预制，砌体坡面护坡，混凝土构件表面防护，桥梁总体等
	防护工程	砌体坡面护坡，护岸④，导流工程等
	引道工程	见路基工程、路面工程的分项工程
隧道工程⑤ （每座或每合同段）	总体及装饰装修（每座或每合同段）	隧道总体、装饰装修工程
	洞口工程（每个洞口）	洞口边仰坡防护、洞门和翼墙的浇（砌）筑、截水沟、洞口排水沟、明洞浇筑、明洞防水层、明洞回填
	洞身开挖（100延米）	洞身开挖
	洞身衬砌（100延米）	喷射混凝土、锚杆、钢筋网、钢架、仰拱、仰拱回填、衬砌钢筋、混凝土衬砌、超前锚杆、超前小导管、管棚
	防排水（100延米）	防水层、止水带、排水

续表

单位工程	分部工程	分项工程
隧道工程⑤ (每座或 每合同段)	路面(1~3 km 路段)	基层、面层
	辅助通道⑥(100 延米)	洞身开挖、喷射混凝土、锚杆、钢筋网、钢架、仰拱、仰拱回填、衬砌钢筋、混凝土衬砌、超前锚杆、超前小导管、管棚、防水层、止水带、排水
绿化工程 (每合同段)	分隔带绿地、边坡绿地、护坡道绿地、碎落台绿地,平台绿墙(每2 km路段)互通式立体交叉区与环岛绿地、管理养护设施区绿地、服务设施区绿地,取、弃土场绿地(每处)	绿地护理、树木栽植,草坪、草本地被及花卉种植,喷播绿化
声屏障工程 (每合同段)	声屏障工程(每处)	砌块体声屏障,金属结构声屏障,复合结构声屏障
交通 安全设施 (每20 km 或每标段)	标志、标线、凸起路标、轮廓标 (5~10 km 路段)①	标志,标线,凸起路标,轮廓标
	护栏(5~10 km 路段)①	波形梁护栏,缆索护栏,混凝土护栏,中央分隔带开口护栏
	防眩设施、隔离栅、防落物网 (5~10 km 路段)①	防眩板,防眩网,隔离栅,防落物网等
	里程碑和百米桩(5 km 路段)	里程碑,百米桩
	避险车道(每处)	避险车道
交通 机电工程	其分部、分项工程划分见《公路工程质量检验评定标准 第二分册 机电工程》(JTG F80/2—2004)	
附属设施	管理中心、服务区、房屋建筑、收费站、养护工区等设施	按其专业工程质量检验评定标准评定

注:①按路段长度划分的分部工程,高速公路、一级公路宜取低值,二级及二级以下公路可取高值。
②分幅桥梁按照单幅划分,特大斜拉桥和悬索桥按照《公路工程质量检验评定标准 第一册 土建工程》(JTG F80/1—2017)附表 A-2 进行划分,其他斜拉桥和悬索桥可作为一个单位工程参照《公路工程质量检验评定标准 第一册 土建工程》(JTG F80/1—2017)附表 A-2 进行划分。
③按单孔跨径确定的特大桥取1,其余根据规模取2或3。
④护岸可参照挡土墙进行划分。
⑤双洞隧道每单洞作为一个单位工程。
⑥辅助通道包括竖井、斜井、平行导坑、横通道、风道、地下风机房等。

(2)公路工程质量检验评定应符合下列规定:

1)分项工程完工后,应根据《公路工程质量检验评定标准 第一册 土建工程》(JTG F80/1—2017)进行检验,对工程质量进行评定。隐蔽工程在隐蔽前应检查合格。

2)分部工程、单位工程完工后,应汇总评定所属分项工程、分部工程质量资料,检查外观质量,对工程质量进行评定。

(二)工程质量检验

(1)分项工程应按基本要求、实测项目、外观质量和质量保证资料等检验项目分别检查。

(2)分项工程质量应在所使用的原材料、半成品、成品及施工控制要点等符合基本要求的规定,无外观质量限制缺陷且质量保证资料真实齐全时,方可进行检验评定。

(3)基本要求检查应符合下列规定:

1)分项工程应对所列基本要求逐项检查,经检查不符合规定时,不得进行工程质量的检验评定。

2)分项工程所用的各种原材料的品种、规格、质量及混合料配合比和半成品、成品应符合有关技术标准规定并满足设计要求。

(4)实测项目检验应符合下列规定:

1)对检查项目按规定的检查方法和频率进行随机抽样检验并计算合格率。

2)《公路工程质量检验评定标准 第一册 土建工程》(JTG F80/1—2017)规定的检查方法为标准方法,采用其他高效检测方法应经比对确认。

3)《公路工程质量检验评定标准 第一册 土建工程》(JTG F80/1—2017)中以路段长度规定的检查频率为双车道路段的最低检查频率,对多车道应按车道数与双车道之比相应增加检查数量。

4)应按下式计算检查项目合格率:

$$检查项目合格率 = \frac{合格的点(组)数}{该检查项目的全部检查点(组)数} \times 100\%$$

(5)检查项目合格判定应符合下列规定:

1)关键项目的合格率应不低于95%(机电工程为100%),否则该检查项目为不合格。

2)一般项目的合格率应不低于80%,否则该检查项目为不合格。

3)有规定极值的检查项目,任一单个检测值不应突破规定极值,否则该检查项目为不合格。

4)采用《公路工程质量检验评定标准 第一册 土建工程》(JTG F80/1—2017)附录B至附录S所列方法进行检验评定的检查项目,不满足要求时,该检查项目为不合格。

(6)外观质量应进行全面检查,并满足规定要求,否则该检验项目为不合格。

(7)工程应有真实、准确、齐全、完整的施工原始记录、试验检测数据、质量检验结果等质量保证资料。质量保证资料应包括下列内容:

1)所用原材料、半成品和成品质量检验结果;

2)材料配合比、拌和加工控制检验和试验数据;

3)地基处理、隐蔽工程施工记录和桥梁、隧道施工监控资料;

4)质量控制指标的试验记录和质量检验汇总图表;

5)施工过程中遇到的非正常情况记录及其对工程质量影响分析评价资料;

6)施工过程中如发生质量事故,经处理补救后达到设计要求的认可证明文件等。

(8)检验项目评为不合格的,应进行整修或返工处理直至合格。

(三)土方路基

(1)土方路基应符合下列基本要求:

1)在路基用地和取土坑范围内,应清除地表植被、杂物、积水、淤泥和表土,处理坑塘,并按施工技术规范和设计要求对基底进行压实。表土应充分利用。

2)填方路基应分层填筑压实,每层表面平整,路拱合适,排水良好,不得有明显碾压轮迹,不得亏坡。

3)应设置施工临时排水系统,避免冲刷边坡,路床顶面不得积水。

4)在设定取土区内合理取土,不得滥开滥挖。完工后应按要求对取土坑和弃土场进行修整。

(2)土方路基实测项目应符合表2-2的规定。

(3)土方路基外观质量应符合下列规定：
1)路基边线与边坡不应出现单向累计长度超过50 m的弯折。
2)路基边坡、护坡道、碎落台不得有滑坡、塌方或深度超过100 mm的冲沟。

表2-2　土方路基实测项目

项次	检查项目			规定值或允许偏差			检查方法和频率
				高速公路一级公路	其他公路		
					二级公路	三、四级公路	
1Δ	压实度/%	上路床	0～0.3 m	≥96	≥95	≥94	按《公路工程质量检验评定标准 第一册 土建工程》(JTG F80/1—2017)附录B检查；密度法；每200 m每压实层测2处
		下路床	轻、中及重交通荷载等级 0.3～0.8 m	≥96	≥95	≥94	
			特重、极重交通荷载等级 0.3～1.2 m	≥96	≥95	—	
		上路堤	轻、中及重交通荷载等级 0.8～1.5 m	≥94	≥94	≥93	
			特重、极重交通荷载等级 1.2～1.9 m	≥94	≥94	—	
		下路堤	轻、中及重交通荷载等级 >1.5 m	≥93	≥92	≥90	
			特重、极重交通荷载等级 >1.9 m				
2Δ	弯沉(0.01 mm)			不大于设计验收弯沉值			按《公路工程质量检验评定标准 第一册 土建工程》(JTG F80/1—2017)附录J检查
3	纵断高程/mm			+10，+15	+10，-20		水准仪，中线位置每200 m测2点
4	中线偏位/mm			50	100		全站仪，每200 m测2点，弯道加HY、YH两点
5	宽度/mm			满足设计要求			尺量：每200 m测4点
6	平整度/mm			≤15	≤20		3 m直尺；每200 m测2处×5尺
7	横坡/m			±0.3	±0.5		水准仪；每200 m测2个断面
8	边坡			满足设计要求			尺量：每200 m测4点

注：1. 表列压实度系按现行《公路土工试验规程》(JTG E40—2007)重型击实试验所得最大干密度求得的，评定路段内的压实度平均值不得小于规定标准，单个测定值不得小于极值(表列规定值减5个百分点)。按测定值不小于表列规定值减2个百分点的测点占总检查点数的百分率计算合格率。
2. 特殊干旱、特殊潮湿地区或过湿土路基等，可按路基设计、施工规范所规定的压实度标准进行评定。
3. 三、四级公路铺筑沥青混凝土或水泥混凝土路面时路基压实度应采用二级公路标准。

(四)工程质量评定

(1)工程质量等级应分为合格与不合格。

(2)分项工程、分部工程、单位工程质量评定应有符合《公路工程质量检验评定标准 第一册 土建工程》(JTG F80/1—2017)附录 K 规定的资料。

(3)分项工程质量评定合格应符合下列规定：

1)检验记录应完整。

2)实测项目应合格。

3)外观质量应满足要求。

(4)分部工程质量评定合格应符合下列规定：

1)评定资料应完整。

2)所含分项工程及实测项目应合格。

3)外观质量应满足要求。

(5)单位工程质量评定合格应符合下列规定：

1)评定资料应完整。

2)所含分部工程应合格。

3)外观质量应满足要求。

(6)评定为不合格的分项工程、分部工程，经返工、加固、补强或调测满足设计要求后，可重新进行检验评定。

(7)所含单位工程合格，该合同段评定为合格；所含合同段合格，该建设项目评定为合格。

第二节　公路工程施工质量监理的依据、程序、方法和特点

一、公路工程施工质量监理的依据

监理机构应依据以下法律、法规、文件展开工作：

(1)国家和地方法律、法规；

(2)国家和行业、地方有关标准、规范、规程；

(3)监理合同；

(4)施工合同；

(5)工程前期有关文件；

(6)工程设计文件和图纸；

(7)工程实施过程中有关的函件。

二、公路工程施工质量监理的程序

在开工之前，监理工程师应向施工单位提出适用于对所有工程项目进行质量控制的程序及说明，以供所有监理人员、施工单位的自检人员和施工人员共同遵循，使质量控制工作程序化。质量控制一般按以下程序进行。

(一)质量控制程序

1. 开工报告的审批

在各单位工程、分部工程或分项工程开工之前,驻地监理工程师应要求施工单位提交开工报告并进行审批。工程开工报告应提出工程实施计划和施工方案;依据技术规范列明本项工程的质量控制指标及检验频率和方法;说明材料、设备、劳务人员的准备情况,提出放样测量、标准试验、施工图等必要的基础资料。监理工程师在确定施工单位开工报告真实可靠,相关规定的各项开工准备工作均达到要求后,方可签发批准开工报告,签发开工令。

2. 工序自检报告的审校

监理工程师应要求施工单位的自检人员按照专业监理工程师批准的工艺流程和提出的工序检查程序,在每道工序完工后首先进行自检,自检合格后,申报专业监理工程师进行检查认可。

3. 工序检查认可

专业监理工程师应对每道工序完工后进行检查验收并签字,对不合格的工序应指示施工单位进行缺陷修复或返工。前道工序未经检查认可,后道工序不得进行。

4. 中间交工报告

当工程的单位、分部或分项工程完工后,施工单位的自检人员应再进行一次系统的自检,汇总各道工序的检查记录及测量和抽样试验结果提出交工报告。对于自检资料不全的交工报告,专业监理工程师应拒绝验收。

5. 中间交工证书

专业监理工程师应对按工程量清单的分项完工的单项工程进行一次系统的检查验收,必要时应作测量或抽样试验。检查合格后,提请驻地监理工程师签发《中间交工证书》,未经中间交工检验或检验不合格的工程,不得进行下项工程项目的施工。

6. 中间计量

对签发了《中间交工证书》的工程,方可进行计量并由驻地监理工程师签发《中间计量表》。完工项目的竣工资料不全可暂不计量支付。

公路工程施工质量控制流程如图 2-1 所示。

(二)工序检查程序

各专业(结构、路基、路面、隧道等项目)监理工程师应在组成工程的各个单位工程、分部工程或分项工程开工之前,提出工序检查程序说明,以供现场旁站监理人员、施工单位的自检人员及施工人员共同遵循。工序检查应按以下原则提出:

(1)应与合同图纸和工程量清单的分项所含内容相一致;
(2)应与技术规范及监理工程师批准采用的施工方法和工艺流程相协调;
(3)应与国家或合同规定的验收标准、检验频率和检验方法相配合;
(4)工序检查程序宜采用框图的形式表示,以便直观,并应与相应的检查记录、报表、证书等相配合。

三、公路工程施工质量监理的方法

在公路工程施工各阶段中,质量监理有其各自不同的特点,监理工程师应按照合同文件中赋予的权利和义务,进行可行有效的监理工作,采用核查文件、抽样试验、测量、旁站、工地

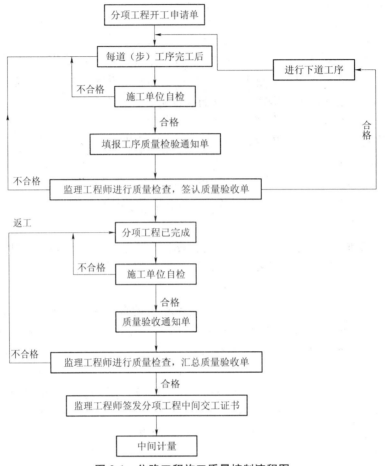

图 2-1 公路工程施工质量控制流程图

巡视、指令文件等方法，使质量监理工作能有条不紊地有效开展。

1. 核查文件

监理工程师在施工的全过程中，需要经常对承包人所报送的各类报表和质量数据进行检查核算（内业）或进行现场核实（外业）。监理工程师审批承包人提交的开工报告时，应对承包人为开工准备的施工人员组织、施工机械配备、材料质量和配合比试验及施工放样等进行检查和核实。

2. 抽样试验

监理工程师应按规定重点对施工过程中使用的水泥、钢材、沥青、石灰、粉煤灰、砂砾、碎石等主要原材料及各种混合料进行抽检，抽检频率应不低于施工单位自检频率的20%；其余材料应不低于10%；对已完工程实体质量的抽检频率应不低于施工单位自检频率的20%。监理工程师对材料或工程的质量有怀疑时应进行进一步的判定。

3. 测量

测量是监理工程师在质量监理过程中，对施工各部位的平面位置、高程、几何尺寸等进行检查和控制的重要手段，主要包括施工放样现场复核、施工过程中的测量跟踪、工程验收检测等各项工作。

4. 旁站

监理人员应对试验工程、重要隐蔽工程和完工后无法检测其质量或返工会造成较大损失的工程进行旁站。旁站监理人员应重点对旁站项目的工艺过程进行监督，并按规范规定的内容进行检查，对发现的问题应责令立即改正；当可能危及工程质量、安全或环境时，应予制止并及时向驻地监理工程师或总监理工程师报告。旁站监理人员应如实、准确、详细地做好旁站记录（附录二 B-09）。旁站项目完工后，监理工程师应组织检查验收，验收合格的方可进行下道工序。

5. 工地巡视

监理人员应重点巡视：正在施工的分项、分部工程是否已批准开工；质量检测、安全管理人员是否按规定到岗；特种作业人员是否持证上岗；现场使用的原材料或混合料、外购产品、施工机械设备及采用的施工方法与工艺是否与批准的一致；质量、安全及环保措施是否实施到位；试验检测仪器、设备是否按规定进行了校准；是否按规定进行了施工自检和工序交接。监理人员每天对每道工序的巡视应不少于 1 次，并按要求做好巡视记录（附录二 B-08）。

6. 指令文件

指令文件一方面是指施工监理过程中，监理工程师以书面文件的形式提醒承包人注意施工中存在的质量隐患或质量问题；另一方面指监理工程师为保证工程质量，而向承包人发布的工程变更、补充技术标准、施工技术要求、工地会议纪要（附录二 B-06）等，这些文件都直接关系到工程质量，是进行工程质量监理必不可少的手段。

四、工程质量监理的特点

工程质量监理的特点如下：

(1)监理工程师对工程质量的监理权受法律保护。

(2)监理工程师对工程项目实行全过程、全方位、全天候的全面质量管理。

(3)工程质量监理强调事先监理和主动监理，而监理的重点则是施工前的准备阶段和施工过程中的各个环节，并力求及早发现问题，"防患于未然"。

(4)质量监理应与工程支付挂钩，未经监理工程师验收并签认的工程项目，其费用应一律不予支付。

第三节　公路工程施工质量监理的阶段划分与内容

施工质量监理是监理工作的核心。公路工程施工质量监理分为施工准备、施工、验收与缺陷责任期 3 个阶段。合同工程开工令确定的开工之日，标志着施工准备阶段的结束和施工阶段的开始。合同工程交工验收申请的受理，标志着施工阶段的结束和交工验收与缺陷责任期的开始。施工阶段监理始于监理合同签订，止于缺陷责任终止证书签发。

一、施工准备阶段质量监理内容

(一)准备工作

施工准备阶段是施工监理的重要工作阶段，是事先监理、主动监理，是为施工阶段奠定良好基础的阶段。施工准备阶段监理的工作主要包括两个方面，即监理机构自身的准备工作和对施工单位开工前施工准备活动的监理工作。本节主要介绍监理机构在施工准备阶段自身应做的主要工作。

1. 配备试验室设备

监理试验室分为总监办中心试验室和驻地试验室。总监办中心试验室以试验为主，驻地试验室以现场抽查检测和试件制备为主。具体配备应按监理合同要求，原则上总监办中心试验室应按公路工程甲级监理企业的要求配备试验检测设备；驻地试验室应按公路工程丙级监理企业的要求配备试验检测设备。

试验是监理工作的最重要手段。监理试验包括土工、水泥及水泥混凝土、钢筋原材料及焊接、沥青及沥青混凝土、路面基层材料等常规试验项目。对于钢绞线、锚具、防水、伸缩缝、支座等一些特殊材料，可由建设单位单独委托有资质的第三方试验。建设单位可以将监理试验全部或部分委托有资质的第三方承担，此时总监办不再履行对其指导、检查、监督和协调职责。

2. 熟悉合同文件

合同文件是监理工作的依据。熟悉合同文件是监理人员做好监理工作的基础。尽管监理机构没有审查合同文件的义务，但如发现合同文件中（如设计图纸）有误或各部分文件之间有不一致之处，应书面向建设单位提出，由建设单位与有关单位协调、处理。

3. 调查施工环境条件

主要是对征地、拆迁情况的调查。调查建设单位是否能够按照总体施工进度计划的要求，按时向施工单位提交工程用地。如发生影响按时开工的情况，应及时向建设单位反映，尽快解决。

4. 编制监理计划

项目监理计划是监理机构针对所监理工程的具体情况编制的指导总体监理工作的总计划。监理计划的编制要有很强的针对性和可行性。

总监理工程师主持编制整个工程项目的监理计划。所属各监理合同段的驻地监理工程师应根据总监的要求和需要，组织编制本监理合同段的监理计划。

5. 编制监理细则

二级以下公路、技术不太复杂的分项和分部工程可不编写监理细则。

监理细则应依据已经批准的监理计划进行编制，并与监理批准的施工组织设计相呼应。监理细则一般由专业监理工程师编制，由总监理工程师审批。

对采用新技术、新材料、新工艺或在特殊季节施工的分项、分部工程，应针对施工单位编制的专项施工方案，编制相应的监理细则。

（二）监理工作内容

1. 参加设计交底

在参加设计交底前，总监理工程师应要求各专业监理工程师认真熟悉合同图纸和设计文件。对发现的设计问题，应书面向建设单位提出意见和建议。

设计交底会一般由施工单位编写会议纪要，监理机构参加交底会的负责人应与其他与会单位代表一起对会议纪要签认。

2. 审批施工组织设计

各施工合同段的施工组织设计及总体进度计划首先应由驻地监理工程师和专业监理工程师审核并提出审核意见，然后由总监办专业监理工程师审核后由总监理工程师审核批准。

3. 检查保证体系

要求监理工程师对质量保证体系、施工安全生产管理体系和施工环境保护管理体系的建立、到位、落实情况，是否符合施工组织设计中的安排进行检查。重点要求人员到位、设施到位、资金到位、规章制度到位和职责分工到位。

质量保证体系审查中，重点是施工自检体系是否完善，包括自检人员是否有技术、经验，自检负责人是否专职，职责及要求是否明确等。

4. 审核工地试验室

工地试验室是施工单位控制工程质量的重要手段，也是检查、评价、验收工程质量的科学依据。通过审查，确保施工单位工地试验室合格，使其充分发挥施工自检、质量保证作用，是质量监理的基础条件之一，应认真审查。

5. 审批复测结果

控制桩点是决定整个工程平面位置和高程的基准。为此，在施工单位进行复测后，监理机构应对全部控制桩点进行平行复测检查，以确认施工单位的复测结果。

6. 验收地面线

监理工程师采取抽查测量的方式进行验收，抽测点为随机方式选取或为指定的有疑问之处。抽测点总数应包括所有有疑问之点，并不少于施工单位测定地面线测点的30%。

7. 审批工程划分

分项、分部、单位工程的划分是加强工程管理、统一口径的措施。经监理批准的工程划分应作为参建各方在分项、分部工程开工申请和批准，分项工程的质量控制、验收、评定和中间交工以及分部、单位工程的质量评定和工程的计量支付等施工全过程管理的依据。

8. 确认场地占用计划

施工单位提交合同工程全部场地的占用计划应符合总体进度计划的安排。及时提交建设单位场地占用计划的目的是促使建设单位按时完成征地拆迁。避免因建设单位未能按计划提交施工用地而造成违约，进而引起施工单位的索赔。

9. 核算工程量清单

监理工程师审核工程量清单应依据合同条件、合同图纸和技术规范，按照合同规定的计量原则进行工程数量核算。审核无误后，及时对施工单位提交的工程量清单复核结果予以签认。

10. 签发开工预付款支付证书

总监理工程师应在施工单位提交开工预付款担保后，按合同规定的金额签发开工预付款支付证书，报建设单位审批。

11. 召开监理交底会

总监理工程师应在合同工程开工之前主持召开由施工单位项目经理、技术负责人及相关人员参加的监理交底会，介绍监理计划的相关内容。

监理交底会可以在开工前单独举行，也可以与第一次工地会议一起举行。

12. 召开第一次工地会议

总监理工程师应主持召开第一次工地会议。

13. 签发合同工程开工令

监理工程师收到施工单位提交的合同工程开工申请后，应对合同工程的开工条件进行核查。具备开工条件的，由总监理工程师签发合同工程开工令，并报建设单位备案。

二、施工阶段质量监理内容

施工阶段质量监理的内容如图 2-2 所示。

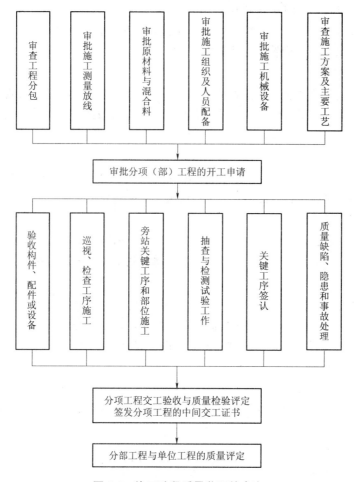

图 2-2 施工阶段质量监理的内容

1. 审查工程分包

监理工程师应按有关规定对工程分包进行审查。

2. 审批施工测量放线

监理工程师应检查施工单位使用的测量仪器是否按规定进行了校准，审查其提交的施工测量放线数据、图表及放线成果并予以批复。监理工程师应对从基准点引出的工程控制桩的重点桩位复测不低于 30%。

3. 审批工程原材料与混合料

监理工程师应审查施工单位申报的原材料、混合料试验资料。对原材料应独立取样进行平行试验；对混合料可在施工单位标准试验的基础上进行试验验证，必要时做标准试验，在合同规定的期限内予以批复。

监理工程师应对施工单位申请使用的商品混凝土或商品混合料配合比进行审查，并进行试验验证。

4. 审查施工组织及人员配备

分项工程开工前,监理工程师应审查该分项工程的施工组织计划,包括项目负责人、技术负责人、自检人员及主要施工操作人员的配备是否符合合同要求并满足施工需要。

5. 审查施工机械设备

监理工程师应审查施工单位进场的施工机械设备是否满足合同要求,重点审查机械设备是否满足施工质量、安全、环保、进度等要求。施工单位如使用合同约定外的施工机械,监理工程师应要求施工单位另行提出使用申请。

6. 审查施工方案及主要工艺

监理工程师审查施工单位提交的分项、分部工程的施工方案及主要工艺;对技术复杂或采用新技术、新工艺、新设备的工程,应根据试验结果进行审批。

7. 审批分项、分部工程的开工申请

监理工程师应要求施工单位提交分项、分部工程的开工申请,在合同规定的时间内按规定审查其是否具备开工条件,以确定是否批复其开工申请。

8. 验收构件、配件或设备

对施工单位外部采购和委托制作的主要工程构配件或设备,监理工程师应核查产品合格证明文件和施工单位自检报告,进场后对关键项目进行抽检,验收合格后方可使用。对在施工现场不具备检测条件的,监理工程师应按合同约定到厂监督检验。

9. 巡视与记录

监理工程师应采取以巡视为主的方式进行施工现场监理,按计划定期或不定期巡视施工现场,对施工的主要工程每天不少于1次,并填写巡视记录(格式见附录二 B-08)。巡视应包括下列主要内容:施工现场管理人员特别是质量、安全管理人员是否到位,特种作业人员是否持证上岗;使用的原材料或混合料、构配件和主要施工机械设备是否与批准的一致;是否按技术标准、工程设计文件、批准的施工组织设计和方案施工;质量、安全、环保和施工标准化等措施是否落实,施工自检和工序交接是否符合规定。

10. 旁站与记录

监理机构应安排监理人员对表2-3所列旁站项目的施工过程进行旁站,对主要工程的关键项目进行检测见证,并填写旁站记录(格式见附录二 B-09),签认检测见证结果。

表2-3 公路工程监理旁站项目一览表

单位工程	分部工程	分项工程	旁站项目
路基工程	土石方工程	土方路基、石方路基	试验段
		软土地基处治、土工合成材料处治层	试验段
路面工程	路面工程	基层、底基层	试验段
		沥青面层	试验段
		水泥混凝土面层	试验段,摊铺
桥梁工程	基础及下部构造	桩基	试桩,钢筋笼安放、首盘混凝土浇筑
		地下连续墙	首盘混凝土浇筑
		沉井	定位、下沉、浇筑封底混凝土

续表

单位工程	分部工程		分项工程	旁站项目
桥梁工程	上部构造	预制和安装	预应力筋加工和张拉	试验工程，首次张拉、首次压浆
			转体施工梁、拱	桥体预制、接头混凝土浇筑
			吊杆制作和安装	穿吊杆、预应力束张拉、首次压浆
		现场浇筑	预应力筋加工和张拉	张拉、首次压浆
			悬臂浇筑梁、主要构件浇筑	主梁段混凝土浇筑、首次压浆
			劲性骨架混凝土拱、钢管混凝土拱	混凝土浇筑
	桥面系及附属工程		桥面铺装	试验段
			钢桥面上沥青混凝土铺装	试验段，沥青混凝土摊铺
			大型伸缩装置安装	首件安装
隧道工程	洞身衬砌		支护、钢支撑	试验段
			混凝土衬砌	试验段
	路面		面层	同路面工程
交通工程	交通安全设施	护栏	混凝土护栏	首段混凝土浇筑
	机电工程		监控、通信、收费、配电、隧道机电设施的主要分项工程	首件施工
	附属设施		服务区、收费站等建筑工程的地基与基础、主体结构	首件施工

11. 抽检

监理机构应在施工单位自检合格的基础上按下列规定进行抽检，并填写抽检记录：对钢筋、水泥、沥青、石灰和碎石等原材料及水泥混凝土、沥青混合料和无机结合料稳定材料等混合料，抽检频率按批次应不低于规定施工检验频率的10%；对分项工程中的关键项目和结构主要尺寸，抽检频率应不低于规定施工检验频率的20%；当监理工程师对工程材料或实体质量有疑问时，应进行抽检。

12. 关键工序签认

监理工程师应对施工单位报验的隐蔽工程进行检查验收、留存影像资料，未经验收或验收不合格的不得进行下一道工序施工。

13. 质量缺陷、隐患和事故处理

监理机构在监理过程中发现施工不符合法律法规、技术标准及施工合同约定的，应要求施工单位改正，并应符合下列规定：

(1)质量不合格的材料、构配件不得在工程上使用。

(2)对工程质量缺陷,监理机构应签发监理指令单(格式见附录二 B-03),要求施工单位整改。

(3)对质量不合格的工程,监理机构应签发监理指令单,要求施工单位返工处理。

(4)对可能危及结构安全或存在重大隐患的质量问题,应签发停工令并向建设单位报告。

(5)当发生质量事故时,监理机构应依法按有关规定报告和处理。

(6)监理机构应建立质量问题处理台账。

14. 中间交工验收

驻地办在收到分项工程交工或中间交工验收申请后,应对施工单位的检验评定资料进行检查,组织施工单位在监理抽检、检测见证和隐蔽工程验收的基础上进行质量评定,对评定合格的签发《分项工程(中间)交工证书》。同一个分项工程中间验收不宜超过 2 次。

15. 分部、单位工程质量评定

驻地办应及时对已完分部工程进行质量检验评定,总监办应及时组织对单位工程和合同段进行质量评定。

三、验收与缺陷责任期阶段监理

(1)监理机构应按规定审查施工单位提出的合同段交工验收申请,审核施工单位编制的竣工图,应根据监理工作情况及工程质量评定结果,对是否同意交工验收进行审查并签署意见。

(2)监理机构应按工程验收办法等规定完成合同段工程质量评定、归集整理工程监理资料、编写监理工作报告,并提交建设单位。

(3)监理机构应参加交工验收工作,协助建设单位检查施工合同执行情况,并接受对监理合同执行情况的检查。

(4)合同段交工验收证书签发后,监理机构应审核施工单位提交的合同段交工结账单,并在规定期限内签认合同段交工结账证书,报建设单位审批。

(5)在缺陷责任期,监理机构应检查施工单位遗留问题整改情况;应检查工程质量,对工程质量缺陷要求施工单位修复,并调查缺陷产生的原因,确认责任和修复费用。

(6)在合同段缺陷责任期结束、收到施工单位向建设单位提交的终止缺陷责任申请后,监理机构应进行审查。对符合合同约定的,总监办应在规定期限内签发合同段缺陷责任终止证书,并向建设单位提交缺陷责任期监理工作总结。

(7)监理机构应参加竣工验收工作,提交监理工作报告和工程监理资料,配合竣工验收检查。

第四节 监理试验室

公路工程试验检测,是指根据国家有关法律、法规的规定,依据工程建设技术标准、规范、规程,对公路工程所用材料、构件、工程制品、工程实体的质量和技术指标等进行的试验检测活动。其应当遵循科学、客观、严谨、公正的基本原则。

监理试验室按照不同的监理层次分工负责,讲求实效、节约资源的原则进行设置,总监办中心试验室以试验为主,驻地试验室以现场抽查检测和试件的制备为主配备试验检测设备。具体的配备应按监理合同要求，原则上总监办中心试验室应按《公路水运工程监理企业资质管理规定》附件二"公路水运工程监理企业基本试验检测能力或仪器设备配备标准"中对公路工程甲级监理企业的要求配备试验检测设备；驻地试验室应按公路工程丙级监理企业的要求配备试验检测设备。

一、监理试验室的职责

试验监督检查的任务是对各个工程项目的材料、配合比和强度等进行试验检测，以确保各项工程的物理、化学性能达到规定要求。试验的监督检查工作应由试验监理工程师及其领导下的监理中心试验室专门负责，并按以下要求进行工作。

(1)监理中心试验室应当是对整个工程项目进行数据控制和检测测定的中心。试验室的规模、试验设备的种类及数量应能满足施工过程中各项试验的要求，应有各项专业试验工程师及经过专门培训的试验人员及各种健全的规章制度，并实行明确的责任分工。

(2)监理中心试验室除应承担独立进行的试验检测项目外，还应派出人员对施工单位的工地试验室和流动试验室进行全面的监督和管理。所有试验仪器都须经事前标定并按期进行鉴定；所有试验人员必须持有经过业务培训和考核的上岗证书，必须严格执行试验规范和操作规程，重要试验应有监理人员在场监督。

(3)监理中心试验室及施工单位工地试验室(流动试验室)的各种试验操作，均应统一按合同列明的或正式颁布的国家标准及部级行业标准进行，对经监理工程师审查并经建设单位批准、施工单位采用新材料、新技术或新工艺的特殊项目，当合同未曾列明或无现成标准可循时，试验监理工程师应要求施工单位提供相关的科技资料及鉴定报告，拟定出符合工程实际的暂行标准或规程，经审查批准后实行。

(4)当监理试验室试验结果与施工单位的试验结果出现允许误差以外的差异时，一般应以监理试验室的试验结果为准。如果施工单位拒绝接纳监理试验室的结果时，试验监理工程师可与施工单位在有资格的政府监督部门的试验室进行校核试验，并应依此作为批准或认定的依据，其试验费用按合同条款规定处理。

(5)各种试验均应采用统一的表格进行记录、报告和统一的方法进行整理、保存。

二、监理试验室的工作内容

根据监理试验室的职责，其工作范围应包括以下内容。

1. 验证试验

验证试验是对材料或商品构件进行预先鉴定，以决定是否可以用于工程的试验检测工作。

(1)在材料或商品构件订货之前，应要求施工单位提供生产厂家的产品合格证书及试验报告。必要时监理人员还应对生产厂家生产设备、工艺及产品的合格率进行现场调查了解，或应由施工单位提供样品进行试验，以决定采购与否。

(2)材料或商品构件运入现场后，应按规定的批量和频率进行抽样试验，不合格的材料或商品构件不准用于工程，并应由施工单位运出场外。

(3)在施工进行中，应随机对用于工程的材料或商品构件进行符合性的抽样试验检查。

(4)随时监督检查各种材料的储存、堆放、保管及防护措施。

2. 标准试验

标准试验是对各项工程的内在品质进行施工前的数据采集，它是控制和指导施工的科学依据,包括各种标准击实试验、集料的级配试验、混合料的配合比试验、结构的强度试验等,并应按以下要求进行。

(1)在各项工程开工前合同规定或合理的时间内,应由施工单位先完成标准试验,并将试验报告及试验材料提交监理试验室审查批准。监理试验工程师应派出试验监理人员参加施工单位试验的全过程,并进行有效的现场监督检查。

(2)监理试验室应对施工单位提供标准试验的试验数据、资料等进行认真审核,必要时应在其同时或以后平行进行复核(对比)试验,以肯定、否定或调整施工单位标准试验的参数或指标。

3. 工艺试验

工艺试验是依据技术规范的规定,在动工之前对路基、路面及其他需要通过预先试验方能正式施工的分项工程预先进行的试验。工艺试验的结果应全面指导施工。工艺试验应按下列要求进行。

(1)监理工程师应要求施工单位提出工艺试验的施工方案和实施细则并予以审查批准。

(2)工艺试验的机械组合、人员配额、材料、施工程序、预埋观测以及操作方法等应有两组以上方案,以便通过试验做出选定。

(3)监理工程师应对施工单位的工艺试验进行全过程的旁站监理,并应做出详细记录。

(4)试验结束后由施工单位提出试验报告,并经监理工程师审查批准。

4. 抽样试验

抽样试验是对各项工程实施中的实际内在品质进行符合性的检查,内容包括各种材料的物理性能、土方及其填筑施工的密实度、混凝土及沥青混凝土的强度等的测定和试验。抽样试验应按以下要求进行。

(1)监理工程师应随时派出试验监理人员,对施工单位的各种抽检频率、取样方法及试验过程进行检查。

(2)在施工单位的工地试验室(流动试验室)按技术规范的规定进行全频率抽样试验的基础上,监理中心试验室应按 $10\%\sim20\%$ 的频率独立进行抽样试验,以鉴定施工单位的抽样试验结果是否真实可靠。

(3)当施工现场的旁站监理人员对施工质量或材料产生疑问并提出要求时,监理中心试验室应随时进行抽样试验,必要时还应要求施工单位增加抽样频率。

5. 验收试验

验收试验是对各项已完成工程的实际内在品质做出评定的试验,应按以下要求进行。

(1)监理工程师应派出试验监理人员,对施工单位进行的钻芯抽样试验的频率、抽样方法和试验过程进行有效的监督。

(2)监理工程师应对施工单位按技术规范要求进行的加载试验或其他试验检测项目的试验方案、设备及方法进行审批;对试验的实施进行现场检查监督;对试验结果进行评定。

三、监理试验室的设置

监理试验室根据工程类型、规模、标准、复杂程度及监理服务合同规定组建。一般情况组建总监理工程师办公室中心试验室。

1. 监理试验室面积

监理试验室面积应根据工程实际情况确定。一般 20~30 km 的高速公路(含路基、路面、桥涵及其他工程)项目应不小于 150 m^2。

2. 监理试验室人员

监理试验室人员应根据工程项目及监理服务合同确定，一般20～30 km的高速公路(含路基、路面、桥涵及其他工程)项目应不少于6人，为监理人员总数的1/4左右。公路工程总监办和驻地办试验室的试验监理工程师应有交通运输部或交通厅颁发的试验监理工程师证书，试验监理员应有交通厅颁发的上岗证，所有人员均应经过专业试验培训和考核，有适应监理试验室工作的专业理论知识和能力。

3. 监理试验室仪器

仪器配置，应根据工程类型、工程规模需要和监理服务合同规定配置。一般20～30 km的公路工程(含路基、路面、桥涵及其他工程)，应配备土工类试验、水泥类试验、砂石集料类试验、钢材类力学试验、水泥混凝土试验、沥青及沥青混合料类试验仪器，并能满足对整个施工过程进行数据采集和控制的需要。

4. 监理试验室的资质

监理试验室组建完毕后(人员到位、仪器设备安装调试鉴定完毕)，应向交通厅(局)质量监督部门申请临时资质，经验收合格，颁发临时资质证书后开展正常试验工作。

5. 监理试验室交通设备

监理试验室交通设备，应根据工程需要和监理服务合同的规定，配备不少于1.5～2.5 t两用汽车一辆。

6. 监理试验室规章制度

监理试验室应建立健全各种规章制度，加强工作管理。主要规章制度有：
(1)监理试验室人员岗位职责；
(2)监理试验室仪器使用制度；
(3)监理试验室仪器操作规程；
(4)监理试验室资料管理办法；
(5)监理试验室仪器维修保养制度；
(6)监理试验室水、电、暖及核辐射仪器安全管理制度等。

7. 监理试验室资料

监理试验室资料的分类、整理、归档，应根据国家档案管理的有关规定、交通运输部《公路工程质量检验评定标准 第一册 土建工程》(JTG F80/1—2017)及各项目编制的《竣工资料编制要求》进行管理。监理试验室资料一般为行政文件、挂图(表)、技术文件三大类。

第五节 工程质量缺陷与质量事故

一、工程质量缺陷与质量事故的产生原因

在施工过程中，凡工程质量不符合规定的质量标准或设计要求的，均称为工程质量缺陷甚至质量事故。导致工程质量缺陷与质量事故的原因，主要有以下几方面。

(1)违背基本建设程序，如边设计边施工；在没有或缺乏水文、工程地质等自然资料，以及施工工艺不过关的情况下盲目施工。

(2)设计计算失误。

(3)工程地质勘察失误，或地基处理失误。
(4)原材料、预制构件质量指标不符合要求。
(5)施工管理不当或未按操作规程作业，或运行管理不当。
(6)自然环境方面的影响。

二、工程质量事故分类

公路工程质量事故可分为质量问题、一般质量事故及重大质量事故三类。

1. 质量问题

质量较差，造成直接经济损失（包括修复费用）在 20 万元以下。质量问题有时也称为质量缺陷。

2. 一般质量事故

质量低劣或达不到合格标准，需加固补强，直接经济损失（包括修复费用）在 20 万至 300 万元之间的事故。一般质量事故分为以下 3 个等级。

(1)一级一般质量事故：直接经济损失在 150 万至 300 万元之间；
(2)二级一般质量事故：直接经济损失在 50 万至 150 万元之间；
(3)三级一般质量事故：直接经济损失在 20 万至 50 万元之间。

3. 重大质量事故

由于责任过失造成工程倒塌、报废和造成人身伤亡或者重大经济损失的事故。重大质量事故分为以下 3 个等级。

(1)具备下列条件之一者为一级重大质量事故：
①死亡 30 人以上；
②直接经济损失 1 000 万元以上；
③特大型桥梁主体结构垮塌。
(2)具备下列条件之一者为二级重大质量事故：
①死亡 10 人以上，29 人以下；
②直接经济损失 500 万元以上，不满 1 000 万元；
③大型桥梁主体结构垮塌。
(3)具备下列条件之一者为三级重大质量事故：
①死亡 1 人以上，9 人以下；
②直接经济损失 300 万元以上，不满 500 万元；
③中小型桥梁主体结构垮塌。

三、公路工程质量事故分级管理规定

国务院交通主管部门归口管理全国公路工程质量事故，省级交通主管部门归口管理本辖区内的公路工程质量事故。质量事故的调查处理实行统一领导、分级负责的原则。重大质量事故由国务院交通主管部门会同省级交通主管部门负责调查处理；一般质量事故由省级交通主管部门负责调查处理；质量问题原则上由建设单位或企业负责调查处理。

四、公路工程质量事故报告相关规定

(1)任何单位和个人均有权利和义务将工程质量事故的情况及时报告有关部门。公路工程在建项目，施工单位为事故报告单位；交付使用的工程，接养单位为事故报告单位。

(2)质量事故发生后，事故发生单位必须以最快的方式，将事故的简要情况同时向建设单位、监理单位、质量监督站报告。在质量监督站初步确定质量事故的类别性质后，再按下述要求进行报告：

1)质量问题：问题发生单位应在2天内书面上报建设单位、监理单位、质量监督站。

2)一般质量事故：事故发生单位应在3天内书面上报质量监督站，同时报企业上级主管部门、建设单位、监理单位和省级质量监督站。

3)重大质量事故：事故发生单位必须在2小时内速报省级交通主管部门和国务院交通主管部门，同时报告省级质量监督站和部质监总站，并在12小时内作出《公路工程重大质量事故快报》。

五、质量事故书面报告内容

(1)工程项目名称，事故发生的时间、地点，建设、设计、施工、监理等单位名称。
(2)事故发生的简要经过、造成的工程损伤状况、伤亡人数和直接经济损失的初步估计。
(3)事故发生原因的初步判断。
(4)事故发生后采取的措施及事故控制情况。
(5)事故报告单位。

六、发生重大质量事故的现场保护措施

(1)事故发生后，事故发生单位和该工程的建设、施工、监理等单位，应严格保护事故现场，采取有效措施抢救人员和财产，防止事故扩大。
(2)因抢救人员、疏导交通等原因，需要移动现场物件时，应当做出标志，绘制现场简图并做出书面记录。
(3)妥善保存现场重要痕迹、物证。
(4)事故原因不清不放过。

七、质量事故处理实行"三不放过"原则

(1)事故原因不查清楚不放过。
(2)主要事故责任者和职工未受教育不放过。
(3)补救和防范措施不落实不放过。

八、监理工程师在质量事故中的处理方法

当发生按规定可由监理机构处理的质量缺陷、质量隐患时，驻地监理工程师应立即向施工单位发出工程暂时停工指令，并要求其立即书面报告质量缺陷、质量隐患的发生时间、部位、原因及已采取的措施和进一步处理方案；监理工程师应对处理方案进行审核后报建设单位批准，对处理方案的实施进行监理并予以验收，处理合格、隐患消除的可发出复工指令。

当发生按规定不属于监理机构处理的质量事故时，监理工程师应要求施工单位按规定速报有关部门。监理机构应和施工等单位一起保护事故现场，抢救人员和财产，防止事故扩大，积极配合调查。对加固、返工或重建的工程，除特殊规定外，应视同正常施工工程进行监理。

总监办应建立专门台账，记录质量事故发生、处理和返工验收的过程和结果。

事故案例

广东省某公路特大型桥坍塌事故

1996年12月20日上午9时20分，广东公路线上一座钢筋混凝土特大型桥，建设过程中在进行箱型底板混凝土浇筑时，桥梁支架突然坍塌，致使在桥面上施工的人员坠入74 m深的沟底，造成32人死亡、14人重伤的特大事故。

一、公路工程概况

公路工程位于广东省某市境内，是省道的改建工程，全长78 km，其中一期工程52 km，二期工程26 km。1992年12月批准立项。1993年5月，一期工程正式开工。后因资金困难，经省外经贸委批准，改由市公路建设开发公司、日本某大学准备会有限公司和某工程有限公司三家成立该公路发展有限公司，负责投资建设。1995年3月，公路发展有限公司与某工程有限公司签订了工期1年的二期工程承包合同。到1996年5月，因该工程有限公司无资质证书，不具备组织施工能力，终止了承包合同，施工队伍也清理出场。该工程后由市公路工程公司（资质暂定为二级）总承包，计划到1997年1月31日建成通车，投入使用。该市公路局成立二期遗留工程施工指挥部。经公路发展有限公司同意，于8月1日再次开工。

工程质量由省公路工程质量监督站委托该市公路工程质量监督站进行全面质量监督。1995年初，公路发展有限公司与市公路工程质量监督站正式签订委托监督合同。

二、特大型桥坍塌事故的经过

该大桥是该公路二期工程3座桥中最大的一座桥。桥长163 m，宽12 m，跨度100 m，为单跨箱型混凝土拱桥，属特大型桥。山谷底至桥拱顶垂直高度74 m。1996年4月工程有限公司退出施工现场时，一方桥台工程已按预制吊装方案建好，另一方桥台工程尚未完成。市公路工程公司承接施工任务后以工期紧，预制吊装构件场地小，吊装施工复杂、难度大，过去又未承接过这样大的工程为理由，向公路发展有限公司提出改预制吊装施工方案为支模现浇施工方案。公路发展有限公司委托市公路局设计室变更设计，该设计室提交了混凝土箱型拱桥的上部结构由原预制吊装设计改为现浇施工设计的全套图纸（未征求原设计单位的意见）。大桥现浇施工的支架及钢丝绳吊架的设计制作由某公路局车船修配厂承担，8月，公路工程公司向该厂长介绍了现浇用钢支架形式的方案，以及施工支架立柱位置、地面标高、施工荷载等数据，提供了桥型图，作为该厂设计、制作支架立柱的依据。9月，施工负责人等到厂里催货时，建议厂方对支架结构进行修改，该厂按其建议做了修改。10月，公路发展有限公司组织召开有设计、施工、质监、监理等有关单位人员参加的大型施工图纸交底会审会，对施工单位提出了具体的施工和技术要求。但施工单位未按设计施工，而是根据草图浇筑了钢管立柱临时支架的基础。11月12日，进行了钢管临时立柱的现场安装，并对支柱横梁安装在现场进行修改补强作业。12月18日，钢管柱支承及贝雷架平台、模板支架、模板及拱箱底板、肋板钢筋均架设和绑扎完毕。12月19日上午9时，施工单位从桥的两端同时向桥中间用小灰桶倒送混凝土，对桥面拱箱底板（厚度12 cm）进行浇筑作业。10时30分，一个方向的混凝土输送泵发生故障，为求两端进度一致，现场指挥临时决定调集部分人员由另一个桥台方向传递混凝土到对方。下午4时，一方桥台的混凝土泵故障排除后，恢复原作业办法，此时该方向进度比另一方向慢近2 m，施工非对称均衡，当晚10时，两端各浇筑了桥长的1/4，开始从中间向两端浇筑。后因拱面斜度大，又改为从两端向中间浇筑。11时左右，靠一方桥1/4处模板及钢筋发生翘起，上凸3~5 cm，现场施工负责人指挥暂停两边浇筑，组织20多个民工上去踩，结果另一边翘起，又用四块预制板往下压，后又在模板上钻孔用钢筋将凸起模板与贝雷架连接,用3个手动葫芦拉紧。同时,组织24名民工到模板下(拱顶处)上调模板支撑螺栓,到20日凌晨2点才恢复浇筑施工。9时20分,当拱桥浇筑混凝土尚差2~3 m就要合龙时,支架及桥面突然坍塌,正在桥面作业的90多人随桥面坍塌坠入74 m深的沟底,造成这起特大事故。

三、事故原因

(一)直接原因

施工支架设计强度低,稳定性不够,不能承受大桥施工时的荷载,使支架失稳倒塌。

(二)管理方面的原因

(1)公路工程公司管理混乱,无视安全,蛮干乱干。该公司1995年11月10日在前一年的某大桥施工中,因违反操作规程而导致贝雷架失稳倒塌,造成5人死亡、6人受伤的重大伤亡事故。但对这起事故未能严肃认真处理,从中吸取教训,致使一年后又发生了这次特大事故。大桥施工管理主要存在以下3个问题。

①承担大桥施工任务的公路工程二公司没有制订一个切合实际的施工方案,只有施工组织设计说明,且内容不全、规定不细,仅是施工程序的设想和计划。施工中,没有管理人员、作业人员的分工;没有支架搭设、桥面浇筑方案的具体方法、步骤、规定;没有安全防范技术措施,对临时招来的农民工,未进行任何岗前培训。

②在浇筑混凝土过程中,曾多次多处出现模板、钢筋严重翘起、变形的事故征兆,施工技术人员因怕出事逃离现场,而现场主管人员不采取有效措施,而是强行施工,还让几十名工人踩压翘起的模板,违反常规,乱干、蛮干,置施工人员的生命安全于不顾。

③施工现场没有安全员,安全生产责任制不落实,电工、电焊工、机械工无证上岗,作业人员不懂安全操作规程。事故发生后,桥梁分公司经理说:我们经理和副经理之间安全责任没有明确。

(2)由不具备资质条件的单位设计和施工,该公路的建设单位先是市交通委员会成立的公路改建指挥部,后为中外合作的"公路发展有限公司",除一期工程有少量工程采取不规范的招标承包外,绝大部分工程包括工程勘察设计、施工、监理,都未按规定进行招投标。公路发展有限公司明知某工程有限公司无施工资质仍将工程交其施工,致使工程质量差,工期一拖再拖。解除施工合同后,在选择新的施工队伍时仍不进行招标投标,直接把工程施工任务交给暂定二级资质的市公路工程公司。

在工程设计中,公路改建指挥部委托丙级设计资质、未在广东注册的江西某勘察设计室进行勘察设计,而后公路发展有限公司委托丙级资质市公路局设计室变更设计,也未经原设计单位同意。

(3)公路局车船修配厂违反工商管理规定,超出经营范围承接支架设计制作任务。在设计制作中,只根据局部的要求和计算数据,支架几何尺寸和强度均达不到要求。在安装中出现支架钢管立柱切口位置与工字梁尺寸不符时,该厂仍指导对钢管立柱切割及重新焊接。因为是由非专业人员焊接,焊接错位,质量严重受到影响。

(4)江西某设计室(设计资质丙级)1993年11月承担特大型桥的设计,属于越级设计。市公路局设计室(设计资质丙级)1996年两次承担特大型桥优化设计和变更设计任务,属越级设计,且变更设计未征得原设计单位同意。

(5)监理工作不到位。监理单位与业主签订的合同规定,要审查施工单位编制的详细施工组织设计方案(包括施工技术方案和施工进度计划),在桥梁图纸会审交底会的会议纪要中也提出要对施工单位的施工支架及贝雷架搭接整体方案及图纸,支架拱架及各构件计算结果,以及浇筑方案、拱架变形控制、落架方法等进行监督核查。但在施工中，施工单位既没有提交施工设计图纸资料，也没有提交施工支架方案，监理也未采取有效措施。

经调查，该公司的监理实际上是先由地质部门的一个勘察设计院承接，因其没有监理资质，无法与甲方签订合同，才找一家监理公司与其签订了合作监理的协议书。

监理单位没有组织一支适应工作需要的现场监理队伍，监理人员缺乏施工现场经验，不少是外聘退休工程技术人员，年纪较大，不适应现场监理要求，没有监理证书。现场监理人员也没有按监理规范对施工工序和进度进行把关和控制。

(6)政府质量监督不到位。市质监站虽对监督时间、内容、方式、监督人员等做了安排，但未按计划进行，11月20日到事故发生的一个月里，监督人员不到现场，也不了解施工现场工程进度情况。

第六节 路基工程施工质量监理

一、路基施工准备阶段质量监理

路基是公路工程的重要组成部分，它是道路的主体，与路面共同承担汽车荷载。路基工程施工质量的好坏直接影响到道路的使用质量。公路路基工程的质量应满足以下要求。

(1)具有足够的强度；
(2)具有足够的水稳定性；
(3)具有足够的冰冻稳定性。

承包施工单位进场至正式签发开工通知书之前即为路基施工准备阶段。监理工程师在这个阶段的主要工作重点就是检查施工单位的开工准备工作，包括：审查承包人的自检系统，进场材料的抽查与审批，施工机械设备的检查，施工测量复核与施工放样，试验审核、地表处理、试验路段、开工申请的审批等工作。

(一)审查承包人的自检系统

审查承包人质量自检人员数量与资质；工地试验室设备的规格、品种、数量是否与投标文件相符；试验设备是否通过有关计量部门的审定与认证。

(二)进场材料的抽查与审批

1. 进场前材料的检查

承包人在进场前应向监理工程师提供当地或外购材料的名称、规格、数量、使用工程部位、产地(厂名、厂址)、出厂合格证等，由监理工程师进行审查。同时，监理工程师应决定是否派人员赴现场考察厂方施工生产工艺及质量控制情况。对于自采材料，承包人应将材料名称、规格、设场地点、拟采数量、估计蕴藏量、拟开采加工工艺、机具数量、型号及准备情况等详尽信息报监理工程师审批。

2. 进场材料质量控制

试验监理工程师应按合同、规范规定的项目和频率检查承包人进场材料的试验工作，审批试验报告，安排监理试验室的验收试验。

监理试验室验收试验的项目和频率,以及当某些材料检验标准在合同规范中无明确规定时,应由总监代表会同试验工程师研究确定,报请总监理工程师审查批准后,通知监理方面和承包人共同执行。

凡经检验不合格的材料,不得用于工程。使用不合格材料或未经授权使用的材料将不予支付费用,由承包人自费拆除。

进场材料质量检查结果,应作为有关工程审批申请开工报告的依据之一。

3. 进场材料的储存

应按合同、规范要求搬运及储存材料,注意水泥防潮、钢筋防锈,砂、石料应分类堆放,并处理地基以防混杂和污染,各类材料应设标签。成品构件运输及堆放应符合规范规定的受力要求,避免产生不合理的附加应力,使构件变形、受损、开裂。

(三)施工机械设备的检查

监理工程师应要求承包人详细填写施工机械进场检验单,并对已进场的机械设备的数量、型号、规格、生产能力、完好率等依照进场检验单进行认真的检查和记录。当发现承包人进场的机械设备和投标书附表所填不一致时,应查明原因,尤其对承包人直接用于网络计划中关键线路工程上的机械的生产能力、效率、性能、配套使用及周转情况,更应特别仔细地进行检查,并以满足施工需要为准。

(四)施工测量复核与施工放样

一般由业主安排勘察设计单位向承包人和监理工程师交桩。重要桩位丢失,应要求勘察设计单位补测。

路基开工前,承包人应做好测量复核工作,并把结果报监理工程师,作为批复承包人申请开工报告中测量工作准备情况依据,其内容包括导线复测、中线复测、水准点复测和加密等。

承包人应根据恢复的路线中桩,钉好路基用地界桩和路堤坡脚、路堑坡顶、边沟、取土坑、护坡道、弃土堆等的具体位置桩。

承包人应把施工放样后的填、挖工程量的复核计算结果报监理工程师审核。

(五)试验审核

施工单位应在路基施工前,按照有关规定和要求,建立试验室,并及时对来源不同、性质不同的拟作为路堤填料的材料进行复查和取样试验。土的试验项目包括天然含水量、液限、塑限、标准击实试验、CBR试验等,必要时应做颗粒分析、相对密度、有机质含量、易溶盐含量、冻融和膨胀量等试验。

使用特殊材料作为填料时,应按相应标准做相应试验,必要时还应进行环境影响评价,经批准后方可使用。

路基填料应符合下列规定:
(1)宜选用级配好的砾类土、砂类土等粗粒土作为填料。
(2)含草皮、生活垃圾、树根、腐殖质的土严禁作为填料。
(3)泥炭土、淤泥、冻土、强膨胀土、有机质土及易溶盐超过允许含量的土等,不得直接用于填筑路基;确需使用时,应采取技术措施进行处理,经检验满足要求后方可使用。
(4)粉质土不宜直接用于填筑二级及二级以上公路的路床,不得直接用于填筑冰冻地区的路床及浸水部分的路堤。

(5)路基填料最小承载比和最大粒径应符合表2-4的规定。

表2-4 路基填料最小承载比和最大粒径要求

填料应用部位 (路面底面以下深度)/m				填料最小承载比CBR/%			填料最大粒径 /mm
				高速、一级公路	二级公路	三、四级公路	
填方路基	上路床		0~0.30	8	6	5	100
	下路床	轻、中及重交通	0.30~0.80	5	4	3	100
		特重、极重交通	0.30~1.20				
	上路堤	轻、中及重交通	0.8~1.5	4	3	3	150
		特重、极重交通	1.2~1.9				
	下路堤	轻、中及重交通	>1.5	3	2	2	150
		特重、极重交通	>1.9				
零填及挖方路基	上路床		0~0.30	8	6	5	100
	下路床	轻、中及重交通	0.30~0.80	5	4	3	100
		特重、极重交通	0.30~1.20				

注：1. 表列承载比是根据路基不同填筑部位压实标准的要求，按现行《公路土工试验规程》(JTG E40—2007)试验方法规定浸水96 h确定的CBR。
2. 三、四级公路铺筑沥青混凝土和水泥混凝土路面时，应采用二级公路的规定。
3. 表中上、下路堤填料最大粒径150 mm的规定不适用于填石路堤和土石路堤。

(六)地表处理

(1)地基表层碾压处理压实度控制标准为：二级及二级以上公路一般土质应不小于90%；三、四级公路应不小于85%。低路堤应对地基表层土进行超挖、分层回填压实，其处理深度应不小于路床厚度。

(2)原地面坑、洞、穴等，应在清除沉积物后，用合格填料分层回填、分层压实，压实度应符合上述第(1)条的规定。对可能存在空洞隐患的，应结合具体情况采取相应的处置措施。

(3)泉眼或露头地下水，应按设计要求采取有效导排措施，将地下水引离后方可填筑路堤。

(4)地基为耕地、松散土质、水稻田、湖塘、软土、过湿土等时，应按设计要求进行处理，局部软弹的部分应采取有效的处理措施。

(5)陡坡地段、填挖结合部、土石混合地段、高填方地段地基等应按设计要求进行处理。

(6)地下水位较高时，应按设计要求进行处理。

(7)特殊地段路基应核对地勘资料，确定设计资料与实际的符合性、处理方法的适用性，必要时重新补勘地质、水文资料，根据结果重新确定处理方案。

(七)试验路段

1. 下列情况，应进行试验路段施工

(1)二级及二级以上公路路堤；
(2)填石路堤、土石路堤；

(3)特殊填料路堤;
(4)特殊路基;
(5)拟采用新技术、新工艺、新材料的路基。
注:特殊填料是指具有与一般土质不同工程特性的填料,如煤矸石、泡沫轻质土等。

2. 试验路段的选择

试验路段应选择在地质条件、断面形式等工程特点具有代表性的地段,路段长度不宜小于200 m。

3. 路堤试验路段施工应包括的内容

(1)填料试验、检测报告等。
(2)压实工艺主要参数:机械组合、压实机械规格、松铺厚度、碾压遍数、碾压速度、最佳含水率及碾压时含水率允许偏差等。
(3)过程工艺控制方法。
(4)质量控制标准。
(5)施工组织方案及工艺的优化。
(6)原始记录、过程记录。
(7)对施工设计图的修改建议等。
(8)安全保证措施。
(9)环保措施。

注:试验路段施工总结报告内容根据实际需要适当增减,但要全面、真实地反映试验情况,为后续施工提供依据。

(八)开工申请的审批

当监理工程师对承包人的施工准备工作和开工条件经过认真核查,确认已满足合同规定的开工条件时,应立即签发路基开工通知单。

二、路基施工阶段质量监理

(一)路基施工监理要点

1. 路基土石方监理要点

(1)原地面处理宽度、厚度,基底压实度符合设计及规范要求。
(2)严把路基填料质量关,控制填料质量及对填料强度 CBR 值进行控制。
(3)填土宽度要求每层每侧应宽于设计宽度 30~50 cm。
(4)检查压实机具和压实工艺执行情况。
(5)填土压实度检查频率:承包人自检点数按每层每 200 m² 检验 4 个点,监理抽检点数按承包人自检点数的 20%执行。施工含水量宜控制在最佳含水量的±2%以内。
石方路基填料粒径控制、填筑厚度控制。填石路基的压实度由压实遍数控制,施工中应严格控制好压实遍数。压实遍数由现场试验确定,并报经监理工程师检验批准。
(6)施工中监理人员应检查每层路堤的平整度和横坡度。
(7)不同土质材料不得混合使用于同一层填筑路堤,同一种填料填筑厚度应大于 50 cm。
(8)应考虑雨期临时排水设施,注意施工机械对周围环境的污染情况,竣工后取土场、施工用地、便道等应及时恢复。

(9)半填半挖、填挖交界质量控制。

(10)石方路堑开挖时，石质较好且需爆破开挖，其边坡应采用光面爆破技术，严格控制好边坡的超挖和边坡坡比，对于人为造成边坡超挖，破坏边坡线型的，施工单位应无偿用浆砌片石或片石混凝土填充，至监理工程师认为满意为止。

(11)路堑开挖要求坡面平整，曲线圆滑，平台整齐，坡比不大于设计值。

(12)粉煤灰路堤包边土施工质量的控制(宽度、压实度)。

(13)路基顶层压实度、弯沉值、中线、宽度、高程、平整度、边坡度、横坡度。

(14)随时做好施工排水。

2. 软土地基处理监理要点

(1)清淤前后地面标高控制。

(2)单质材料质量控制，是否符合设计要求。

(3)砂砾级配、填筑宽度、厚度、压实度控制。

(4)砂井、碎石桩和排水板的间距、长度、竖直度控制；砂井灌砂量控制；碎石桩直径控制。

(5)粉喷桩桩径、桩长、单桩喷粉量、强度控制。

3. 排水工程监理要点

(1)平面位置、轴线偏位、线型控制。

(2)单质材料质量控制；拌合站计量控制；混凝土(砂浆)强度控制。

(3)管轴线偏位、管内底高程、抹带质量控制。

(4)土质边沟断面尺寸的控制。

(5)浆砌排水沟断面尺寸、沟底高程控制。

(6)排水泵站底板高程。

(7)混凝土外观质量控制。

4. 挡土墙、防护及其他砌筑工程监理要点

(1)平面位置、断面尺寸、高程、线型控制。

(2)地基承载力。

(3)单质材料质量控制；拌合站计量控制；混凝土、砂浆强度控制。

(4)面板几何尺寸。

(5)筋带与面板边连接质量控制、筋带与筋带连接质量控制。

(6)锚拉杆长度、锚拉杆防护、锚拉杆与面板连接质量控制；锚拉杆抗拔力试验。

(7)抗滑桩桩长、断面尺寸(直径)控制。

(8)锚喷喷层厚度控制。

(9)锚索张拉应力、伸长值、断滑丝质量控制。

(10)锥坡混凝土现浇厚度控制。

(11)浆砌砌体竖直度、断面尺寸、表面平整度控制。

(12)干砌砌体外形尺寸、厚度、表面平整度控制。

(13)导流工程平面位置、断面尺寸、高程控制。

(14)混凝土外观质量控制。

(二)填方路基质量监理

填方路基工序流程如图2-3所示。

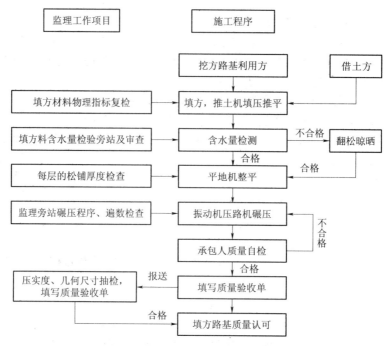

图 2-3 填方路基工序流程图

1. 填土路堤

(1)性质不同的填料,应水平分层、分段填筑,分层压实。同一层路基应采用同一种填料,不得混合填筑。每种填料的填筑层压实后的连续厚度宜不小于 500 mm。路基上部宜采用水稳性好或冻胀敏感性小的填料。有地下水的路段或浸水路堤,应填筑水稳性好的填料。

(2)在透水性差的压实层上填筑透水性好的填料前,应在其表面设 2%～4% 的双向横坡,并采取相应的防水措施。不得在透水性好的填料所填筑的路堤边坡上覆盖透水性差的填料。

(3)每种填料的松铺厚度应通过试验确定。

(4)每一填筑层压实后的宽度不得小于设计宽度。

(5)路堤填筑时,应从最低处起分层填筑,逐层压实。

(6)填方分几个作业段施工时,接头部位如不能交替填筑,先填路段应按 1∶1～1∶2 坡度分层留台阶;如能交替填筑,应分层相互交替搭接,搭接长度应不小于 2 m。

(7)湿黏土路堤施工应符合下列规定:

1)应按设计要求对基底湿黏土层进行处理。

2)湿黏土填料宜采用石灰进行改良,石灰宜采用消石灰或磨细生石灰粉。石灰粒径应不大于 20 mm,质量宜符合三级及三级以上标准。

3)施工前应取现场有代表性的土做石灰掺配试验,确定石灰用量。

4)灰土拌和可采用路拌法,翻拌后填料的块状粒径超过 15 mm 的含量宜小于 15%,填筑层厚度宜不超过 200 mm。

5)改良后的湿黏土路堤质量应采用灰剂量与压实度两个指标控制,灰剂量应不低于设计掺量,压实度应符合表 2-5 的规定。应采用设计灰剂量的击实试验确定最大干密度。

(8)土质路基压实度应符合表 2-5 的规定。

表 2-5　土质路基压实度标准

填筑部位 (路面底面以下深度)/m			压实度/%		
			高速、一级公路	二级公路	三、四级公路
填方路基	上路床		0～0.30	≥96	≥95	≥94
	下路床	轻、中及重交通	0.30～0.80	≥96	≥95	≥94
		特重、极重交通	0.30～1.20			—
	上路堤	轻、中及重交通	0.8～1.5	≥94	≥94	≥93
		特重、极重交通	1.2～1.9			
	下路堤	轻、中及重交通	>1.5	≥93	≥92	≥90
		特重、极重交通	>1.9			
零填及挖方路基	上路床		0～0.30	≥96	≥95	≥94
	下路床	轻、中及重交通	0.30～0.80	≥96	≥94	—
		特重、极重交通	0.30～1.20			

注：1. 表列压实度以现行《公路土工试验规程》(JTG E40—2007)重型击实试验法为准。
　　2. 三、四级公路铺筑水泥混凝土路面或沥青混凝土路面时，其压实度应采用二级公路的规定值。
　　3. 路堤采用特殊填料或处于特殊气候地区时，压实度标准在保证路基强度要求的前提下，根据试验路段和当地工程经验确定。
　　4. 特殊干旱地区的压实度标准可降低 2～3 个百分点。

2. 填石路堤

(1)硬质岩石、中硬岩石可用于路堤和路床填筑；软质岩石可用于路堤填筑，不得用于路床填筑；膨胀岩石、易溶性岩石和盐化岩石不得用于路基填筑。

(2)路基的浸水部位，应采用稳定性好、不易膨胀崩解的石料填筑。

(3)路堤填料粒径应不大于 500 mm，并宜不超过层厚的 2/3。路床底面以下 400 mm 范围内，填料最大粒径不得大于 150 mm，其中小于 5 mm 的细料含量应不小于 30%。

(4)填石路堤应分层填筑压实。在陡峻山坡地段施工特别困难时，三级及三级以下砂石路面公路的下路堤可采用倾填方式填筑。

(5)岩性相差大的填料应分层或分段填，软质石料与硬质石料不得混合使用。

(6)填石路堤顶面与细粒土填土层之间应填筑过渡层或铺设无纺土工布隔离层。

(7)压实机械宜选用自重不小于 18 t 的振动压路机。

(8)填石路堤采用强夯、冲击压路机进行补压时，应避免对附近构筑物造成影响。

(9)采用中硬、硬质石料填筑路堤时，应进行边坡码砌。码砌防护的石料强度、尺寸应满足设计要求。边坡码砌与路基填筑应基本同步进行。

(10)采用易风化岩石或软质岩石石料填筑时，应按设计要求采取边坡封闭和底部设置排水垫层、顶部设置防渗层等措施。

(11)填石路堤压实质量标准应符合表 2-6 的规定。

表 2-6　填石路堤压实质量标准

分区	路床顶面以下厚度/m	硬质石料孔隙率/%	中硬石料孔隙率/%	软质石料孔隙率/%
上路堤	0.80～1.50	≤23	≤22	≤20
下路堤	>1.50	≤25	≤24	≤22

(12)成型后的外观质量标准应符合下列规定:
1)路堤表面应无明显孔洞。
2)大粒径石料应不松动。
3)边坡码砌紧贴、密实无松动,砌块间承接面向内倾斜,坡面平顺。
4)路基边线与边坡不应出现单向累计长度超过 50 m 的弯折。
5)上边坡不得有危石。

3. 土石路堤

(1)膨胀岩石、易溶性岩石等不宜直接用于路基填筑,崩解性岩石和盐化岩石等不得用于路基填筑。

(2)天然土石混合填料中,中硬、硬质石料的最大粒径不得大于压实层厚的 2/3;石料为强风化石料或软质石料时,其 CBR 值应符合表 2-4 的规定,石料最大粒径不得大于压实层厚。

(3)压实机械宜选用自重不小于 18 t 的振动压路机。

(4)应分层填筑压实,不得倾填。

(5)应使大粒径石料均匀分散在填料中,石料间孔隙应填充小粒径石料和土。

(6)土石混合料来自不同料场,其岩性或土石比例相差大时,宜分层或分段填。

(7)填料由土石混合材料变化为其他填料时,土石混合材料最后一层的压实厚度应小于 300 mm,该层填料最大粒径宜小于 150 mm,压实后表面应无孔洞。

(8)中硬、硬质石料填筑土石路堤时,宜进行边坡码砌,码砌与路堤填筑宜同步进行,软质石料土石路堤的边坡按土质路堤边坡处理。

(9)采用强夯、冲击压路机进行补压时,应避免对附近构筑物造成影响。

(10)外观质量标准应符合下列规定:
1)路基表面无明显孔洞。
2)大粒径填石应不松动。
3)中硬、硬质石料土石路基边坡应码砌紧贴、密实无松动,砌块间承接面应向内倾斜,坡面平顺。

4. 高路堤与陡坡路堤

(1)高路堤段应优先安排施工,宜预留 1 个雨期或 6 个月以上的沉降期。

(2)高路堤宜采用强度高、水稳性好的材料。路堤浸水部分应采用水稳性和透水性好的材料。

(3)高路堤施工中应按设计要求预留高度与宽度,并进行动态监控。

(4)高路堤宜每填筑 2 m 冲击补压一次,或每填筑 4~6 m 强夯补压一次。

(5)高路堤填筑过程中应进行沉降和稳定性观测。

(6)在不良地质路段的高路堤与陡坡路堤填筑,应控制填筑速率,并进行地表水平位移监测,必要时应进行地下土体分层水平位移监测。

5. 台背与墙背填筑

(1)填料宜采用透水性材料、轻质材料、无机结合料稳定材料等,崩解性岩石、膨胀土不得用于台背与墙背填筑。

(2)台背与墙背填筑施工应符合下列规定:
1)二级及二级以上公路应按设计做好过渡段,过渡段路堤压实度应不小于 96%;二级以下公路的路堤与回填的联结部,应预留台阶。

2)台背和锥坡的回填宜同步进行。

3)台背与墙背 1.0 m 范围内回填宜采用小型夯实机具压实。

4)分层压实厚度宜不大于 150 mm,填料粒径宜小于 100 mm,涵洞两侧回填填料粒径宜小于 50 mm,压实度应不小于 96%。

5)部位狭窄时,可采用低强度等级混凝土、浆砌片石等材料回填。

6)涵洞两侧应对称分层回填压实。

7)回填部分的路床宜与路堤路床同步填筑。

8)台背与墙背回填,应在结构物强度达到设计强度的 75% 以上时进行。

6. 粉煤灰路堤

(1)粉煤灰可用于各级公路路堤填筑,不得用于高速公路、一级公路的路床和二级公路的上路床。

(2)用于路基填筑的粉煤灰的烧失量应不大于 20%,SO_3 含量宜不大于 3%,粉煤灰中不得含团块、腐殖质及其他杂质。

(3)储运粉煤灰应符合下列规定:

1)调节粉煤灰含水率宜在储灰场或灰池中进行。

2)粉煤灰的装卸、运输和堆放,应采取洒水封盖等防止扬尘的措施。

3)粉煤灰填料宜从厂家或渣场直接运输至施工作业面使用。

(4)粉煤灰路堤填筑应符合下列规定:

1)大风或气温低于 0 ℃时不宜施工。

2)有显著差别的灰源应分别堆放,分段填筑。

3)路堤高度超过 4 m 时,可在路堤中部设置土质夹层。

4)粉煤灰路堤应进行包边防护,包边土应与粉煤灰同步施工,宽度宜不小于 2 m。

5)施工过程中,作业面应及时洒水润湿,并应合理设置行车便道。

6)施工间歇期,作业面应洒水润湿,并应封闭交通;间隙期长时,应在粉煤灰压实层顶面覆盖封闭土层。

(5)粉煤灰路堤压实度标准应通过试验路段确定,并应符合表 2-7 的规定。包边土和顶面封层土的压实度应符合表 2-5 的规定。粉煤灰路堤压实度可采用填上层检下层的方式进行检测。

表 2-7 粉煤灰路堤压实度标准

填料应用部位	压实度/%	
	高速、一级公路	二级及二级以下公路
下路床	—	≥92
上路堤	≥92	≥90
下路堤	≥90	≥88

注:表列压实度以现行《公路土工试验规程》(JTG E40—2007)重型击实试验法为准。

7. 土工泡沫塑料路堤

(1)土工泡沫塑料可用于软土地基上路堤、桥涵与挡土墙构筑物台背路堤、拓宽路堤和修复失稳路堤等。

(2)土工泡沫材料密度宜不小于 20 kg/m³,10% 应变的抗压强度宜不小于 110 kPa,抗弯强度宜不小于 150 kPa,压缩模量宜不小于 3.5 MPa,7 d 体积吸水率宜不大于 1.5%。

(3)土工泡沫塑料块体在工地堆放时,应采取防火、防风、防鼠、防雨水滞留、防有机溶剂及石油类油剂的侵蚀等保护措施,并应采取措施避免阳光直接照射。

(4)土工泡沫塑料块体铺筑应符合下列规定:

1)铺筑前应对材料进行检测。

2)非标准尺寸土工泡沫塑料块体宜在生产车间加工。现场加工时,宜用电热丝进行切割。

3)铺筑前应设置垫层,垫层宽度宜超过路基边缘 0.5~1.0 m,垫层顶面应保持干燥。

4)最底层块体与垫层之间、同一层块体侧面联结、不同层块体之间的联结应牢固,联结件应进行防锈处理。

5)应逐层错缝铺设,缝隙或高差可用砂或无收缩水泥砂浆找平。

6)严禁重型机械直接在土工泡沫塑料块体上行驶。

7)与其他填料路堤或旧路基的接头处,土工泡沫塑料块体应呈台阶铺设,台阶宽度与坡度应满足设计要求。

8)顶面的钢筋混凝土薄板、土工膜或土工织物等,应覆盖全部土工泡沫塑料块体,并向土质护坡延伸 0.5~1.0 m。

9)土工泡沫塑料路堤两边应进行土质包边,包边法向厚度应不小于 0.25 m,并应分层夯实,防渗土工膜宜分级回包。

8. 填砂路堤

(1)砂料可用于公路路堤填筑,不宜直接用于路床填筑。

(2)含草皮、生活垃圾、树根、腐殖质的砂料不得作为路基填料,砂料中有机质含量应不超过 5%。

(3)填砂路堤施工应符合下列规定:

1)在填筑前先填筑黏土或石灰改良土下封层,下封层厚度宜不小于 400 mm,应分两层施工。

2)应全断面分层填筑和压实,最大松铺厚度宜不超过 400 mm,施工作业段长度宜为 400~500 m,超填宽度每侧宜不小于 500 mm。

3)不得土砂夹层混填。

4)宜采用洒水压实法或水沉法逐层密实。受条件限制只能采用小型压实机具时,最大松铺厚度应不大于 150 mm,并充分灌水后压实。

5)应经常洒水,保持表层湿润,形成的车辙应及时整平、碾压。

(4)填砂路基压实度应符合表 2-5 的规定。

(5)填砂路基边坡防护应符合下列规定:

1)边坡防护可采用包边土,包边土宽度宜为 3 m,应先填筑包边土,与填砂交错进行。

2)应考虑坡面排水能力、整体抗冲刷能力,以及与周边环境的协调性,路基坡脚应设干砌片石护脚。

3)雨期施工边坡防护不能及时完成时,宜采取油毛毡或塑料薄膜覆盖等临时防护措施。

(三)挖方路基质量监理

路基挖方施工之前,应充分考虑到由于形成路堑而引起的排水问题,应借助于临时和永久排水设施及时排水。

挖方路基工序流程如图 2-4 所示。

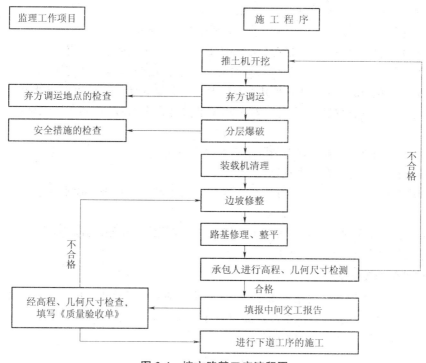

图 2-4 挖方路基工序流程图

1. 路堑开挖方式

路堑的开挖应根据路堑长短采用不同的方法。

(1)路堑短而浅时,从两端向中间掘进,并采用全断面开挖法。

(2)路堑较长时,可采用分段开挖法施工,即两端为纵向出土,而在中部选择适当地点挖穿堑壁,采用横向出土,达到加快进度的目的。

(3)路堑较深时,可采用上层在前,下层随后的台阶式分层开挖。

2. 土方开挖规定

(1)应自上而下逐级进行,严禁掏底开挖。

(2)开挖至边坡线前,应预留一定宽度,预留的宽度应保证刷坡过程中设计边坡线外的土层不受到扰动。

(3)拟用作路基填料的土方,应分类开挖、分类使用。

(4)开挖至零填、路堑路床部分后,应及时进行路床施工;如不能及时进行,宜在设计路床顶高程以上预留至少 300 mm 厚的保护层。

(5)应采取临时排水措施,施工作业面不得积水。

(6)土方开挖遇到地下水时,应按下列规定处理:

1)应采取排导措施,将水引入路基排水系统,不得随意堵塞泉眼。

2)路床土含水率高或为含水层时,应采取设置渗沟、换填、改良土质等处理措施。路床填料除应符合表 2-4 的规定外,还应具有好的透水性和水稳性。

3. 石方开挖规定

(1)应根据岩石的类别、风化程度、岩层产状、岩体断裂构造、施工环境等因素确定开挖方案。

(2)应逐级开挖,逐级按设计要求进行防护。
(3)施工过程中,每挖深3~5 m应进行边坡边线和坡率的复测。
(4)爆破作业应符合现行《爆破安全规程》(GB 6722—2014)的有关规定。
(5)严禁采用峒室爆破,靠近边坡部位的硬质岩应采用光面爆破或预裂爆破。
(6)爆破法开挖石方,应先查明空中缆线、地下管线的位置,开挖边界线外可能受爆破影响的建筑物结构类型、居民居住情况等,对不能满足安全距离的石方宜采用化学静态爆破或机械开挖。
(7)边坡应逐级进行整修,同时清除危石及松动石块。
(8)石质路床清理应符合下列规定:
1)欠挖部分应予凿除,超挖部分应采用强度高的砂砾、碎石进行找平处理,不得采用细粒土找平。
2)路床底面有地下水时,可设置渗沟进行排导,渗沟应采用硬质碎石回填。
3)路床的边沟应与路床同步施工。

4. 深挖路堑施工规定

(1)应根据地形特征设置边坡观测点,施工过程中应对深挖路堑的稳定性进行监测。
(2)施工过程中,应核查地质情况,如与设计不符及时反馈处理。
(3)每挖深3~5 m应复测一次边坡。

5. 弃方处理

(1)施工前应对设计提供的弃土方案进行现场核对,如有问题应及时反馈处理。
(2)弃土宜集中堆放,并与周边环境相协调。
(3)严禁在贴近桥梁墩台、涵洞口处弃土。
(4)不得向水库、湖泊、岩溶漏斗及暗河口处弃土。
(5)弃土宜分层填筑,分层压实,弃土场的边坡不得陡于1∶1.5,顶面宜设置不小于2%的排水坡。
(6)弃土作为路基反压护道时,宜与路基同步填筑。
(7)在地面横坡陡于1∶5的路段,路堑顶部高侧不得设置弃土场。
(8)弃土场应及时施作防护和排水工程,坡脚应按设计要求进行加固。

(四)软土地基处理质量监理

软土地基处理工序流程如图2-5所示。

1. 砂砾换填

(1)将原路基一定深度和范围内的淤泥挖除,测量开挖基底标高。
(2)用作垫层的砂砾料应具有良好的透水性,不含有机质、黏土块和其他有害的物质,砂砾的最大粒径不得大于5 cm,有机质不大于1%,含泥量不大于5%。
(3)现场监理工程师应对承包人进的砂进行直观检查,如直观性差,可要求与承包人一起抽检,抽检合格方可使用,否则要求承包人清理不合格砂出场。
(4)用同样压力的压路机碾压,以避免产生雍包或形成波浪形,应控制最佳含水量。
(5)砂砾垫层应宽出路基边坡脚0.5~1.0 m,且无明显的粗细离析现象。
(6)填筑砂砾垫层的基面和层面铺有土工布时,在砂砾垫层上下各100 mm层次中不能使用扎制的粒料,以免含有裂口的碎石、砾石损伤土工布。

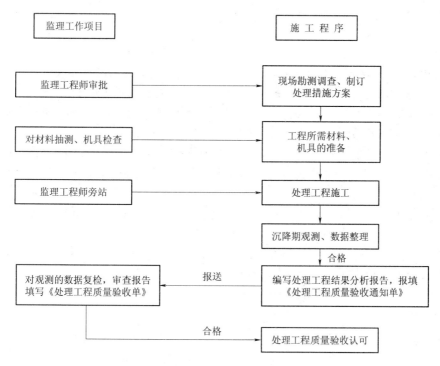

图 2-5 软土地基处理工序流程图

(7)施工中应避免砂或砂砾受到污染。

2. 袋装砂井

(1)砂袋应为聚丙烯制成,渗透系数应不小于砂的渗透系数;砂应为渗水率较高的中粗砂,大于 0.5 mm 的砂含量宜占总质量的 50% 以上,含泥量不应大于 3%,渗透系数不应小于 5×10^{-3} cm/s。

(2)正式施工前,应要求承包人试打分区,全程旁站,以确定各区段的控制深度。

(3)检查、督促承包人填筑砂垫层施工中,在路拱横坡上按设计要求和砂垫层施工要求均匀等厚地铺设砂垫层。

(4)检查机具定位情况,行间距要采用小木桩正确定位,机具定位时要保证锤中心与地面定位在同一线上,并用经纬仪观测控制导向架的垂直度。

(5)砂井灌砂不得过急,并保证砂桩的连续性,灌砂率应大于 95%,监理工程师应全程旁站。

(6)拔套管时,若带出砂袋,则机具要重新定位,砂井要重新灌注。

(7)砂袋灌入砂后,露天堆放应有遮盖,切忌长时间曝晒,以免砂袋老化,对已老化的砂袋一律禁止用于本工程。

(8)施工中随时检查套管成孔位置、垂直度是否满足设计要求,并检查灌砂量是否符合理论计算值。

(9)检查承包人清理场地情况,要求将路幅范围内原地面的淤泥、树根、腐殖土等不适用材料全部挖除。

3. 塑料排水板

(1)每批塑料板,生产厂必须提供出厂质量检验合格单,应在承包人自检的基础上,由试验监理工程师抽检,检测合格后方可用于施工。

(2)当周围土体压力在15 m深度范围内不大于250 kPa或在大于15 m范围不大于350 kPa的条件下,其排水能力应不低于30 cm³/s。

(3)进场的塑料排水板要加以覆盖,放置于洁净干燥处,防止污染和老化。

(4)插板过程中塑料板严禁出现扭结、断裂、滤膜破损等现象,要留足长度,不允许塑料板搭接,应采用滤套内平接的方法,芯板对扣,凹凸对齐,搭接长度不小于20 cm。

(5)插入过程中导轨应垂直,钢管套不得弯曲,透水滤套不得被撕破和污染;排水板底部应有可靠的锚固措施,以免拔出套管时将芯板带出。

(6)除非在设计深度范围遇到硬层,一般应打到设计深度,并要记好施工原始记录。插入深度要考虑回带长度,回带长度超过50 cm时必须在原位附近重新打设,确保塑料排水板处理深度满足设计要求。

(7)塑料排水板留出孔口长度应保证伸入砂垫层不少于设计规定的长度,使其与砂垫层贯通;并将其保护好,以防机械、车辆进出时受损,影响排水效果。

(8)塑料排水板搭接应用滤套内平接的方法,芯板对扣,凹凸对齐,搭接长度不少于20 cm;滤套包裹,用可靠措施固定。

(9)施工中防止泥土等杂物进入套管内,一旦发现须及时清除。

4. CFG桩

"CFG"是英文"Cement Fly-ash Gravel"的缩写,意为"水泥粉煤灰碎石桩",是由碎石、石屑、砂、粉煤灰掺水泥加水拌和,用各种成桩机械制成的可变强度桩。通过调整水泥掺量及配合比,其强度等级在C5~C25变化,是介于刚性桩与柔性桩之间的一种桩型。

(1)要求承包人将地面整平,施工前测量场地标高,测点应有足够的数量和代表性,施工过程随时测量地面是否发生隆起,因为断桩常和地面隆起相联系。

(2)检查原材料(如碎石、砂或石屑、粉煤灰、水泥、水等)是否符合设计及规范要求。随时检查混合料的和易性。

(3)试桩应不少于5个,用以复核地质资料,检验施工设备、工艺是否适宜,核定选用的技术参数,确定合理的施工工艺。

确定施打顺序,按序隔桩跳打施工,向一个方向逐渐推进,先中心后周边,以防止地冒现象。

(4)沉管垂直度不大于1.5%;桩位允许偏差不大于150 mm;重锤击打桩管下沉到预定标高或进入持力层30 cm以上。做好每沉1 m电流表记录,并对土层变化处予以说明。

(5)混合料拌和时间不少于1 min,坍落度按设计要求加以控制,成桩后浮浆厚度以不超过20 cm为宜。

(6)混合料灌注后,启动马达,留振5~10 s,开始拔管,拔管速度一般为1.2~1.5 m/min,如遇淤泥或淤泥质土,拔管速度还要放慢。拔管过程中不允许反插。如上料不足,应在拔管过程中空中投料,以保证成桩后桩顶标高达到设计要求。成桩后桩顶标高应考虑计入保护桩长。

(7)拔管时第一次不宜过高,控制在能容纳第二次所需灌入的混合料为限,加灌混合料时控制管内混合料面不低于自然地面,一般高出2 m为宜。为防止出现吊脚现象,每拔管0.5~1.0 m,留振5~10 s。

(8)沉管上拔至地面2 m时,特别放慢速度,以保证这段桩身直径符合要求,沉管拔出地面后发现桩身混合料面低于桩顶标高时,应立即将桩顶浮土清理干净,立即补灌混合料至设计标高并振捣密实。

(9)灌入过程中由专人统计混合料用量,计算充盈系数。一般情况下充盈系数大于1。

(10)沉管拔出地面,确认成桩符合要求后,用粒状材料或湿黏性土封顶,然后移机进行下一根桩施工。

(11)采用连打作业时,督促承包人注意桩的间距,避免新打桩对已打桩的挤压,使得已打桩被挤扁或椭圆形或不规则形,严重的产生缩颈和断桩。

(12)督促承包人控制桩机卷扬提升沉管速度,一般提升一段距离,停下留振一段时间,非留振时,速度太快可能导致缩颈断桩。拔管太慢或留振时间太长,使得桩的端部桩体水泥含量较少,桩颈浮浆过多,而且混合料也容易产生离析,造成桩身强度不均匀。

(13)在施工过程中,要求承包人按规定频率制作混合料试件,同时监理人员也要按频率制作监理抽检试件。

(14)桩身完整性检查。开挖土体至软土层顶面以下不小于 2 m,一般开挖深度为 5~6 m,开挖频率为 2‰并不少于 2 根。

(15)必要时可结合现场开挖检查,在管桩壁钻芯取样进行室内试验,检测频率为 2‰并不少于 2 根。

(16)低应变动力检测。检测数量可按 20%控制,因管桩系空心管型桩,因而动测时应在桩体上取 4 个测点。

(17)按设计要求选择一定数量的桩进行单桩及单桩复合地基静载荷试验。

5. 粉喷桩

(1)对进场水泥严格做好防潮工作。承包人对进场的水泥编好批号,做好存放时间记录,并做好水泥消耗台账,以便监理工程师检查,一旦发现水泥受潮、结块、变质立即清出现场。

(2)成桩工艺性试验桩数不宜少于 5 根。试桩要取得以下技术参数,如钻进速度、提升速度、搅拌速度、喷气压力、单位时间喷入量、复搅深度等;确定搅拌的均匀性;掌握下钻和提升的阻力情况,选择合理的技术措施。

(3)粉喷桩实际施工桩长应按进入持力层控制。判别是否进入持力层的方法可由钻机钻到最深时的下钻速度和电流表的读数来判定,这两个参数在工艺性试桩时由监理确定,直观反映为下钻速度 0.5 m/min、电流值为额定电流值的 125%以上。

(4)掌握好钻头的提升速度,保证喷粉的均匀性。从开始喷灰到钻头处出灰要经过一定时间,钻机钻至桩底后,必须预喷停留一段时间,方可提钻,停留时间取决于管道长度、管道压力等因素。喷灰时,水泥在管道内的输送速度大约为 1 m/s,如管道长 40 m,钻至桩底后即喷粉提钻,则桩底实际少灰长度接近 1 m,反而扰动了桩底原状土,使沉降量加大。

(5)为了确保搅拌的均匀性,施工时要严格掌握好钻机提升速度、搅拌叶旋转速度等,并应尽量采用全桩复搅以保证质量。当桩长较长、土体天然含水量较高、黏性大时,为防止出现"沉桩"现象,应采用"二喷二搅"的施工工艺,即:钻进→钻至桩底后慢挡提升、喷灰、搅拌至停灰面;再钻进→复搅复喷至桩底后提升、搅拌至停灰面。

(6)在旁站过程中,应随时抽查钻机的水平度、垂直度、钻进深度、喷灰深度、停灰标高、复搅深度、管道压力、灰罐内的水泥加入量、剩余水泥量等,并做好相应检查记录。

(7)现场监理。应在每日施工结束后对现场水泥用量和打印记录中的水泥用量加以统计、对比,并在当日的监理日志中做好记录。当两者误差大于 5%时,必须查明原因后方可在打印记录上签字认可或采取补桩等处理措施。

(8)承包人应在监理工程师在场的情况下,完成粉喷桩的自检,一般检测深度不超过 6 m,轻便触探 N10 七天强度不小于 40 击。轻便触探检测频率一般为 2%,不能小于 1%,部分地段和按照监理工程师的要求可增加至 3%~5%。

(9)龄期在 28 d 以后，应对不小于 1% 的桩进行抽芯取样，检查桩长、桩身倾斜度、喷粉均匀性，并进行抗压试验，测定桩身强度。经取芯的桩需用水泥砂浆填满。

(10)龄期 28 d 以上交付使用前应根据监理工程师的指示，做部分静载试验，以验证其单桩的承载力及复合地基的承载力，检验其是否满足设计要求。

6. 土工合成材料处治

(1)进场材料应按规定频率进行检验，各项指标符合设计要求时，方可同意用于工程。

(2)要求承包人采用全断面铺设，推铺时必须拉直平顺，紧贴下承层(下承层必须符合设计要求)，不得出现扭曲、折皱、重叠。要斜坡上摊铺时，应保持一定的松紧度(可用 U 形钉控制)。

(3)铺设土工聚合物，应在路堤两边各留足够的锚固长度，回折覆裹在压实的填料面上，平整顺适，外侧用土覆盖，锚固长度满足设计要求。

(4)采用搭接法连接时，搭接长度宜为 30～90 cm，采用缝接法时，缝接宽度应不小于 5 cm，采用黏结法时，黏结宽度不应小于 5 cm，黏结强度不低于土工合成材料的抗拉强度。

(5)施工中发现土工合成材料有破损时必须立即修补好。

(6)存放以及施工过程中应尽量避免长时间暴晒或暴露，避免性能劣化。

(五)排水工程质量监理

1. 浆砌块(片)石排水沟

(1)施工放样要足够长，利于线型控制；断面不小于设计要求。

(2)地基承载力不小于设计要求。

(3)块(片)石强度不小于设计要求；石料表面清洁，无泥土、水锈；严禁在泥水中砌筑。

(4)严禁采用干砌勾缝形式砌筑，应采用坐浆砌筑；砌缝内砂浆均匀饱满，勾缝密实。前后两次时间间隔超过砂浆终凝时，应对该顶面进行处理，清除松散物，并充分洒水湿润。

(5)砂浆配比准确，和易性良好；每次拌和量应在初凝前用完。

(6)基础变形缝与墙身变形缝对齐，变形缝填塞质量符合设计要求。

2. 雨水管

(1)严格控制轴线和标高，保证管道排水通畅。

(2)坑壁支护要牢固，基底不得浸泡软化。

(3)地基承载力检查，地基处治符合设计要求。

(4)原材料、构件质量、试件强度合格。

(5)基础混凝土强度不小于设计要求时才可以安装管节，管节安装平顺、稳固，管底不出现反坡。管口抹带平整密实，无裂痕现象。

3. 雨水井

(1)根据设计文件和图纸规定，检测井位、支管的定位、定向和高程。

(2)检查所使用的井框、井铁箅子及支管的出厂质量是否符合要求，并由监理工程师书面认可。

(3)随时抽查水泥砂浆、砖的抗压强度。

(4)检测雨水井的内外砌筑尺寸及支管接口质量等。

(5)检验井周、支管回填压实质量。

(6)全道工序完成后，应及时检测井口高程、与路边线吻合等情况，并对外观进行检查。质量合格，应有监理工程师签字认可。有缺陷部分应指示承包人修整合格后，再签字认可。

(六)挡土墙、防护及其他砌筑工程质量监理

支挡及防护砌筑工程工序流程如图 2-6 所示。

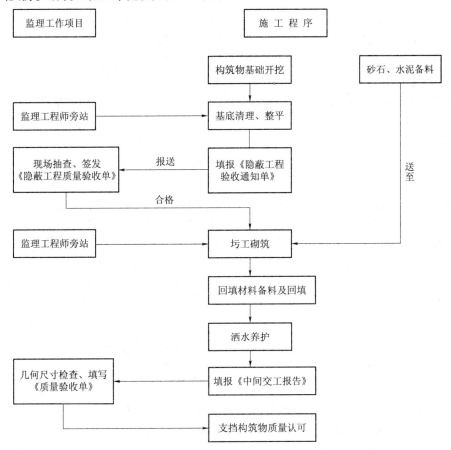

图 2-6 支挡及防护砌筑工程工序流程图

1. 浆砌片(块)石砌体

(1)检查承包人开挖挡土墙基坑地基承载力,承载力不小于图纸设计要求,地基处治质量符合设计要求。

(2)严格控制平面位置、外缘线型、大面平整度。

(3)检查承包人进场石料,石料强度规格符合设计要求。

(4)砂浆配合比应符合试验规定,做到即拌即用。

(5)砌筑采用分层错缝,坐浆砌筑,嵌填饱满。变形缝平直,填塞饱满。

(6)反滤层、泄水孔符合设计要求,无堵塞现象。

(7)砌筑停止时间过长时应用钢丝刷将顶面松散的砂砾清除干净,并充分洒水湿润。

(8)需要回填的墙背,压实度必须符合设计要求,宜采用小型机械夯或人工锤夯分层进行。

(9)安全防护设施配置要齐全。

2. 悬壁式、扶壁式挡土墙

(1)检查承包人开挖基坑地基承载力,承载力不小于图纸设计要求,地基处治质量符合设计要求。

(2)模板的强度、刚度、稳定性，模板的平整光洁度、形状和尺寸应符合规范要求。

(3)模板安装后，轴线、几何尺寸应符合设计要求，纵横向应保证稳定，由监理工程师签证认可后进行下道工序。

(4)严格控制预埋件、预留孔、钢筋保护层，使其符合设计要求。

(5)混凝土的单质材料、配合比、施工和易性应符合规范要求。

(6)浇筑过程中，要求承包人设专人检查模板、钢筋、预埋件，当发现跑模、移位、变形等情况，应要求承包人及时处理。

(7)重力式挡土墙截面大，浇筑应在一天中气温较低时进行。同时要求承包人采取有效措施控制混凝土的水化热。

3. 抗滑桩

(1)检查、督促承包人做好桩区地面截、排水及防渗工作，孔口地面上应加筑适当高度的围埝。

(2)督促承包人在施工中应核对滑动面位置，如图纸与实际位置有出入，应及时上报监理工程师、业主和设计代表以确定终孔深度。

(3)检查桩位、桩长、孔径或断面尺寸及桩的竖直度是否符合设计及规范要求。

(4)监理人员严格按图纸检查钢筋骨架规格、数量、间距及焊接情况。

(5)检查承包人混凝土所用的水泥、石、砂、水和外掺剂的质量和规格，必须符合设计和有关规范的要求，监督承包人按规定的配合比施工。

(6)出罐的混凝土应在初凝前全部用完。

(7)随时检查承包人的振捣，对欠振或过振现象，要求其提出处理意见。

(8)督促承包人配备齐全的安全设施，并保证其安全、可靠。

4. 边坡锚喷防护

(1)坡面按设计要求清理干净，锚杆平面位置、纵横向间距应符合设计要求。

(2)锚杆的材料、类型、规格、质量以及性能应符合设计要求。

(3)检查孔径、孔深、与岩面的垂直度。

(4)砂砾配合比应满足施工要求，拌和均匀，随拌随用，一次拌和的砂浆应在初凝前用完。

(5)挂网钢筋的绑扎质量、搭接长度、保护层应满足设计要求。

(6)喷射前应定距离埋设钢筋，随时检查喷射混凝土(砂浆)厚度，加强养护。

(7)预应力锚杆应按设计要求进行施工，采用应力与伸长值双控。

(8)注浆管应插入距孔底5～10 cm处，注浆应连续进行，注浆管应缓慢拔出，保证充满孔道。注浆孔口压力不得大于 0.4 MPa。

5. 预制块防护

(1)检查原材料是否经过试验监理工程师抽检合格，不合格材料不得用于本工程。

(2)混凝土配合比应符合设计及规范要求。

(3)砌筑应分段整体统一进行，直线部分用挂线控制，曲线部分用模具控制。

(4)预制块应无蜂窝，表面光洁、平整、棱角分明，尺寸、厚度与设计一致。

(5)混凝土预制块应集中预制。预制时，应严格控制水胶比等确保预制块颜色一致。预制块预制后，应及时养护，待强度达到设计强度等级时，方可运输、铺砌。破损的混凝土预制块不得用于砌筑。

(6)同一段落内颜色不一致的预制块必须调换。

(7)砂浆所用砂，宜选用中砂。砂浆必须用砂浆搅拌机搅拌，一次拌和的砂浆应在初凝前用完。

(8)拌和砂浆所用水应符合技术规范的有关要求，不得采用泥浆水、浅沟里的水和其他不符合要求的水。

(9)预制块砌筑时，应采用坐浆方式，并应拉线，确保表面平整、坡率符合设计要求。勾缝要求平整，缝宽不得大于 10 mm。

6. 喷播植草防护

(1)三维网的技术指标要符合设计要求。
(2)检查承包人施工中三维网的固定、搭接，应满足设计规范要求。
(3)混合草种应试验其萌芽情况，其发芽率均应达到 90% 以上。
(4)检查承包人草种混合料的混合比例，应满足设计要求。
(5)巡视检查防护边坡养护情况。

三、路基中间交工验收阶段质量监理

(1)路基工程按合同规定要求完工后，承包人应根据合同及工程质量检验评定标准要求先进行质量自检，合格后，填写《中间交工证书》，报送监理工程师。

(2)监理工程师收到承包人报送的《中间交工证书》后，首先应汇总检查该单项(个)工程每道(步)工序的各《质量验收单》，并将《质量验收单》编号填写到《中间交工证书》中，然后对交工项(个)工程进行现场检查。若《质量验收单》证明每道(步)工序均符合规范要求，则最后检验也应符合规范要求，且同时具备《交工申请单》时，监理工程师才能签认《中间交工证书》。否则，应责令承包人返工。

(3)应注意，《中间交工证书》不一定要与《交工申请单》和《质量验收单》一一对应。
(4)路基中间交工验收监理工作流程如图 2-7 所示。

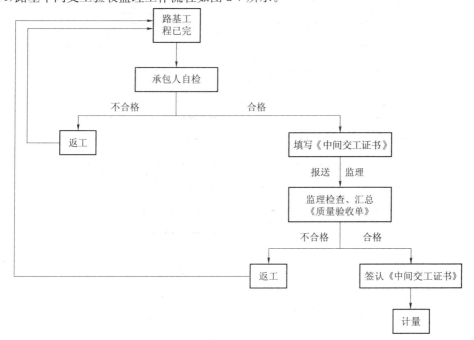

图 2-7　路基中间交工验收监理工作流程图

第七节　路面工程施工质量监理

一、垫层施工质量监理

(一)垫层施工监理要点

(1)进场材料经检验应符合设计及规范要求。两种以上材料组合的应通过筛分报告确定掺拌比例。

(2)摊铺前应对下承层进行处理,无松散、无杂物,使其符合规范要求。

(3)全过程旁站试验段施工,确定人员、机械、松铺系数、机械碾压组合及遍数等工艺参数。

(4)注意松铺厚度,严格控制高程,保证垫层的摊铺厚度。

(5)控制好含水量,在接近最佳含水量时碾压,注意控制好碾压遍数及压实效果。

(6)检查边部、二次搭接处的碾压质量,对局部离析处要求承包人及时处理。

(7)保证压实度、平整度、横坡度、高程、厚度符合设计要求。

(8)承包人在监理的监督下从料场取样进行规定的验证试验,现场材料监理按承包人自检频率的20%进行抽检。

(二)砂砾垫层施工质量监理

砂砾垫层施工质量监理程序如图2-8所示。

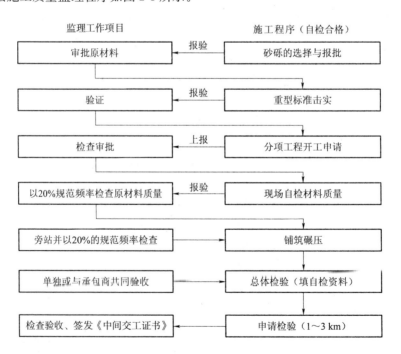

图2-8　砂砾垫层施工质量监理程序图

二、基层、底基层施工质量监理

(一)水泥(二灰)稳定碎石基层、底基层监理要点

(1)单质材料质量控制;拌合站计量控制;强度控制。
(2)集料的级配、配合比设计和试验。
(3)试验段方案及实施控制。
(4)含水量、碾压与接缝施工的控制。
(5)高程、平整度、厚度的控制。
(6)养护时间控制。要求承包人采用土工布养护,保证养护时间。

(二)基层、底基层施工质量监理

(1)在开工前要求承包人在选定的料场中取代表性的样品进行筛分、压碎值、液塑限试验,水泥强度等级和初、终凝时间试验。重点是水泥的初凝时间应在 4 h 以上,终凝时间应在 6.5 h 以上。并按设计文件要求设计水泥稳定粒料的配合比。监理工程师按要求对其配合比和混合料击实结果进行复核。对于级配碎石其颗粒组成、塑性指数应满足要求,碎石压碎值不大于 30%。

(2)审查施工方案、施工放样。具备开工条件的可先摊铺不小于单幅 200 m 的试验路段,以确定各试验数据准确及各施工指导参数。同时,水泥剂量须严格控制,无侧限抗压强度不宜过高,防止水泥稳定粒料产生反射裂缝,结构层过厚时须采用两层摊铺及多层摊铺。

(3)路面结构层施工一定待承包人试验段总结报告审批后方可批复分项开工报告。

(4)混合料配料必须准确,拌和需均匀。每工作班开工时从出料口取拌好的混合料做水泥剂量的测定和筛分试验,并制作七天无侧限抗压强度试件。

(5)摊铺和整形。

1)底基层可用平地机摊铺,基层必须使用稳定土摊铺机或沥青混合料摊铺机摊铺。并使混合料按规定的松铺厚度,均匀地摊铺在要求的宽度上。

2)摊铺时混合料的含水量宜高于最佳含水量 0.5%~1.0%,以补偿摊铺及碾压过程中的水分损失。

3)拌合机与摊铺机的生产能力应互相匹配,摊铺机宜连续摊铺,拌合机的产量宜大于 400 t/h。

4)避免粗、细集料离析,控制摊铺速度、时间。

5)因故中断时间超过水泥初凝时间的应设施工缝,因故超过水泥终凝时间的混合料不能使用。

6)控制好松铺厚度,保证压实厚度满足设计要求。

7)在混合料终凝时间内必须碾压完毕,及时跟踪测试压实度,保证压实度满足设计要求。

(6)碾压。

1)宜先用轻型两轮压路机跟在摊铺机后及时进行碾压,后用重型振动压路机、三轮压路机或轮胎压路机继续碾压密实。

2)用 12~15 t 三轮压路机碾压时,每层的压实厚度不应超过 15 cm;用 18~20 t 三轮压路机和振动压路机碾压时,每层的压实厚度不应超过 20 cm。压实厚度超过上述规定时,应分层铺筑,先摊铺的一层应经过整形和压实,在监理工程师验收合格后,将先摊铺的一层表面拉毛,再继续摊铺上层。每层的最小压实厚度为 10 cm,下层宜稍厚。

3)混合料经摊铺和整形后,应立即在全宽范围内进行碾压。直线段,由两侧向中心碾压;超高段,由内侧向外侧碾压,碾压时,应重叠 1/2 轮宽;使每层整个厚度和宽度完全均匀地压

实到规定的密实度为止。压实表面应平整无轮迹,切断面正确,路拱符合要求。

(7)基层施工时,如果和底基层施工时间相隔较长(≥7 d),应在底基层顶面先撒薄层水泥或水泥净浆。

(8)所有施工横缝和纵向缝均应垂直相接,不能斜接,可采用两种办法:一是用方木或钢模板做支撑(高度同压实厚度),二是采用垂直切缝。

(9)养护并封闭交通。碾压完成后应立即养护,养护时间不应小于 7 d,养护期间应采用薄膜覆盖措施,保证稳定土层表面始终保持湿润状态。养护期间除洒水车外,禁止其他车辆在路上通行。当汽车必须在路上通行时,必须征得监理工程师的同意,但行车速度不得超过 15 km/h,同时不得急刹车。

(10)养护期完毕后,须尽量避免车流量过大及重车通过,避免水泥稳定粒料层产生应力裂缝及表层翻砂情况产生。

基层、底基层施工监理程序如图 2-9 所示。

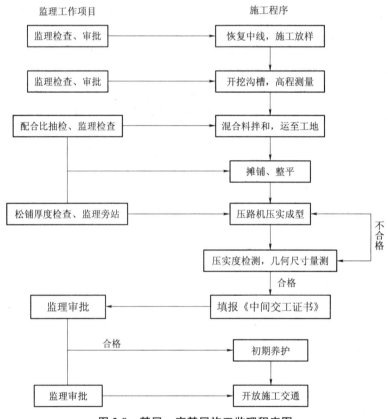

图 2-9 基层、底基层施工监理程序图

三、面层施工质量监理

(一)沥青混凝土路面施工质量监理要点

(1)单质材料质量控制。
(2)集料的级配、沥青混凝土配合比设计和试验。
(3)拌合站计量控制。

(4)试验段方案及实施控制。

(5)拌和质量、碾压温度、碾压与接缝施工的控制。

(6)施工机械设备配置与组合。

(7)高程、平整度、厚度的控制。

(二)水泥混凝土路面施工质量监理要点

(1)单质材料质量控制;拌合站计量控制;混凝土强度控制。

(2)混凝土配合比设计;试验段方案及实施控制。

(3)拉杆、传力杆空间位置的控制。

(4)混凝土的摊铺、振动、成型及避免离析的控制。

(5)板厚度、平整度、抗滑构造深度、相邻板高差控制。

(6)切缝时间、切缝深度控制。

(7)混凝土养护时间控制。

(三)沥青混凝土路面施工质量监理

沥青混凝土路面施工质量监理程序如图 2-10 所示。

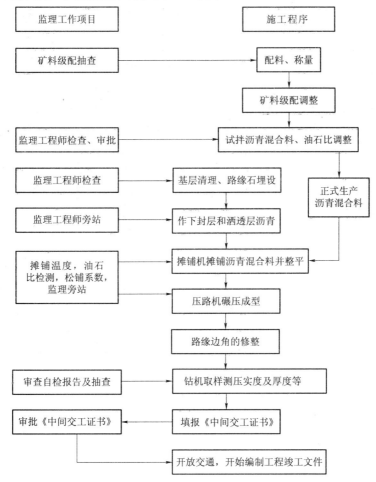

图 2-10 沥青混凝土路面施工质量监理程序图

1. 透层、黏层和封层施工质量监理

(1)复核承包人透层和黏层使用的原材料是否满足要求,生产许可证、产品合格证、产品检测报告,由试验室进行验证试验。

(2)工程开始前,必须对材料的存放场地、防雨和排水措施进行确认,不符合规范要求时不得进场。

(3)应采用压力喷洒机均匀地洒布。洒油量、温度条件及洒布面积均应在洒前获得认可。

(4)沥青洒布设备应包括独立操作的油泵、速率计、压力表、计量器、读取油罐内材料温度的温度计、气泡水准仪和软管以及适用于沥青喷洒机喷不到的部位的手喷附属装置。洒布沥青时应精心控制,使之不超过批准的洒油量。喷洒超量或漏洒或少洒的地方应予纠正。

(5)在喷洒交接处洒布沥青时应精心控制,使之不超过批准的洒油量。喷洒超量或漏洒或少洒的地方应予纠正。

(6)喷洒沥青时,应在无风天作业,避免污染环境。

(7)如喷洒 48 h 后透层油仍未被完全吸收时,应将未渗入的多余的沥青清除。

(8)黏层沥青应在铺筑覆盖层之前 24 h 内洒布或涂刷。

(9)要求承包人对洒好透层、黏层油的基层和面层做好保护。对透层沥青应至少养护 5 d。

2. 沥青混凝土面层施工质量监理

(1)开工前,承包人应对沥青路面选用的沥青和各种规格的矿料的物理性质、级配等进行试验并报送监理工程师审核;同时,材料监理工程师按不低于 20% 的频率抽检核定,不合格材料应立即清场。

检查承包人配备的主要机械数量、性能及配套施工能力,使之至少能满足一个作业点每日连续施工作业及施工质量和工期的要求,如果不能满足,应及时要求承包人增加或更换设备。

(2)承包人应对沥青路面选用的沥青混合料的配合比进行试验,热拌沥青混合料的配合比设计应按目标配合比设计、生产配合比设计、生产配合比验证 3 个阶段进行。与此同时,将混合料的配合比的状况,混合料的松铺系数,摊铺机的摊铺速度,碾压段落的长度以及碾压顺序和方法,施工组织以及管理体系和质保体系,前、后场通信联系方式与本工程有关的试验仪器和设备(包括沥青、石料、混合料等室内外试验的配套仪器、设备及取芯机等),报请驻地监理办审查,并报业主批准。

(3)现场监理工程师对施工段落的下承层进行检查,表面要干净、无浮灰、无积水、干燥。测量工程师应在沥青混凝土摊铺前,对沿线的导线点、水准点进行复核,检查施工段钢丝绳的高程及边线宽度。

旁站试验段施工,证实混合料的稳定性以及拌和、摊铺和压实设备的效率和施工方法、施工组织的适应性。并计算空隙率和饱和度,使沥青混合料的各项技术指标符合规范的规定。通过试验后,要求承包人应向监理工程师提交拟用的混合料的级配、混合料的含量、拌和温度、稳定度值、流值、堆积密度与空隙率等的书面详细说明;承包人提交拟用的混合料配合比未经监理工程师和业主批准前,不准进行施工。

中、下面层摊铺宜采用钢丝绳引导的高程控制方式,钢丝拉力应大于 800 N;上面层宜采用摊铺层前后保持相同高差的雪橇式摊铺厚度控制方式。

沥青混凝土面层施工宜采用两台性能良好的摊铺机一前一后相距 10~20 m 梯队作业,相邻两幅的摊铺应有 5~10 cm 左右的宽度重叠。

每天施工前,摊铺机的振动熨平板要预热至少 30 min。施工缝立面要涂有乳化沥青以利于混合料的黏结。

沥青混合料必须缓慢、均匀、连续不间断地摊铺。摊铺过程中不得随意变换速度或中途停顿。摊铺机螺旋送料器应匀速转动,与摊铺机前进的速度一致,始终使熨平板前面的混合料保持在送料器高度的 2/3。

现场监理工程师要检查摊铺后粗集料、细集料的分布均匀性和松铺厚度,如果出现少量局部混合料离析现象,应派专职人员进行处理;较多时应及时分析原因予以纠正。同时严禁无关人员在摊铺后的热料上行走。

运输车要用篷布覆盖,用以保温、防雨、防污染,并检查料车进场、摊铺、初压、复压、终压时的温度,使之符合有关规范或指导意见的要求。

料车进场后,要有专职人员指挥停放、卸料。料车卸料时严禁撞击摊铺机,应将料车在摊铺机前 10~30 cm 处停稳并挂空挡,靠摊铺机推力前进。

为减少摊铺后混合料离析,卸载后空车和料车交换要迅速及时,摊铺机前料斗中不能空料。

检查摊铺机的振级及碾压的方式、方法,并注意振动压路机的振幅频率。碾压段落要有明显的标志,避免漏压。如有粘轮现象时,可向碾压轮洒少量水和加洗衣粉水,严禁洒柴油,压路机在左右运动过程中,应将驱动轮面向摊铺机,并严禁使用刹车。重点对碾压工艺进行过程控制,包括压路机的配置(台数、吨位及机型)、组合排列和碾压方式、压路机与摊铺机的距离、碾压温度、碾压速度、压路机洒水(雾化)情况、碾压段长度、调头方式等。

压路机碾压速度见表 2-8。

表 2-8 压路机碾压速度　　　　　　　　　　　km/h

碾压阶段		初压	复压	终压
压路机类型	刚轮压路机	1.5~2.0	2.5~3.5	2.5~3.5
	轮胎压路机		3.5~4.5	4.0~6.0
	振动压路机	静压 1.5~2.0	振动 4.0~6.0	静压 2.0~3.0

(4)施工各阶段的温度控制。

1)粒料加温温度、沥青加温温度;

2)出场温度;

3)到场温度;

4)摊铺温度;

5)初压温度;

6)复压温度;

7)终压温度。

普通沥青混合料初压温度不低于 120 ℃,终压温度不低于 80 ℃;SMA 初压温度不低于 140 ℃,终压温度不低于 110 ℃。

(5)施工过程中加强现场旁站,跟踪监理,及时发现问题并予以解决。驻地监理工程师应经常对后场堆料场进行巡视,要求承包人将各种材料分别堆放整齐,对细集料做好防雨工作,一旦发现细集料受潮,就要求施工单位进行处理。现场旁站监理工程师在开拌后应在拌和操作间,现场观察拌和情况,逐盘打印各个热料仓的材料质量、矿粉质量及一盘混合料的总质量,及时计算出矿料级配,与标准配合比进行对照。控制拌和时间,检查出料温度,发现问题及时处理。由于拌合机有多个进料仓,且仓门开启快、关闭慢,这样可能造成用量少的细集料偏多,拌合料配合比不能满足要求,因此需通过及时调整冷料仓进料比例,保证配合比满足设计要求。

通过现场巡视,对发现运输车辆有剩余废料及油水混合物过多的情况,及时阻止运料车运入施工现场,并予以消除。检查出厂混合料的温度,对不满足温度要求的沥青混合料坚决予以废弃,保证沥青混合料的质量。

施工过程中应随机对路面进行外观(色泽、油膜厚度、表面空隙)评定,尤其特别注意防止粗细集料的离析和混合料温度不均,造成路面局部渗水严重或压实不足,酿成隐患。如果确实该路段严重离析、渗水,且经2次补充钻孔仍不能达到压实度要求,确属施工质量差的,应予以铣刨或局部挖补,返工重铺。

(6)铺筑工作的安排应使纵、横向两种接缝都保持在最小数量。接缝的方法及设备,应取得监理工程师批准。在接缝处的密度和表面修补应与其他部分相同。

纵向接缝应该采用一种自动控制接缝机装置,以控制相邻行程间的标高,并做到相邻行程间可靠地结合。纵向接缝应是热接缝,并应连续和平行,缝边垂直并形成直线。

纵缝上的混合料,应在摊铺机的后面立即用一台静力钢轮压路机以静力进行碾压。

纵向接缝与横坡变坡线的重合应在 15 cm 以内,与下层接缝应错开 15 cm 以上。

当由于工作中断,摊铺混合料的末端已经冷却,或者在第二天恢复工作时,就应做成一道与铺筑方向大致成直角的横向接缝。横向接缝在相连层次的相邻行程均应至少错开 1 m。

(7)沥青混合料的摊铺应避免在雨期进行。当路面滞水时,应暂停施工。施工气温低于 10 ℃ 时,应停止摊铺,或摊铺时采取措施,并经监理工程师同意后方可继续摊铺。否则在气温还没有上升到 10 ℃ 以上之前,不得开始摊铺,当气温下降到 15 ℃ 以下时,应控制混合料的最大运距,保证碾压温度在规定的范围以内。未经压实即遭雨淋的沥青混合料应全部清除,更换新料。所发生的一切费用由承包人负担。

(8)SMA沥青混凝土施工前应对设备进行检查。严格控制拌和质量,以及出罐温度、铺筑温度、碾压温度。对沥青路面平整度、密实度、厚度、弯沉、摩擦系数、构造深度、油石比等进行检测,做到当天施工当天进行钻芯取样,第二天出报告,对前一天的施工质量进行评定,指导第二天的施工,如发现钻芯取样后测定的密度效果没有预期的理想,第二天及时调整碾压顺序及遍数,使密实度达到满意的效果。

(9)每天施工结束后,测量工程师应逐层对中线平面偏位、纵段高程、宽度、横坡度进行检查,并出具抽检报告。

3. 路缘石施工质量监理

(1)施工前审核配合比组成设计,试验抽检路缘石、硬路肩强度。
(2)检查预制振捣工序,控制几何尺寸及外观符合规范要求。
(3)检查各构件预制、安装厚度是否一致。
(4)预制过程中要按规范取样,必须在沥青路面施工前安装完毕。
(5)安装后的路缘石、硬路肩应线条流畅,表面平整,勾缝均匀。

(四)水泥混凝土路面施工质量监理

水泥混凝土路面施工质量监理程序如图 2-11、图 2-12 所示。

(1)监理试验室应在水泥混凝土路面施工前对水泥及粗集料、细集料进行抽样试验。水泥应进行强度(抗压、抗折)和初、终凝时间及安定性等项目的检验。各项指标应符合规范及设计要求,否则不能批准用于工程。其中,粗集料压碎值<15%、坚固性<8%、针片状颗粒含量<15%、含泥量<1%。细集料应使用质地坚硬、耐久、洁净、符合规定级配的天然砂,宜使用中

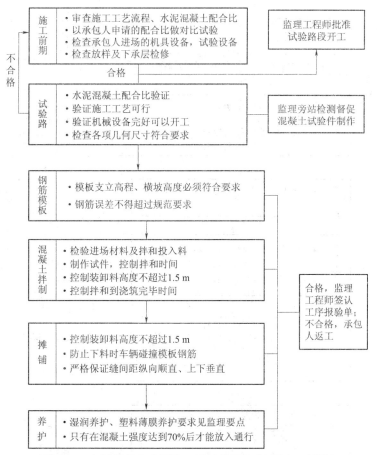

图 2-11 水泥混凝土路面施工质量监理程序图(人工摊铺)

砂,坚固性<8%、含泥量<2%。承包人在施工中使用的外加剂应经配比试验确定某种质量和剂量,并经监理工程师批准。

(2)在开工准备阶段,审批并复核承包人的施工配合比,机械设备人员配置,施工技术方案,施工放样数据及其他辅助工作准备情况,逐一认真检查,如具备开工条件可批准开工。

(3)施工前宜摊铺不小于单幅 200 m 的试验路段,采集施工数据,规范施工操作,核查机具、人员的组织安排情况,为正式开工做好准备。

(4)混合料拌和运输。

1)要求承包人施工前必须对机械设备、测量仪器、基准线或模板、机具工具及各种试验仪器等进行全面检查、调试、校核、标定、维修和保养。对主要施工机械的易损零部件应有适量储备。根据施工条件及摊铺方式拟订混凝土路面施工方案及施工工艺流程,编制详细的施工组织设计,在开工前报请监理工程师批准,同时报业主批准。

2)搅拌过程中,拌合物质量检验与控制应符合混凝土拌合物的质量检验标准的规定,高温天气时施工,拌合物的温度、坍落度损失率和凝结时间等应符合混凝土设计高温季节施工要求。

3)应根据施工进度、运量运距及路况选配车型和车辆总数,要求总运力应比总拌和能力略有富余,确保新拌混凝土在规定时间内运到摊铺现场。

(5)滑模机械铺筑。滑模摊铺过程中应采用自动抹平装置进行抹面。对少量局部麻面和明显缺料部位,应在提浆机或搓平梁完成工序前补充适量拌合物,由搓平梁或抹平机械修整。滑模

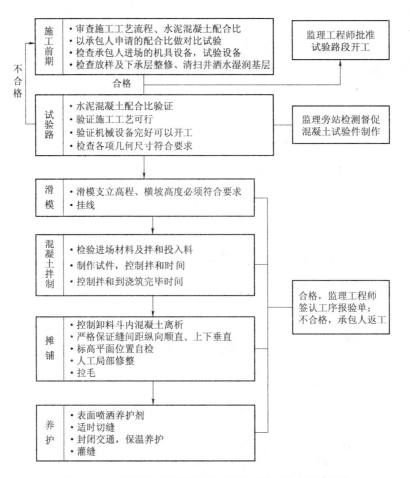

图 2-12 水泥混凝土路面滑模摊铺施工质量监理程序图

摊铺的混凝土面板在下列情况下可用人工进行局部修整。

1)用人工操作抹光机。修整摊铺后表面的小缺陷，但不得在整个表面加铺砂浆层修补路面标高。

2)对纵缝边缘出现的倒边、塌边、溜肩现象，应顶侧模或在上部支方铝管进行边缘补料修整。

(6)振捣。

1)在振捣横断面上，振捣棒之间的移动距离不宜超过 1.5 倍有效半径，与模板的间距应满足 0.5 倍的有效间距，组成横向振捣棒组，沿纵断面连续振捣密实，并应注意路面、板底、内部和边角处不得欠振和漏振。如有漏振用人工补振。

2)在振捣棒已完成振实的部位，可开始纵横交错两遍全面提浆振实，每车道路面应配备 1 块平板振捣器。平板振捣器移位时，应重叠 100～200 mm。

3)提浆机应具有足够刚度和质量，底部应焊接或安装深度 4 mm 左右的粗集料压实齿，保证(4±1)mm 的表面砂浆厚度。提浆机应垂直路面中线，沿纵向拖行，往返 2～3 遍，使表面泛浆均匀平整。

(7)摊铺混凝土路面模板安装与拆除。

1)检查承包人模板安装过程中模板的平面位置及高程控制。

2)检查承包人模板安装加固及稳定性。

3)检查、督促承包人模板在拆除过程中应注意不要硬撬,以免造成路面损坏。

(8)路面各铺装层不能在雨天施工,在施工遇雨时,应立即停止施工并采取防雨措施。由于施工遇雨而导致的路面摊铺失败,应按监理工程师的要求返工,其费用由承包人承担。

第八节 桥涵工程施工质量监理

在公路建筑中,桥涵是路线的重要组成部分,桥梁既要保证桥上的交通运行,又要保证桥下水流的宣泄、船只的通航或车辆的通行;涵洞虽然只起到宣泄水流的作用,但在公路上数量较多,排水系统复杂。而整个桥涵工程属永久性结构物,均位于野外,受各种外界环境因素影响较大,故保证桥涵的施工质量非常重要,施工质量的好坏将直接影响到公路的使用性能。另外,桥梁的数量多,施工技术复杂,容易出现设计变更、工程索赔等事项,也容易出现质量事故。因此,桥涵工程施工质量监理工作必须做到全面、细致、熟练和标准化。桥涵施工监理具体应注意以下几点。

(1)监理工作应严格按规定的程序进行。

(2)提供和采用的材料应符合设计图纸和规范的要求。

(3)构造的每一部分施工必须严格按照设计图纸所示的尺寸、形状和方法进行。所有施工细节必须符合规范和设计图纸的详细要求。

(4)各种试验、检测方法和精度等均应符合规范和合同的要求。

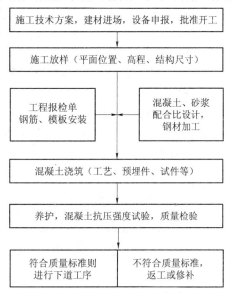

图 2-13 桥涵工程施工质量监理程序图

桥涵工程施工质量监理程序如图 2-13 所示。

一、扩大基础、承台、系梁施工质量监理

(一)扩大基础(承台)施工监理要点

(1)单质材料质量控制;施工配合比控制。

(2)拌合站计量控制;混凝土强度控制。

(3)基底地基承载力的确认。

(4)基础底面(顶面)高程、平面尺寸、轴线偏位的控制。

(5)基础顶面预埋钢筋(件)的平面位置。

(6)混凝土养护。

(二)扩大基础施工质量监理

(1)审批施工技术方案、检查施工定位测量、施工放样。施工准备工作应符合开工报告要求。混凝土所用的水泥、砂、石、水、添加剂及混合材料的质量和规格,必须符合有关技术规范的要求,严格按规定的配合比施工。

(2)基坑平面位置、基底要符合设计要求,一般基底应比基础的平面尺寸宽 0.5~1.0 m。

(3)基坑开挖至设计标高后,必须进行基底地基承载力检测。基坑开挖后,不得长时间暴露,防止受雨水浸泡,影响地基承载力。

(4)钢筋的制作质量(抽检)、绑扎质量(间距、绑扎点数);焊接质量(焊缝长、宽、厚度、轴线偏位)、套管连接质量(压接道数、轴线偏位)、保护层垫块质量、布置间距、预埋件平面位置、预留长度、固定(与模板)或焊接(与主筋)质量等必须符合设计和规范要求,钢筋不得污染和严重锈蚀。

(5)基础浇筑混凝土时,模板安装必须密封、支撑稳固,不得漏浆、胀模。混凝土振捣必须密实,不得出现空洞、蜂窝和线型不顺等现象。

(6)检查混凝土的和易性、坍落度,浇筑顺序符合规范要求。控制浇筑时间(总体浇筑时间;上、下层之间浇筑时间间隔)。混凝土浇筑应连续一次浇筑完成,不能一次浇筑完成、其间隔时间又大于上层混凝土初凝时间的,应预留好施工缝,对施工缝的处理应符合规范要求。

(7)混凝土浇筑完成,应在收浆后覆盖和洒水养护。覆盖时不得损伤或污染混凝土表面。养护时间不得少于 7 d。

(8)混凝土浇筑完成后,监理工程师应对基础尺寸、轴线、标高进行复测,如各项技术指标符合设计要求,督促承包人填写质量检验报告单,并申报相关部门进行中间交工验收后,进入下道工序的施工。

(9)基坑开挖后,监理人员应及时要求承包人在其四周设置安全防护栏杆和警示标志。

基础开挖施工质量监理程序如图 2-14 所示。

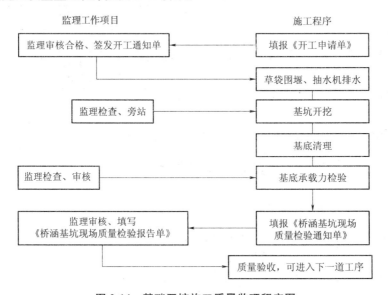

图 2-14 基础开挖施工质量监理程序图

(三)大体积混凝土施工质量监理

(1)当基础平截面过大,不能在前层混凝土初凝或重塑前浇筑完成次层混凝土时,可分块进行浇筑。分块宜合理布置,各分块平均不宜小于 50 m²,每块高度不宜超过 2 m。

块与块之间的竖向接缝,应错开位置做成企口,并按施工缝处理。

(2)若承包人采用一次性浇筑工艺,应要求在一天中气温较低时进行。且在配合比设计及施工过程中应采用下述方法控制混凝土的水化热温度。

1)用改善集料级配、降低水胶比、掺加混合料、掺加外加剂等方法减少水泥用量。

2)采用水化热低的大坝水泥、矿渣水泥、粉煤灰水泥或低强度水泥。

3)减少浇筑层的厚度,加快混凝土散热的速度。

4)混凝土用料要遮盖,避免日光暴晒,并用冷却水搅拌混凝土,以降低温度。

5)在混凝土内埋设冷却管道通水冷却。

6)在遇气温骤降的天气或寒冷季节浇筑混凝土后,应注意覆盖保温,加强养护。

(四)承台、系梁施工质量监理

(1)所用的水泥、砂石、水、外加剂及混合材料的质量和规格必须符合规范的要求,按规定的配合比施工。

(2)必须采取措施控制水化热引起的混凝土内最高温度及内外温差在允许范围内,防止出现温差裂缝。

(3)当基坑为渗水地基时,应要求承包人制订详细排水方案。

(4)基坑开挖后,应在坑底铺设一层砂浆,防止在安装钢筋时造成钢筋的污染。

(5)混凝土浇筑前,检查桩头浮浆是否凿除干净,如未凿除干净时,必须责成承包人重凿并冲洗干净。

(6)混凝土浇筑前,监理人员必须检查材料、配合比、称量设备,不符合设计与规范要求的不得使用。

(7)浇筑前应对模板、支架、钢筋、预埋件、保护层进行详细检查,合格后方可浇筑混凝土。

(8)混凝土浇筑时,当倾落高度超过 2 m 的,应通过串筒、溜管或振动溜管措施下落;倾落高度超过 10 m 时,应设置减速装置。

(9)混凝土应按一定厚度、顺序和方向分层浇筑。上下层同时浇筑时,上层与下层前后浇筑距离应保持 1.5 m 以上。振捣时振捣器移动间距不应超过振捣器作用半径的 1.5 倍,与侧模应保持 50~100 mm 距离,避免振捣器碰撞模板、钢筋。

(10)当混凝土浇筑面积较大,不能连续浇筑完成时,应预留施工缝,施工缝留置在结构物受剪力和弯矩较小且便于施工的部位。在下次继续施工时,对施工缝进行凿毛清洗处理。在浇筑次层混凝土前,对垂直施工缝宜刷一层水泥净浆,对平缝宜铺一层厚为 9~20 mm 的 1∶2 的水泥砂浆。施工次层混凝土时,上层混凝土的强度一般需达到 1.2 MPa,钢筋混凝土需达到 2.5 MPa 才能继续施工。

(11)混凝土浇筑完毕,待混凝土初凝后及时用有效材料覆盖洒水养护。

二、钻(挖)孔灌注桩施工质量监理

(一)钻(挖)孔灌注桩施工监理要点

(1)单质材料质量控制;施工配合比控制。

(2)拌合站计量控制;混凝土强度控制。

(3)桩位坐标控制;钻头对中控制。

(4)易塌地层泥浆质量的控制。

(5)孔深、孔径、沉降厚度的控制。

(6)钢筋笼接头质量控制;钢筋就位对中控制。

(7)水下混凝土的灌注质量(首罐混凝土初凝前完成、连续、桩头预留高度)控制。

(二)钻孔灌注桩施工质量监理

(1)钻机工作范围内应整平夯实,要满足钻机操作要求。水中平台要有足够的强度、刚度、整体稳定性,能承受施工时所有静、动荷载。

(2)护筒内径宜比桩径大 200~400 mm。护筒中心竖直线应与桩的中心线重合,平面偏差小于 50 mm,竖直度不大于 1%。护筒上要设置纵横定位中线。

护筒就位后,四周必须用黏质土回填分层夯实(尤其是护筒底脚部位的 30~50 cm)。水中护筒设置必须检查两节护筒的连接质量,平顺不透水,下沉时采用导链或钢架定位。

护筒高度要高出地面 0.3 m 或施工水位 1.5~2.0 m。护筒埋深一般为 2~4 m,有冲刷影响的河床应沉入局部冲刷线以下 1.5 m。

(3)钻孔前,泥浆应有一定贮量,性能指标要符合地质条件、钻机型号的要求。泥浆相对密度是浮力要求,黏度、胶体率是护壁要求。泥浆性能指标见表 2-9。

表 2-9 泥浆性能指标

钻孔方法	地层情况	泥浆性能指标							
		相对密度	黏度/(Pa·s)	含砂率/%	胶体率/%	失水率/[mL·(30 min)$^{-1}$]	泥皮厚/[mm·(30 min)$^{-1}$]	静切力/Pa	酸碱度/pH
正循环	一般地层	1.05~1.2	16~22	8~4	≥96	≤25	≤2	1.0~2.5	8~10
	易坍地层	1.2~1.45	19~28	8~4	≥96	≤15	≤2	3~5	8~10
反循环	一般地层	1.02~1.06	16~20	≤4	≥95	≤20	≤3	1~2.5	8~10
	易坍地层	1.06~1.10	18~28	≤4	≥95	≤20	≤3	1~2.5	8~10
	卵石土	1.10~1.15	20~35	≤4	≥95	≤20	≤3	1~2.5	8~10
推钻冲抓	一般地层	1.10~1.20	18~24	≤4	≥95	≤20	≤3	1~2.5	8~11
冲击	易坍地层	1.20~1.40	22~30	≤4	≥95	≤20	≤3	3~5	8~11

注:1. 地下水水位高或其流速大时,指标取高限,反之取低限。
    2. 地质状态较好,孔径或孔深较小的取低限,反之取高限。
    3. 在不易坍塌的黏质土层中,使用推钻、冲抓、反循环回转钻进时,可用清水提高水头(≥2 m)维护孔壁。
    4. 若当地缺乏优良黏质土,远运膨润土亦很困难,调制不出合格泥浆时,可掺用添加剂改善泥浆性能。

开钻前要检查钻头对中及钻机稳固情况,合格后方可开钻。钻进过程中,要始终确保孔内泥浆水头高出孔外水位 0.5 m 以上。应经常校正钻杆的竖直度。

(4)成孔后应检查孔深、孔径、竖直度、孔型,清孔后沉淀厚度。钻孔记录要真实、及时地反映地质情况。

(5)钢筋骨架焊接质量、几何尺寸要符合设计要求。保证运输过程中不变形,内设必要的临时支撑。

钢筋笼接长,上一节的纵、横竖直度合格后再进行焊接或机械连接。

钢筋笼入孔后要进行对中校正,中心偏位不大于 20 mm,并将钢筋笼用型钢对称固定在护筒上。防止混凝土浇筑时钢筋笼上浮。

(6)混凝土导管使用前要求承包人进行水密、承压、接头抗拉试验，并组拼编号。导管底部距孔底的距离严格控制在0.25~0.4 m。首批混凝土量要通过计算确定，灌注后保证导管埋入混凝土中大于1 m。灌注过程中，导管埋深宜控制在2~6 m。

混凝土所用材料必须符合设计及规范要求，拌合物要有良好的和易性，保证在运输过程中无明显离析、泌水现象。灌注时要有足够的流动性，坍落度控制在180~220 mm。

混凝土浇筑应在首批混凝土初凝前完成，否则应要求承包人通过试验在混凝土中掺入缓凝剂。

拔出导管前，必须反复校核混凝土顶面深度、导管埋入深度，正确计算拆除导管长度。

混凝土灌注应高出桩顶面0.5~1.0 m。

(7)对混凝土灌注记录要认真进行检查，必须保证真实、整洁。按合同规范或设计文件进行静载试桩、动力试桩或钻芯取样。

钻孔灌注桩施工质量监理程序如图2-15所示。

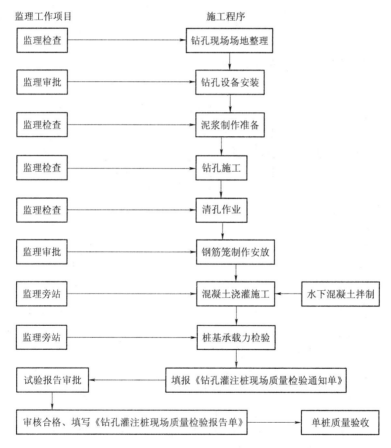

图2-15 钻孔灌注桩施工质量监理程序图

(三)挖孔灌注桩施工质量监理

(1)在护筒埋置前应对桩位进行复测，确保桩位偏差不超过施工规范要求。
(2)挖孔过程中，应经常检查桩孔直径，平面位置和竖轴线倾斜度，出现偏差及时纠正。

(3)每次挖深应控制在1 m以内,并及时进行衬砌支护,强度达到一定要求后方可继续下挖。

(4)桩孔挖至设计深度后,监理人员应检查孔底岩层是否与设计相一致,基底承载力能否达到设计要求,如不一致应报告上级监理部门和设计单位予以处理。

(5)混凝土、钢筋笼制作安装与钻孔灌注桩相同。

(6)若孔内涌、渗水量过大,不能抽干,应要求承包人采用水下灌注法进行混凝土灌注。如果孔内无积水,可采取干灌的方法浇筑。成孔检验合格后应及时要求承包人灌注,不宜暴露时间过长,若造成孔底风化,必须将风化部分全部清除干净后才允许灌注。

干灌时必须采用串筒下料,不得直接从孔口往下倾卸。串筒下料时,串筒底口与混凝土面高度不能超过2 m。串筒出料口下面,混凝土堆积高度不宜超过1 m。

采用干灌时,必须采用插入式振捣器振捣,分层浇筑,振捣器移动间距不应超过振捣器作用半径的1.5倍,并插入下层混凝土50~100 mm。振捣必须密实。

(7)在成桩质量检查前,承包人应将桩顶浮浆层凿除干净,至密实混凝土面。桩位偏差、桩径、标高、预留锚固钢筋长度、规格、混凝土强度等各项技术指标均符合设计要求与规范要求,资料齐全后,监理工程师可签认质量检验报告单,由承包人申报分项工程中间交工验收后进入下道工序施工。

三、墩、台身和盖梁施工质量监理

(一)墩、台身和盖梁施工质量监理要点

(1)单质材料质量控制;施工配合比的控制。
(2)拌合站计量控制;混凝土强度控制。
(3)钢筋焊接质量、保护层控制。
(4)基础底面(顶面)高程、平面尺寸、轴线偏位的控制。
(5)顶面预埋钢筋(件)、预留孔的平面位置。
(6)混凝土外观质量控制。
(7)混凝土养护。

(二)墩、台身和盖梁施工质量监理

(1)用于墩、台身的原材料主要有砂、碎石、水泥和钢材(含各种预埋件钢材)等必须在承包人自检合格的基础上,由监理工程师按频率进行抽检。

审查施工配合比;检查审核墩台、柱、盖梁的施工技术方案;检查承包人的施工放样。

(2)监理工程师必须严格按规范和施工方案要求,检查墩、台身、盖梁的模板,模板的表面应无锈迹、表面平整、接缝平顺,不漏浆。使其强度满足在施工过程中不破坏,满足刚度要求不变形、不胀模,满足稳定性要求不失稳破坏。

(3)检查盖梁支架是否按审批的施工方案要求搭设,支架的地基承载力、支架的稳定性是否满足施工计算要求,高墩柱施工时应设风缆绳,以控制侧向变形。施工前必须搭好脚手架和作业平台,并在作业平台外设置栏杆和安全网。

(4)钢筋加工、制作应要求承包人利用样板台进行。钢筋的制作质量(抽检)、绑扎质量(间距、绑扎点数)、焊接质量(焊缝长、宽、厚度、轴线偏位),套管连接质量(压接道数、轴线偏位)、保护层垫块质量、布置间距,预留孔的位置,预埋件平面位置、预留长度、固定(与模板)或焊接(与主筋)等要严格控制质量。

(5)混凝土浇筑时应一次作业完成,控制浇筑时间。墩柱高于 2 m 时必须设置串筒。吊斗升降时下面不得站人。盖梁施工时应注意密封,防止漏浆,并对墩柱加以覆盖避免污染墩柱。

(6)加强施工工艺的监控,保证水胶比恒定,特别是墩、台身混凝土入模时减速和防离析、泌水措施和盖梁的施工顺序,以防止出现冷缝和黏模现象。

(7)控制混凝土脱模和盖梁拆架时间,对于高墩要适当延长混凝土脱模时间,以使墩身位有足够强度承受自重荷载,对于盖梁则应按设计和规范要求确定拆架时间。

(8)制备足够的抽检混凝土试块,并保证标准养护。混凝土应覆盖养护,保湿时间不少于 7 d,以避免产生收缩裂缝。

墩、台身施工质量监理程序如图 2-16 所示。

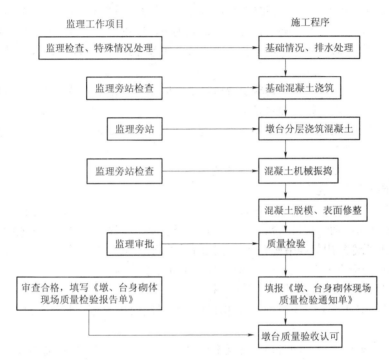

图 2-16 墩、台身施工质量监理程序图

四、钢筋混凝土沉井施工质量监理

(一)钢筋混凝土沉井施工质量监理要点

(1)单质材料质量控制;施工配合比控制。
(2)拌合站计量控制;混凝土强度控制。
(3)初始平面位置的控制。
(4)中心偏位和倾斜度的动态控制。
(5)封底混凝土的浇筑工艺的控制。

(二)钢筋混凝土沉井施工质量监理

(1)复核地质资料,审查、批复施工技术方案。

(2)筑岛尺寸应满足施工要求,护道宽度不应小于 1.5 m。材料以砂砾石为宜,顶面平整密实,压实度应达到 90% 以上。岛面应高出最高水位 0.5 m 以上,周边做好防护,防止造成冲刷。

(3)制作前应检查沉井纵、横向轴线,使其符合设计要求。支垫应长短错开布置,利于抽出。

支垫顶面高程应严格检查,保证与刃脚底面紧贴,使沉井质量均匀分布于支垫上。

模板及支撑应具有足够的强度和较好的刚性,支撑应上下、内外对称设置,保证混凝土浇筑时不变形。外模与混凝土面贴接一侧应平直并光滑,减少下沉时的阻力和不均匀沉降。

(4)混凝土所用材料质量、配合比应符合规范要求。应具有良好的流动性,利于浇筑,角隅处应加强振捣。混凝土浇筑应前后左右对称进行,避免胀模和偏位。

(5)混凝土强度达到要求时,支垫应分区、依次、对称、同步地向沉井外抽出,并随时用砂土回填捣实。抽垫时防止沉井偏斜。定位支点处的支垫,应按设计要求的顺序尽快地抽出。

(6)浮运沉井下沉前对各节应进行水密性试验,底节还应进行水压试验,合格后方可进行下沉。

沉井位置处河床应基本平整,运输道及所经水域应无妨碍浮运的障碍物。检查拖运、定位、导向、锚碇、潜水、起吊及排、灌水设施。

浮运沉井的实际重力与设计重力不符时,应要求承包人重新验算沉入水中的深度是否安全可靠。

沉井接高前应保证定位精确,锚碇系统受力均匀。在灌注混凝土过程中应向外排水或向气筒内补气,以维持沉井深度不变。

在灌水、排气或排水、补气及灌注接高混凝土过程中,应均匀、对称地进行。

沉井底接触河床应初步定位,校正平面位置、竖直度、高程后定位,锁好风缆。

(7)下沉沉井无论采用何种措施,必须保证四周(射水、压重等)均匀、同步进行。

(8)底部周边局部不平整应水下作业时,用砂浆或混凝土封闭。

(9)水下混凝土封底技术要求按钻孔桩执行。

需要的导管间隔和根数,应根据导管作用半径及封底面积确定,要求承包人通过地面试验确定。

灌注过程中,要求承包人随时检测混凝土顶面标高,保证达到设计标高要求。

五、预制梁(板)及安装施工质量监理

(一)预制梁(板)及安装施工质量监理要点

(1)单质材料质量控制;配合比设计的控制。

(2)拌合站计量控制;混凝土强度控制。

(3)钢筋焊接质量、保护层控制。

(4)预埋钢筋(件)、预留孔的平面位置。

(5)梁(板)长度、斜交角度、高度的控制。

(6)梁(板)底板、顶板混凝土厚度的控制。

(7)预应力施工的质量控制。

(8)混凝土外观质量控制。

(9)混凝土养护。

(10)支座平面位置、高程控制。

(二)预制梁(板)施工质量监理

(1)承包人自检和监理抽检所有材料应全部合格；配合比设计符合规范要求。

(2)底模预拱度应按设计要求设置，按二次抛物线布置；底模板要求采用5 mm钢板。钢模板应要求采用大块整体模板，并具有足够的强度和刚度，且组合拆卸方便。使用前严格进行试拼编号，接缝应平顺、严密、无错台。底模板两侧要粘贴密封橡胶条。混凝土浇筑前要对梁宽、梁长、梁高尺寸进行复核。

(3)加强对钢筋加工半成品的质量控制，要求在样板台上进行。设好防雨棚，防止钢筋生锈。钢筋制作前要求承包人出示材质单、试验报告单、抽检报告单，符合施工图设计及规范要求后方可进行。

钢筋搭接、焊接位置应布置在受力小的位置，并保证焊缝的长度、厚度、宽度，施焊前要先调整轴线后焊接。所用焊条必须与接头形式和钢筋级别相符。钢筋采用机械连接时，连接处的保护层宜满足设计要求，且不得小于15 mm，连接件之间的横向净距不宜小于25 mm。

骨架同一断面钢筋搭接、焊接接头数量不应超过断面钢筋的50%。骨架的长、宽、高必须符合设计要求，逐一检查。

对外露钢筋、预留孔、预埋件应重点加以控制，要求承包人采用加焊定位筋或定位钢板进行控制。

波纹管内应要求承包人设衬管，并在混凝土浇筑完成后，及时抽除。重点检查预应力管道位置和牢固性、预应力垫板、预埋件、预留孔、钢筋保护层。

(4)混凝土施工前应要求承包人储备一定的砂石料，使含水量稳定，浇筑现场应对混凝土坍落度进行监测。

严格控制混凝土浇筑时间。腹板浇筑分层厚度不应超过30 cm。波纹管以下部分要求采用附着式振捣器，波纹管以上部分可采用插入式振捣器，梁端及钢筋密集处要配捣固钎插捣。

上层的最迟浇筑要求控制在下层混凝土初凝前进行。

混凝土顶面要求承包人配备手提式振捣器抹平，严格控制顶板不能超厚。

混凝土浇筑要求由一端向另一端进行，并且斜向分层，不允许一次浇至梁体顶端。混凝土振捣不得接触波纹管。

整个浇筑过程中要求承包人设专人检查模板、钢筋，当发现有位移、跑模、漏浆现象时，及时处理。

混凝土浇筑结束后立即进行覆盖保湿养护，养护期不少于图纸设计要求。

(5)当混凝土的强度和龄期符合设计要求时，方可批准进行预应力张拉。张拉设备必须配套使用，并经过检定。

应按图纸规定两端同时分级张拉，操作要规范，两端同步均匀进行。张拉过程以控制应力为主，以伸长量控制进行复核，采用双指标控制。实测伸长量与计算伸长量之差应在±6%之内，否则停止张拉，分析原因。

压浆前，将锚具周围的钢丝间隙空洞填封，24 h后可以对管道进行清洗。压浆从一端压入，由另一端流出，直到水泥浆流出的稠度达到注入时的稠度。要求承包人做好压浆记录。

(6)压浆强度达到设计要求时方可移运，梁板堆放时，支点处要设置枕梁或垫木。

先张法预应力混凝土预制梁施工质量监理程序如图2-17所示。

后张法预应力混凝土预制梁施工质量监理程序如图2-18所示。

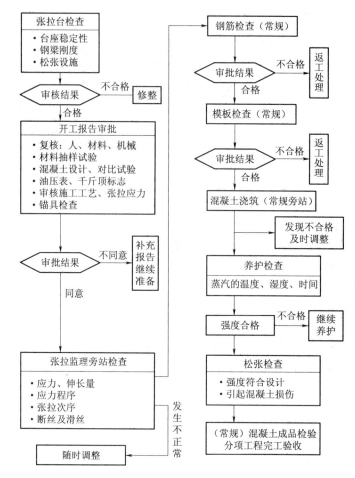

图 2-17 先张法预应力混凝土预制梁施工质量监理程序图

(三)预制梁(板)安装施工质量监理

预制梁(板)安装施工质量监理程序如图 2-19 所示。

(1)安装开始前,监理工程师应认真审查承包人的吊装方案。

(2)注意检查支座的质量及与桥梁和盖梁的密接,避免偏载造成支座不均匀的变形。

(3)预制梁板检查。预制梁板在预制场虽已进行成品检查,但运输至安装现场进行安装前,现场监理仍需要检查运输过程中预制板是否损伤,构件起拱值是否满足设计要求等。

(4)吊装前应要求承包人检查起吊设备工作状态,吊梁设备必须经安检部门检验合格方可批准使用。每孔吊装完毕,督促施工单位进行桥的中线、桥宽、梁端面线和边线复核;及时进行横向连接的钢筋焊接和湿接缝浇筑的工序,监理人员在架桥机过孔前验收预制梁安装,发现问题及时调整。

(5)注意空心板张拉后存放时间不应超过 60 d,以免空心板产生过大的上拱度。

(6)桥面混凝土及连续缝以及伸缩缝的两侧混凝土的平整度、标高控制因量少易被忽视,但其质量直接影响行车的平稳性,因而不可大意。

(7)小箱梁、T 梁、空心板先简支后连续施工监理要点。

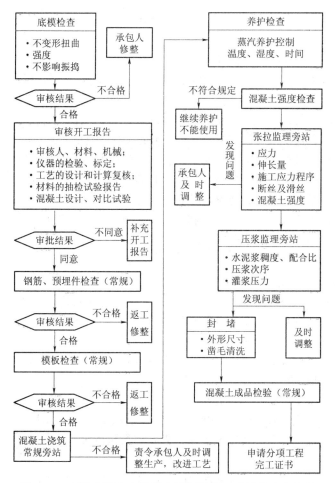

图 2-18 后张法预应力混凝土预制梁施工质量监理程序图

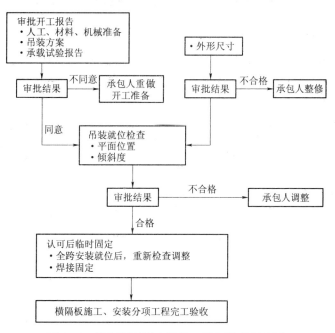

图 2-19 预制梁(板)安装施工质量监理程序图

1)按设计图或经监理工程师批准的方案,将预制的T梁安装就位,支撑在临时支座上。吊装应平稳,就位应准确,应加强测量监控。

2)将梁端部、顶面、纵向接缝、横隔板侧面混凝土表面凿毛并清洗干净。

3)按设计图连接梁端伸出的钢筋及横隔板,安装永久支座,浇筑连续端湿接缝混凝土及横隔板混凝土,并进行养护,应注意支座与梁体和盖梁的密接,避免偏载造成支座不均匀变形。

4)现浇纵向湿接缝混凝土,应保证混凝土振捣密实。

5)按设计图要求布置桥面的负弯矩预应力钢束的波纹管及桥面的构造钢筋,浇筑混凝土时,应注意在预应力钢束的张拉端预留千斤顶工作槽。待混凝土达到设计强度的85%后,进行预应力钢束的穿束,张拉桥面的负弯矩预应力钢束并锚定;进行管道压浆后,用混凝土封端,再逐孔浇筑剩余的部分混凝土,将简支变为连续刚构体系,最后拆除临时支座。

6)预制T梁与现浇桥面混凝土的龄期相差不应大于3个月,以免产生过大的剪力差;T梁安装连成整体但未转换体系前,不得通行汽车、筑路机械。

(8)架桥机架设施工质量及安全控制。

1)架桥机的性能是决定梁架设工作能否安全、高质完成的关键。架桥机结构必须选用优质低合金钢,结构应布置紧凑,质量轻,强度高,刚度大,抗风性能好。机械、液压、电气及控制系统应保证架桥机运行安全可靠,移动平稳,作业灵活,操作方便。架桥机研制厂家确定后,监理工程师应到厂家进行中间考察,检查架桥机制作质量。

2)督促承包人制定箱梁架设工艺细则和操作规程,详细说明架设技术要求,规定架设作业程序,落实安全保证措施和事故应急预案。

3)检查架设管理、技术和操作人员专门培训情况,人员分工及岗位责任落实情况,必须要求承包人设架桥机专职操作人员、专职电工、专职安全检查人员。监理人员也应固定。

4)架桥机部件运抵工地后,其拼装质量将影响架桥机的安全和使用,监理工程师对拼装质量应进行严格的检查。

①拼装开始前,应认真检查所有部件的质量,拼装应严格按标准方向和位置进行。

②导梁、龙门架主梁和支腿对接面应平整清洁,焊接良好,焊渣、铁锈和毛刺清除干净,接缝宽度不得超标。

③各连接螺栓拧紧达到规定扭矩。

④液压系统油泵、管线状态良好,接头密封紧密,油质符合要求。

⑤架桥机拼装完成后,必须进行试吊运行,表明架桥机处于良好工作状态方可投入使用。

5)认真检查梁架设前各项准备工作。

①检查运至架桥机后方待架梁的尺寸、预拱度、预埋件、吊点和混凝土质量,梁在移运中是否出现裂缝和其他损伤。

②检查待架孔桥墩上支座和临时支座。

③检查架桥机工作状态,钢结构变形情况,起吊、行走、机械、液压、供电及电气控制系统等必须处于良好工作状态。

④检查供电情况,不得出现中途停电。

⑤检查当日气象情况,超过规定风力不得施工。

⑥检查夜间施工照明情况。

6)导梁过孔和龙门架移位检查。

①过孔前应检查各项准备工作,进行一次全面的安全检查,必须保证过孔作业一次完成,不得中途停顿。

②随时观测导梁过孔时悬臂挠度，其数值应小于规定值。
③导梁过孔后，应检查支撑情况，保证架桥机安全。
④龙门架移位行走必须缓慢平稳，移运到位后各支腿必须与桥面垂直，可靠地支撑于桥墩相应预埋件上，各支撑、锁定情况良好。

7)架桥机吊梁移运作业旁站。
①在桥面上运梁时，该跨主梁翼板、横隔板、湿接缝的混凝土强度必须达到85%以上，并采用有效的压力扩散措施后，方可在其上运梁。
②运梁平车必须缓慢沿架桥机中心线进入架桥机内到达龙门架下方。
③吊梁前必须调整好吊具位置，调整吊杆长度，使吊起的梁保持水平，各吊杆受力均匀。
④梁横移时速度应缓慢平稳，预制梁应尽量下落，贴近桥梁墩台顶面移动。

8)落梁就位检查。
①就位的梁体中心线与设计桥梁中线的误差，各支座底面中心线和墩顶垫石十字中心线(纵横两个方向)误差，梁体垂直度误差等均应满足规范和设计要求。当安装温度与设计温度差别较大时，活动支座底板顺桥梁纵向位置应做相应调整。
②桥面高程误差应满足规范要求。
③支座底面与墩顶支撑垫石顶面应紧密接触，支座顶面与梁体底面应无缝隙，梁体同一端各支座相对高差不超过允许值，可利用干硬性无收缩砂浆充填调整支座高度，保证各支座反力均匀。
④梁支座板螺栓的螺帽、垫圈应安装齐全，无松动损伤现象，支座锚孔应用砂浆充填捣实，锚孔口应平整无裂缝。

六、就地浇筑梁(板)施工质量监理

(一)就地浇筑梁(板)施工质量监理要点

(1)单质材料质量控制；配合比设计的控制。
(2)拌合站计量控制；混凝土强度控制。
(3)地基处理；支架设计及预压；预拱度设置。
(4)钢筋焊接质量、保护层控制。
(5)预埋钢筋(件)、预留孔的平面位置。
(6)梁(板)底板、顶板混凝土厚度、顶面平整度的控制。
(7)预应力施工的质量控制。
(8)混凝土外观质量控制。
(9)支座平面位置、高程、方向控制。
(10)混凝土养护。

(二)就地浇筑梁(板)施工质量监理

就地浇筑梁施工质量监理程序如图2-20所示。
(1)要求承包人将原地面腐殖土、杂物清理干净，坑穴人工回填夯实。地面以上填筑良性材料，填料应一致，最好做一层防水层。处理范围应比桥梁正投影每侧宽1 m。
填筑层顶面要高于两侧原地面30 cm左右，横向做成1%的横坡，利于排水，必要时两侧还应设置排水沟。
原地表及填筑层整平后用压路机排压，墩台附近用小型机械夯夯实。压实度达到85%以上。

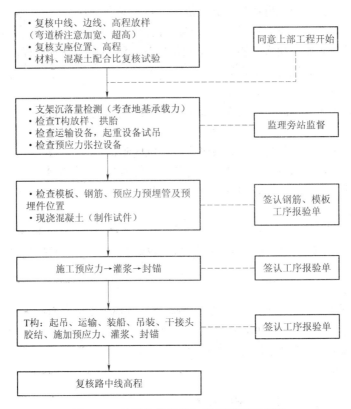

图 2-20　就地浇筑梁施工质量监理程序图

(2)审查支架设计,确保支架的强度、刚度、稳定性满足施工要求。支架还要设置足够的斜撑、剪力撑、扣件和缆风绳,以保证支架的稳定性。布置形式要根据梁的结构形式,横隔板位置有时要加密布设支架。

(3)根据设计方案进行施工放样,测量出支架底脚位置,支架底脚位置要铺设跳板或浇筑混凝土带,与地基贴紧,分布和传递压力,并保证浇筑混凝土后不发生超过允许的沉降量。

杆件的连接件固定要牢固,否则杆的自由长度会增大,承载能力降低,稳定性变差。

支架预压荷载的布置要与梁的断面尺寸形式相符合。预压质量按设计要求进行,设计无要求时按 1.2~1.4 倍梁质量设置。预压荷载加好后顶面应采取防雨措施,防止雨水渗入,增加质量。加载时要均匀对称进行,不得偏载堆放,避免失稳。加载时设专人指挥,严禁对支架造成横向冲击。

在墩顶、1/6 跨、1/3 跨、1/2 跨处横向布设 5 个测点,每天观测一次,连续 3 天沉降稳定,即可要求卸除预压荷载。收集、整理测量数据,计算非弹性变形和弹性变形。

沉降观测应在加载前、加载后沉降过程中、沉降稳定后、卸载后 4 个阶段进行。

按计算预拱度值调整底模板,预拱度一般按二次抛物线设置。

(4)模板板面之间应平整,接缝严密,不漏浆,保证结构物外露面美观,线条流畅。

模板正式使用前必须进行试拼、编号。外模、内模的支架结构布置合理,整体结构稳定不变形,内模定位筋设置应保证模板在混凝土浇筑时横向、竖向不偏位(不上浮)。

设置拉杆时,拉杆要对称布置。拉杆的塑料套管最好伸出模板,以便拆除。

(5)主筋应按设计要求进行配料,保证焊接质量,焊接断面不宜设在跨中。设专人控制半成品及骨架尺寸。钢筋搭接焊时不能烧坏模板。

主要预埋件(护栏座螺栓及锚固钢筋)应精确放样,测量出坐标和高程,并与主筋焊接,最好焊成骨架。垫网、螺旋筋数量和位置要正确。

钢筋保护层的控制,采用塑料垫块,加大密度,梅花式布置,垫于主筋下面或侧面。顶板保护层的控制更加重要。

预应力孔道安装固定。预应力孔道定位筋用 φ6 mm 圆钢筋制作成 U 形,直线段 60 cm 设一组,曲线段、梁端 30 cm 设一组。定位筋焊接在主筋上,管道用 22# 铁线绑扎在定位筋上,管道位置根据给定坐标确定。拼接采用套管连接,套管长度为 30 cm,拼接后外缠两层胶带,以免渗入灰浆。

钢筋绑扎优先顺序:预应力筋→预埋件→主要受力筋→次要受力筋→箍筋、辅助筋。

(6)控制单质材料进场质量,检查施工配合比。要求使用泵车进行混凝土浇筑。

控制浇筑顺序,先浇筑底板,再浇筑腹板、顶板。自跨中向两侧进行。左右腹板必须对称下料,对称振捣,偏载会使芯模产生横向位移。腹板和顶板混凝土浇筑应有一定的时间间隔,避免腹板和顶板交界处混凝土产生收缩裂纹。

混凝土分次浇筑时,第二次混凝土浇筑时,应先将接触面上第一次混凝土凿毛,清除浮浆。

顶面平整度用 3 m 直尺控制,标高要求用钢筋做标高点挂线控制。严格控制底板、顶板混凝土不超厚。

初凝时覆盖土工布,洒水养护。顶板抹面拉毛一定在混凝土初凝前完成,避免表面混凝土开裂。

混凝土终凝前(振捣后),作业人员绝对不能随意扳动预埋件和外露钢筋,扰动后的预埋件和外露钢筋周边易形成空隙,积水生锈,影响耐久性。

(7)检查承包人进场的钢绞线、锚具和夹片,应符合设计及规范要求。督促承包人将孔道、锚垫板清理干净。锚具和夹片安装前逐一检查,将油渍和杂质擦干净,有缺陷的不能使用。夹片安装时两侧缝宽度保证相等,提高锚固质量并保证不滑丝。安装锚板时,钢绞线应自然地伸入锚板,不应使其交叉后伸入锚板,以免断丝。

(8)钢绞线在下料时对有刻痕、起皮、毛刺、硬弯的不合格段应切除,两端工作长度要满足张拉机具的要求。下好的料进行编束,不应缠绕扭曲;堆放应顺直,下垫方木,上盖篷布,以防锈蚀。

张拉所用的油泵、油表、千斤顶应配套使用。在投入使用后,二者之一出现故障时要申请重新进行检校。

张拉按设计要求用千斤顶(T 梁用 2 个,箱梁用 4 个),采用两端对称分级进行。锚板、限位板、千斤顶、工作锚板安装位置必须正确、同心。其四者与梁端面必须靠紧,是保证钢绞线均匀受力、避免伸长值超差的最关键环节。前四者安装好后,工具夹片推进去就可以,不要打得过紧,保证钢绞线在初应力状态下受力均匀。

工艺流程:钢绞线下料编束→穿束→安装工作锚板、夹片→安装限位板→挂千斤顶→安装工具锚板→分级张拉→记录→持荷锚固→卸下工具锚板和千斤顶。

分级张拉:$0 \rightarrow 0.1\sigma_k$(初应力)$\rightarrow 0.2\sigma_k \rightarrow$ 分级缓慢均速 $\rightarrow$ 张拉控制应力 σ_k(含锚口损失)$\rightarrow$ 持荷 2 min 锚固。

千斤顶应要求同步作业,分级进行。张拉顺序原则是先长后短。

伸长值应为初应力至控制应力间的实测伸长值加上初应力推算伸长值。锚固应力值和钢绞线伸长值应符合设计要求,若钢绞线伸长值超过理论伸长值的±6%时,停止张拉,查明原因,调整后再进行张拉施工。

张拉工作完成后，钢绞线剩余的工作长度用手提砂轮机切割。

(9)张拉工作完成后用高强度等级的水泥砂浆将锚具周围封堵，48 h后即可压浆。水胶比控制在0.4~0.45，掺加适量减水剂，水泥在使用前过筛，筛去其中的颗粒，水泥浆拌和应先将水加入拌合机内，再放入水泥，拌和时间应大于2 min，稠度控制在14~18 s。搅拌好的水泥浆在压浆过程中应经常搅动，防止沉淀塞管。

真空压浆设备在正式使用前，应进行试运行，用水操作一次，检查压浆管是否密封。如果密封不严、透气，就会造成假充满现象。

压浆嘴要采用截止阀。控制好压浆的压力和速度，一般情况下压力为0.5~0.7 MPa，最大工作压力为1.0 MPa，压力表使用前应进行检校，压浆从梁的一端向另一端进行，孔道的另一端冒出的灰浆与压浆槽内的灰浆浓度相同时，用木塞将冒浆孔封住，封住后压浆泵应保持不小于0.5 MPa的一个稳压期，该稳压期不宜小于2 min。

压浆时，对曲线孔道应从最低点的压浆孔压入，由最高点的排气孔排气和泌水。压浆顺序宜先压注下层孔道。压浆应缓慢、匀速地进行，一个孔道一次连续压完，不得中断。

排气孔应用钢管做三通，两端连接塑料波纹管并密封，放气管引出梁体外。

压浆时，每工作班应留取3组不小于70.7 mm×70.7 mm×70.7 mm的立方体试件，标准养护28 d，强度作为评定水泥浆质量的依据。另外，还要做同体养护试件3组，作为移梁的依据。

压浆完成后将梁端清理干净，绑扎封锚钢筋，进行封锚，封锚时要校正梁的几何尺寸，保证梁的尺寸正确。

七、悬臂梁施工质量监理

(一)悬臂梁施工质量监理要点

(1)单质材料质量控制；配合比设计的控制。
(2)拌合站计量控制；混凝土强度控制。
(3)墩顶支架设计、安装、变形的控制。
(4)挂篮的组拼及变形的控制；后锚固系统的控制。
(5)钢筋焊接质量、保护层控制。
(6)预埋钢筋(件)、预留孔的平面位置。
(7)轴线偏位、顶面高程、断面尺寸的控制。
(8)预应力施工的质量控制。
(9)边跨、中跨合龙段施工质量(支架、合龙误差)控制。
(10)混凝土外观质量控制。
(11)支座平面位置、高程、方向控制。

(二)悬臂梁施工质量监理

(1)审查挂篮施工技术方案，复核0#块支架及挂篮结构承载能力及变形，施工前通过加载试验校核。必须采用专用挂篮，经过安检部门检定。

(2)检查支架和临时支墩、主桥桥墩组成的共同支架体系是否满足施工要求，能否承受0#块的整个施工荷载，以确定其是否安全可靠。

模板安装时要根据设计值和预拱值确定底板和顶板的标高，监理工程师要按预先计算的标高控制挂篮模板每个部位的标高。

0#块必须检查模板与桥梁支座处的接缝是否密贴，防止漏浆引起箱梁缺陷。

检查模板的纵、横轴线是否满足设计要求，检查模板的几何尺寸是否满足施工规范要求，模板支撑是否牢固，接缝是否严密。

支架模板组合完成后要按方案进行预压，以防止浇筑混凝土施工过程中支架产生沉降变形引起混凝土的破坏。预压的时间要满足批准的方案要求。

预压荷载计算要考虑到模板支架的自重、结构钢筋混凝土重力、施工人员施工材料、机具等运输和堆放的荷载。

(3)挂篮组拼完毕后，重点检查杆件连接质量。使用时应按设计要求进行预压试验，预压荷载应按箱梁构造进行布置，预压过程中监理要跟踪检测杆件的变形情况，总体变形小于2.5 cm方可批准使用。

挂篮每次行走前要求在桁架尾端安装平衡压重，以保持桁架脱离锚固后的平衡。施工中要经常检查和旋紧锚固螺栓，防止松动。

挂篮纵移就位后应精确校正模板平面位置和高程，后锚紧固要求设专人负责，应重点控制和检查。

(4)钢筋的焊接要特别注意按设计和规范要求进行，成型的钢筋骨架用吊装设备放置在施工断面时注意保护不被扭曲变形。底板钢筋接头尽可能布置在各跨的0弯矩断面，同时接头要尽量避免出现在同一截面上。

钢筋骨架的加工要在坚固的工作平台上放出大样图准确进行。

当普通钢筋与预应力管道有冲突时，调整次要钢筋。

钢筋现场绑扎焊接施工时，要将绑扎丝和焊渣处理干净。

钢筋间距、保护层厚度要满足设计要求，保护层使用的垫块要经监理工程师同意后方可使用。

(5)严格控制混凝土的碎石粒径和拌和时间，对锚垫板混凝土的浇筑和振捣要认真仔细地进行，以避免锚垫板下混凝土不密实，影响预应力施加。

混凝土浇筑前应对支架、模板和预埋件进行认真检查，清理模板内的杂物，用清水对模板进行认真冲洗。

混凝土振捣过程中，顶板部分可用平板振捣器找平，要注意保护预应力束波纹管孔道，以防水泥浆堵塞波纹管。

由于箱梁体积大、钢筋密，在混凝土浇筑过程中要注意控制水胶比，降低混凝土入模温度，防止局部开裂。

混凝土宜一次浇筑，因条件限制不能一次浇筑时应注意工作缝的设置位置，第一次浇筑为底板加倒角以上不少于50 cm，第二次浇筑为腹板，第三次浇筑为顶板加倒角以下不少于50 cm。

混凝土上料要考虑平衡加载，特别要注意左右保持平衡，防止出现左右偏载而使梁体扭曲。

(6)预应力钢筋管道位置必须按所给管道坐标精确定位，必须保证管道平顺，定位钢筋必须绑扎牢固，处于腹板下倒角处的孔道，如设计定位钢筋间距较大时应予以加密。

钢绞线、锚具、夹片进场后经检验合格后方可用于工程。

千斤顶和油压表要定期检验，并编号使用。严禁超期使用和不同编号千斤顶与油压表混用。

预应力张拉时伸长量值是施工单位现场实测摩阻系数(锚口、管道摩阻损失)等计算的钢束伸长量，综合计算取值后报监理工程师批准，作为张拉预应力钢束监控的条件之一。

预应力施工的旁站工作，主要按以下要求检查。

1）清除锚垫板头上的各种杂物以及多余的波纹管。

2）用高压水清洗孔道。

3）钢绞线应在干净的水泥地上编束，以防受污染。

4）在编束前用专用工具将钢束梳通，以防止钢绞线绞在一起。

5）将钢束端头做成圆锥状，整修平滑，以防钢束在波纹管接头处引起波纹管翻起，造成孔道堵塞。

6）检查承包人预应力钢绞线的实际伸长量，与理论计算伸长量进行比较是否在规范允许的±6％范围内。

(7) 压浆前对压浆机械进行检查、标定。用压浆机向管道内注压清水，充分使用清水清洗、湿润管道，全部管道清洗完毕后方可正式压浆，压浆由一端注入，从另一端排出，观察压浆时的压力，直至排出纯浆并稳定后封闭排浆端，继续对管道加压，压力控制在 0.5 MPa，持荷 2 min 之后封闭。做好详细的记录和制取压浆水泥浆试块。

(8) 梁体高程、线型、挠度的监控必须要求承包人编制测量监控计划，与整个施工过程配合。

根据现场情况要求承包单位设置独立的现场监控体系，由专业测量工程师对梁体高程、挠度和平面位置等进行监控测量。

施工时应对支架的变形、节点位移和支架基础的沉陷进行观察，如发现超过允许值的变形、变位应及时采取措施予以加固。

挂篮桁架行走前要测定已完梁段梁体的标高，并定出箱梁的中轴线。当解除挂篮的后锚固后，挂篮沿箱梁中轴线对称向前推进，每前进一段做一次同步观测，防止挂篮扭曲。

实际监控梁体的变形，将梁实际标高与经设计单位根据挂篮实际质量计算的各节段梁体标高曲线进行对比，允许偏差为±10 mm。

在预应力箱梁浇筑前要在箱梁内预埋观测点观测悬臂浇筑混凝土前后梁体轴线、标高变化及张拉前后的标高变化，误差应在允许范围内，高程允许误差为±10 mm，中线允许误差为 5 mm。

预应力张拉中，要用高程监控梁体上拱度的变化，张拉时主梁弹性上拱值与计算值之间按±15％控制，张拉完毕后及时压浆和封锚。

(9) 检查合龙段挂架承载力能否承受各种临时荷载。检查梁内需张拉的预应力钢束是否张拉完成。检查合龙段挂架是否符合施工方案要求。

选择合龙时的温度为一天中最低温度。

监测合龙段的标高和轴线，将合龙段这两个参数控制在设计允许范围之内。

合龙段混凝土使用的水泥宜选用早强、高强少收缩或微膨胀水泥，以减少混凝土收缩，防止出现裂纹。

合龙段混凝土强度达到设计要求后，要求承包单位按批准的张拉方案尽快张拉，张拉完毕监理工程师同意后即可进行孔道压浆。监理工程师全过程旁站预应力的张拉和孔道压浆并做好记录。

在转换体系前应按照设计要求张拉预应力束，按监理批准方案的要求均衡对称地释放临时支撑。在落架前应测量各节段的高程，在落架过程中须注意各节段的高程变化，如有异常情况应立即停止，以确保安全。

八、支座安装施工质量监理

支座安装施工质量监理程序如图 2-21 所示。

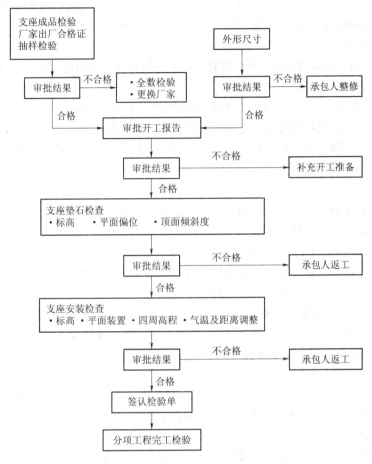

图 2-21 支座安装施工质量监理程序图

1. 板式橡胶支座

(1)橡胶支座在安装前,应检查产品合格证书中有关技术性能指标,如不符合设计要求时,不得使用。

(2)支座下设置的支承垫石,混凝土强度应符合设计要求,顶面标高准确,表面平整,在平坡情况下同一片梁两端支承垫石水平面应尽量处于同一平面内,其相对误差不得超过 2 mm,避免支座发生偏歪、不均匀受力和脱空现象。

(3)安装前应将墩、台支座垫石处理干净,用干硬性水泥砂浆抹平,并使其顶面标高符合设计要求。

(4)将设计图上标明的支座中心位置标在支承垫石及橡胶支座上,橡胶支座准确安放在支承垫石上,要求支座中心线同支承垫石中心线相重合。

(5)当墩、台两端标高不同,顺桥向有纵坡时,支座安装方式应按设计规定办理。

(6)吊装梁、板前,抹平的水泥砂浆必须干燥并保持清洁和粗糙,梁板安放时,必须仔细,使梁、板就位准确且与支座密贴,就位不准时,或支座与梁板不密贴时必须吊起,采取措施垫钢板和使支座位置限制在允许偏差内，不得用撬棍移动梁板。

2. 盆式橡胶支座

支座规格和质量应符合设计要求，支座组装时其底面与顶面（埋置于墩顶和梁底面）的钢垫板必须埋置密实，垫板与支座间平整密贴，支座四周不得有 0.3 mm 以上的缝隙，严格保持清洁。活动支座的聚四氟乙烯板和不锈钢板不得有刮伤、撞伤，氯丁橡胶板块密封在钢盆内，要排除空气，保持紧密。

（1）活动支座安装前用丙酮或酒精仔细擦洗各相对滑移面，擦净后在四氟滑板的储油槽内注满硅脂类润滑剂，并注意硅脂保洁；坡道桥注硅脂后应注意防滑。

（2）盆式橡胶支座的顶板和底板可用焊接或锚固螺栓栓接在梁体底面和墩台顶面的预埋钢板上；采用焊接时应防止烧坏混凝土；安装锚固螺栓时，其外露螺杆的高度不得大于螺母的厚度；现浇梁底部预埋的钢板或滑板，应根据浇筑时的温度、预应力张拉、混凝土收缩与徐变对梁长的影响，设置相对于设计支承中心的预偏值。

3. 球形支座

球形支座各向转动性能一致，适用于弯桥、坡桥、斜桥、宽桥及大跨混凝土桥，球形支座无承重橡胶块，特别适用于低温地区。

（1）支座出厂时，应由生产厂家将支座调平，并拧紧连接螺栓，以防止支座在安装过程中发生转动和倾覆。支座可根据设计需要预埋转角及位移，但施工单位应在订货前提出预设转角及位移量的要求，由生产厂家在装配时预先调整好。

（2）支座安装前方可开箱，并检查装箱清单，包括配件清单、检验报告复印件、支座产品合格证书及支座安装养护细则。施工单位开箱后，不得任意转动连接螺栓，并不得任意拆卸支座。

（3）支座安装高程应符合设计要求，要保证支座平面的水平及平整。支座支承面四角高差不得大于 2 mm。

（4）支座安装注意事项。安装支座板及地脚螺栓：在下支座板四周用钢楔块调整支座水平，并使下支座板底面标高符合设计要求，找出支座纵、横向中线位置，使之符合设计要求。用环氧砂浆灌注地脚螺栓孔及支座底面垫层。环氧砂浆硬化后，拆除支座四角临时钢楔块，并用环氧砂浆填满抽出楔块的位置。在梁体安装完毕后，或现浇混凝土梁体形成整体并达到设计强度后，在张拉梁体预应力之前，拆除上、下支座连接板，检查支座外观，并及时安装支座外防尘罩。当支座与梁体及墩台采用焊接连接时，应先将支座定位后，以防止约束梁体正常转动。拆除上、下支座连接板后，用对称间断焊接，将下支座板与墩台上预埋钢板焊接，焊接时应防止烧伤支座及混凝土。

（5）支座在试运营期一年后应进行检查，清除支座附近的杂物及灰尘，并用棉丝仔细擦除不锈钢表面的灰尘。

4. 其他特殊型支座

聚四氟乙烯滑板式支座，四氟板表面应设置储油槽，支座四周设置防尘设施，在安装时应注意以下各点。

（1）墩台上设置的支承垫石，其标高应考虑预埋的支座下钢板厚度，或在支承垫石上预留一定深度的凹槽，将支座下钢板用环氧树脂砂浆黏结于凹槽内。

（2）在支座下钢板上及四氟滑板式支座上标出支座位置中心线，两者中心线相重合放置，为防止施工时移位，应设置临时固定措施。安装时宜在与年平均气温相差不大时进行。

（3）梁底预埋支座上钢板，与四氟滑板式支座密贴接触的不锈钢板嵌入梁底上钢板内，或用

不锈钢沉头螺钉固定在上钢板上,并标出不锈钢板中心线位置;

安装支座时,不锈钢板、四氟板表面均应清洁、干净,在四氟滑板表面涂上硅脂油,落梁时要求平稳、准确、无振动,梁与支座紧密贴合,不得脱空。

(4)支座正确就位后,拆除临时固定装置,采取安装防尘围裙措施。

九、钢管拱桥及钢桥施工质量监理

(一)钢管拱桥及钢桥施工质量监理要点

(1)钢材材质、焊接材料的材质控制。
(2)杆件截面尺寸、骨架尺寸、弧轴线的控制。
(3)焊缝质量控制。
(4)节段对接点相对高差、高程及纵横轴线偏位控制。
(5)吊杆预应力施工控制。
(6)混凝土施工质量控制。
(7)杆构件和骨架除锈、防腐质量控制。

(二)钢管拱桥及钢桥施工质量监理

(1)成品管及制管用的钢材、焊接材料等应符合设计、规范要求,具备完整的产品合格证明,此项应由专业监理工程师认真检查。

(2)各加工节段应按1:1进行放样,监理人员要逐一检查放样精度,精度偏差应控制到最小。

(3)钢筋对接环焊缝应采用有衬管的单面坡口焊和无衬管的双面熔透焊。

(4)对所有焊缝均应按规定进行强度和外观检查,宜要求主拱焊缝全部达到二级焊缝标准。对接焊缝应要求承包人100%进行超声波探伤。

(5)保证混凝土压注孔、防倒流截止阀、排气孔及扣点、吊点节点板的数量和质量。

(6)对外露面应采用热喷涂防护,喷涂方式、工艺及厚度应符合设计要求。

(7)节段对接时纵向、横向精度要符合精度要求,同时做好横向连接系,保证稳定。

(8)节段间环焊缝的施焊应对称进行,施焊前保证节段间有可靠的临时连接并用定位板控制焊缝间缝。

(9)合龙口的焊接或栓接作业应选择在结构温度相对稳定的时间内尽快完成。

(10)管内混凝土应保证具有低泡、大流动性、收缩补偿、延后初凝和早强的工程性能。对此应严格进行控制。

(11)混凝土浇筑应由两拱脚至拱顶对称均匀地一次压注完成,并保证浇筑密实。

十、桥面系施工质量监理

钢筋混凝土和预应力混凝土桥的桥面部分,通常包括桥面铺装、防水和排水设备、伸缩缝、人行道、缘石、栏杆和灯柱等构造。

(一)桥面混凝土铺装施工质量监理

(1)检查用于桥面铺装的原材料物理力学性能是否满足规范、设计和施工要求,特别是碎石粒径,砂的含泥量,水泥的初凝、终凝时间等。

检查承包人的设备能否满足现场连续施工要求，应依据工期、施工段落长度、单位工作量、连续作业时间等因素综合考虑施工设备的配置，在此特别强调承包人的混凝土运输能力必须满足连续施工的要求，还应有所富余。

(2)必须在横向连接钢板焊接工作完成后，才可进行桥面铺装工作，以免后焊的钢板引起桥面混凝土在接缝处发生裂纹。

(3)浇筑桥面混凝土前使预制桥面板表面粗糙，清洗干净，按设计要求铺设纵向接缝钢筋网或桥面钢筋网，然后浇筑。

(4)加强现浇桥面的施工放样复核，要将平、纵、横结合起来控制，确保桥面高程满足规范和设计要求。

加强保护层厚度检查，要求承包人采取有效措施保证桥面钢筋的定位，防止表面保护层过大或过小而引起桥面开裂。

(5)混凝土桥面铺装如设计为防水混凝土，施工时应按照有关规定办理。

(6)混凝土桥面铺装，其表面应采取防滑措施，宜分两次进行，第二次抹平后，沿横坡方向拉毛或采用机具压槽，拉毛和压槽深度应为 1~2 mm。

(7)钢纤维水泥混凝土桥面铺装，宜符合现行中国工程建设标准化协会标准《纤维混凝土结构技术规程》(CECS 38—2004)的规定。

(二)伸缩缝施工质量监理

(1)按设计要求购买伸缩缝材料，并检查产品合格证及说明。就位后应检查槽口情况，根据温度计算并调整伸缩缝的安装间隙。

(2)按设计要求安装伸缩缝，安装后核对安装位置及安装间隙，保证焊接质量。检查合格后立即浇筑高强度小石子混凝土封闭槽口。

(3)梁体温度应测量准确，伸缩体横向高度应符合桥线形。装设伸缩装置应清洁干净，如有顶头现象或缝宽不符合设计要求时，应凿剔平整。现浇混凝土时宜在接缝伸缩开放状态下浇筑，应防止构件的变位。

(4)伸缩缝两边的组件及桥面应平顺，无扭曲。

(5)梳形钢板伸缩装置、板式橡胶伸缩装置，施工前必须认真做好伸缩装置部位的清理工作。应加强锚固，防止锚固螺栓松动、螺帽脱落，注意养护。

(三)防水处理施工质量监理

与路堤材料及与路面接触的所有公路通道结构物的外表面，均应按照图纸所示做防水处理。

1. 沥青涂刷层

混凝土按规定养护之后，须做防水处理的表面应至少晾干 10 d，然后用刷子或喷枪给表面彻底刷上或喷上一道底层及三道沥青或煤沥青，每层均应在完全吸收后再喷刷下一层，在封层硬结前不应与水或土接触。当混凝土或前一层未干或气候条件不适宜时不应涂防水层。

2. 沥青油毛毡防水层

混凝土养护后应晾干 10 d。需用预制沥青油毛毡做防水层的混凝土表面，并应用一层底油彻底封闭。当底油的溶剂完全挥发后，连续洒布一层热沥青混合物，然后在热沥青层上铺油毡。

油毡应铺得紧密，使油毡与混凝土表面之间，或各层油毡之间不存空气。油毡之间应搭接，端头至少应搭接 150 mm，侧向至少应搭接 100 mm。接头应使任何点都不超过三层油毡厚度，而且接头距离应尽可能远一些，以便把水从外露边缘排走。

3. 晾干

当使用含挥发溶剂的沥青材料时，应待所有溶剂挥发后再铺筑下一层。如果使用乳化沥青，则应待全部水分蒸发。

4. 保护

除非图上另有说明，所有暴露于外面的、无覆盖的防水层都应用最小厚度为 10 mm 的沥青砂层进行保护。

(四)栏杆和护栏施工质量监理

1. 波形梁护栏施工质量监理

(1)对到场材料逐批进行严格检查，重点检查外形尺寸、螺孔尺寸、螺距及热浸镀锌质量。

(2)检查承包人对护栏的定位是否符合施工图设计及有关规范要求，并与道路的实际情况相符。

(3)打桩或挖基坑、立柱现场监理应旁站。检查打桩是否达到设计深度、桩顶质量；埋桩时基坑位置、大小、基础配筋及预埋件的安装是否符合施工图设计要求。立柱安装其柱高、中距、竖直度应符合设计和规范要求，其水平方向和竖直方向应线型平顺。

(4)检查护栏板安装质量。检查护栏板搭接方向是否与交通流方向一致，防阻块、托架安装是否到位，护栏板安装后要调整线型，使其平滑顺畅。

2. 混凝土护栏施工质量监理

(1)对混凝土的原材料按规定的频率进行抽检，确保原材料质量。

(2)检查模板的质量和安装，使其符合技术要求。

(3)严格控制混凝土施工工艺，确保混凝土预制块件的外观质量。混凝土块件在搬运过程中，不得出现断裂、掉角、损边，对外观出现缺陷的预制块件，不得安装使用。

(4)检查混凝土块件的安装质量，混凝土块件安装位置、标高，各混凝土块件之间、混凝土与基础之间的连接方式应满足设计要求。

十一、涵洞、通道工程施工质量监理

(一)涵洞、通道工程施工质量监理要点

(1)平面位置，基底高程控制。
(2)地基承载力的控制。
(3)涵管、盖板几何尺寸控制。
(4)预埋件、预留孔平面位置、高程控制。
(5)混凝土外观质量控制。

(二)管涵和倒虹吸管施工质量监理

(1)外购管节应会同承包人对生产厂家的生产能力、技术状况、质量保证能力进行考察。承包人与厂家订立合同的技术条件应满足设计和施工规范的全部质量要求。

管节进场后应组织承包人对其几何尺寸、内在质量、外观质量进行逐一检查，必要时应对混凝土局部凿开进行配筋检验。

(2)现场预制管节应对单质材料进行全部检验，合格后方可用于管节预制。模板、生产工艺符合要求后方可正式投产。

(3)检测基础开挖平面尺寸、高程是否满足施工要求,地基承载力是否符合设计要求。垫层材料应符合级配要求,保证填筑厚度并充分夯实。管座基础顶面高程应严格控制。

管节铺设时,严禁用改变缝宽来调整涵长。保证正确的缝宽,沥青麻絮填塞要密实,跟踪检查。

采用沥青麻布接缝带应保证层数、宽度,密实贴紧;采用砂浆抹带应对带宽范围进行凿毛处理,保证带宽和厚度,做好养护。

(4)帽石和八字墙(一字墙)模板应要求采用整体模板,应光滑平整。严格控制混凝土水胶比,加强抹面的质量控制,八字墙的墙面必须与路基边坡坡面一致。

(三)盖板涵、通道施工质量监理

(1)所用材料符合设计和规范要求,检验合格。

(2)基坑开挖后对其平面位置、尺寸、基底高程、边坡稳定性进行检查,使其满足设计要求。

(3)加强对垫层的材料质量、填筑质量的控制,严格控制顶面高程,平整度。

(4)对于钢筋,应重点检查平面位置和保护层、角隅部位钢筋的尺寸和位置、耳背墙的护栏座预埋筋和锚栓及预留孔。

(5)严格对内侧模板进行检查,保证接缝平顺、严密、洁净,模板底角应用砂浆密封。重点检查承包人对断缝板、端模板的加固情况,保证混凝土浇筑不发生任何变形。

沉降缝应要求使用木板浸沥青,严禁使用竹胶板。八字墙与墙身之间要求承包人涂刷热沥青三遍,不要求用断缝板。

(6)混凝土浇筑要求承包人严格按工艺要求进行,控制好上下层浇筑时间,振捣棒插入深度控制在不超过下层。

墙身顶面高程和平整度应作为重点控制的部位,跟踪指导。

(7)台背防水层、沉降缝应按设计要求及时施工。

(8)预制板或现浇板按前述"预制梁(板)"相关要点进行质量控制。

(9)台背回填前要求承包人将基底及周边的松土、杂物清理干净,夯实基底,背墙上做好层数标记,采用适宜材料分层回填,并对压实度进行检测。

第九节 隧道工程施工质量监理

一、概述

公路隧道可按3种不同的方法分类,按地质情况一般可分为两大类:一类是修建在岩层中的,称为岩石隧道;一类是修建在土层中的,称为软土隧道。按长度分为特长隧道($L > 3\,000$ m)、长隧道($1\,000$ m $< L \leqslant 3\,000$ m)、中隧道(250 m $< L \leqslant 1\,000$ m),短隧道($L \leqslant 250$ m);按结构分为分离式隧道和联体隧道。隧道工程施工可分为洞口工程、洞身工程、防水与排水工程及附属设施工程四部分。

隧道的特点是除洞口和洞门是在露天施工外,其余各项工程都在地下进行施工作业。由于其空间有限,工作面狭小,光线暗,劳动条件差,故在整个施工过程中必须备有良好的照明和通风条件,还要进行洒水除尘,同时要预防涌水、坍塌、瓦斯爆炸等意外事故发生。

隧道工程的施工质量监理工作必须做到全面、细致、熟练、有预见性和标准化。隧道施工质量监理应注意以下几个方面。

(1)监理工作应严格按规定的程序进行。

(2)预先制定针对施工过程中可能出现的各种紧急情况的应变措施。

(3)尤其重视安全工作,随时观察开挖、掘进等过程中地质、水文等的变化,注意支护及防排水系统的稳定性等,出现情况按预案处理或紧急撤离。

(4)使用的材料应符合设计图纸和规范的要求。

(5)隧道构造的每一部分施工必须严格按照设计图纸所示的尺寸、形状和方法进行。所有施工细节必须符合规范和设计图纸的详细要求。

(6)各种试验、检测方法和精度等均应符合规范和合同的要求。

二、隧道工程施工准备阶段质量监理

(1)对当地气象、水文、水源、地质、筑路材料、电力及道路、居民点做深入调查。施工及将来营运时,调查对自然环境、生活环境的影响,对周围地表、地下构筑物的影响及需要采取的保护措施。

调查施工场地布置与洞口相邻工程、弃渣利用、农田水利、征地等的关系。

(2)复核隧道平面、纵断面,洞门位置、式样,衬砌类型是否符合实际情况。核对设计文件中确定的施工方法、技术措施、洞内外排水措施、施工场地布置、弃方处理是否符合实际条件。

审核并抽检承包人复测的控制点、施工测量用基准点、水准点;对承包人施工放样、测量控制检查。

(3)审查施工组织设计;审查承包人的质量保证体系。检查承包人的人员、机械设备、试验检测设备、规章制度是否已经落实。检查承包人临时工程是否已按计划实施。

对承包人所进材料(水泥、砂石、块片石外掺剂、钢材等)进行审核和抽样检查;对承包人提出的混凝土配合比进行审核和确认。

审核承包人提出的施工场地总布置图、弃渣场地布置、临时工程。

三、隧道工程施工阶段质量监理

隧道工程施工质量监理程序如图 2-22 所示。

(一)洞口施工质量监理

1. 土石方及砌体工程施工质量监理

(1)进洞前应尽早完成洞口排水系统,一是排出洞内施工用水,二是防止洞外水倒流入洞内。

(2)按设计要求进行边坡、仰坡放线,自上而下逐段开挖,不得掏底开挖或上下重叠开挖。

(3)清除洞口上方有可能滑塌的表土、灌木及山坡危石等,不留后患。

(4)石质地层拉槽爆破后,应及时清除松动石块;土质地层开挖应及时夯实平边(仰)坡。

(5)洞门端墙处的土石方,应视地层稳定程度、洞口施工季节和隧道施工方法等选择施工时机和施工方法,以保证开挖后岩层稳定,为砌筑洞门墙创造条件。

(6)洞口施工宜避开降雨期和融雪期。在严寒地区施工,应按冬期施工的有关规定办理。

图 2-22 隧道工程施工质量监理程序图

(7) 为防止爆破振动引起边仰坡崩坍、剥落，不得采取多药量深孔爆破。

(8) 开挖中应随时检查边坡和仰坡，如有滑动、开裂等现象，应适当放缓坡度，保证边(仰)坡稳定和施工安全。

当洞口可能出现地层滑坡、崩塌、偏压时，应采取如下预防措施。

1）滑坡：可采取地表锚杆、深基桩、土袋及石笼等加固措施。

2）崩塌：可采取喷射混凝土、地表锚杆、锚索、防落石棚、管棚、化学浆液注浆加固等措施。

3）偏压：可采取平衡压重填土、护坡挡墙或对偏压上方地层挖切等措施，以减轻偏压力。

(9)开挖中对地层动态进行地质和支护状况观察、地表下沉等监控量测。

(10)开挖的土石方不得弃在危害边坡及其他建筑物稳定的地点，并不得影响运输安全。

(11)洞口支挡工程应结合土石方开挖一并完成。

(12)洞口坡面应根据实际情况尽早按设计要求进行施工防护，避免造成滑坡、塌方。

(13)洞口装修砌体严格按图装饰，表面平整清洁，隧道名牌要求美观醒目。

2. 洞门工程施工质量监理

(1)选定洞门基础开挖及支护方案，注意及时进行基坑检查验收，避免基坑浸泡。

(2)土质地基应整平夯实，土层松软时，应加碎石，人工夯实，将基础置于稳固的地基上。

(3)基础处的渣体杂物、风化软层和积水应清除干净。

(4)砌拱墙应与洞内相连的拱墙同时施工，连成整体。如连接长段明洞，则应按设计要求采取加强连接措施，确保与已形成的拱墙连接良好。

(5)墙施工放样时，应保证位置准确和墙面坡度平顺。

(6)灌注混凝土时，应保证模板不移动。

(7)洞门端墙的砌筑与墙背回填应两侧同时进行，防止对衬砌边墙产生偏压。

(8)洞门衬砌完成后，及时处治洞门上方仰坡脚受破坏处。当边（仰）坡地层松软、破碎时，应采取坡面防护措施。

(9)当端墙顶水沟砌筑在填土上时，填土必须夯实。

(10)洞门口的排水、截水措施，应与洞门工程配合施工，并应与路堑排水系统连通。

3. 明洞工程施工质量监理

(1)明洞施工地段，围岩类别一般较差，宜安排在旱季施工。

(2)要求承包人根据实际地质情况，制定切实可行的开挖方案及支护措施。其开挖应结合路堑土石方开挖一并进行，若用机械设备开挖，应保证边坡稳定，防止损坏坡边、仰坡或引起坍塌。

(3)施工前监督承包人做好洞口排水系统。边墙基础及仰拱开挖中，应做好排水工作，基坑不得被水浸泡。

(4)确保基坑开挖的平面尺寸及标高的准确无误。

(5)做好材料混凝土配合比，混凝土拌和、运送以及钢筋工程、模板工程的检查，保证混凝土的浇筑质量。

(6)明洞衬砌边墙基础和遮光棚支柱基础，必须设置在稳固地基上，如边墙基础挖到设计标高后，地质情况及允许承载力与设计要求不符时，应及时进行处理。

(7)浇筑混凝土前应复测中线和高程，衬砌不得侵入设计轮廓线。拱圈应按断面要求制作定型挡头板、外模和骨架，并应采取防止走模的措施。

采取跳槽边墙浇筑拱圈时，应加强对拱脚的基底处理，保持拱脚稳定。当拱脚基底过深时，应先浇筑基础托梁，必要时加设锚杆使拱脚混凝土与岩壁连接牢固，防止拱脚基底松动沉落。

浇筑拱圈混凝土达到设计强度70%以上时，方可拆除内外支模拱架。

各类棚洞的钢筋混凝土盖板梁宜采用预制构件，用吊装法架设，墙顶支座槽应用水泥砂浆填塞紧密。

(8)在拱圈外模拆除后应立即做好防水层及拱脚处的纵向盲沟,保证排水顺畅。防水层搭接宽度不小于 10 cm。

墙背回填应两侧同时进行。墙底部铺筑 0.5～1.0 m 厚碎石并夯实,然后向上回填。石质地层中墙背与岩壁间隙不大时,可采用与墙身同级混凝土回填。空隙较大时,可采用片石混凝土或浆砌片石回填密实。土质地层时,应将墙背坡壁开凿成阶梯状,用片石分层码砌,缝隙用碎石填塞紧密,不得任意抛填土石。

明洞拱背回填应对称分层夯实,每层厚不得大于 0.3 m,其两侧回填的土面高差不得大于 0.5 m。回填至拱顶齐平后,应立即分层满铺填筑至要求高度。使用机械回填应待拱圈混凝土强度达到设计强度且由人工夯实填至拱顶以上 1.0 m 后方可进行。

拱背回填需作隔水层时,隔水层应与边、仰坡搭接良好,封闭紧密,避免地表水下渗影响回填体的稳定。明洞背后敷设或喷涂防水层时,应符合防排水有关要求。

(9)明洞与暗洞衔接施工宜采用先拱后墙法,在仰坡暂时能稳定时,宜由内向外进行施工;在仰坡易坍塌的情况下,宜先将明洞拱圈浇筑到仰坡脚;利用明洞支撑坡脚,再由内向外做洞内拱圈,并确保仰坡稳定。明洞与暗洞拱圈应连接良好。

(二)洞身开挖施工质量监理

洞身开挖施工质量监理程序如图 2-23 所示。

1. 洞身开挖施工质量监理要点

(1)合理确定开挖步骤和循环进尺,保持开挖工序相互衔接,均衡施工。

(2)开挖断面尺寸应符合设计要求。

(3)爆破后,对开挖面和未衬砌地段应进行检查,对可能出现的险情,应采取措施及时处理。

(4)开挖作业中,不得损坏支护、衬砌和设备,并应保护好量测用的测点。

(5)做好地质、水文情况的核对,地质变化处和重要地段,应有照片记载。

(6)为了使隧道开挖断面尽可能符合设计轮廓线,减轻对围岩的扰动,减少超、欠挖,岩石隧道的爆破,应采用光面爆破或预裂爆破技术,施工中应提高钻眼效率和爆破效果,降低工料消耗。

(7)开挖爆破应选用适当的炸药品种和型号,在漏水和涌水地段应采用非电导爆管起爆。

爆破作业及火药物品的管理,必须遵守现行的国家标准《爆破安全规程》(GB 6722—2014)的有关规定。有瓦斯溢出的隧道,应根

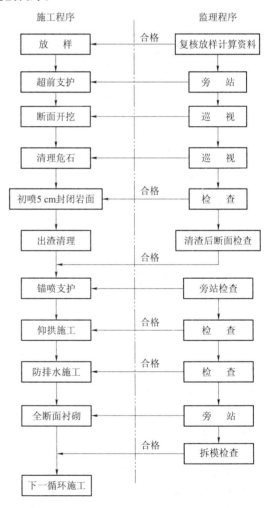

图 2-23 洞身开挖施工质量监理程序图

据工点的地质情况、瓦斯溢出程度和设备条件，制订适宜的施工方案。

(8)隧道双向开挖接近贯通时，两侧施工应加强联系，统一指挥，并采取浅眼低药量方法，控制爆破。当两开挖面间的距离剩下 15 m 时，应改为单向开挖，直到贯通为止。

(9)双洞开挖时，后行洞靠近先行洞侧的围岩实际上是处于临空状态，这部分围岩经先行爆破开挖已扰动过一次，如果后行洞的施工方法不当，可能对围岩造成严重的二次扰动，并导致先行洞洞壁破坏。

(10)边墙马口的跳槽开挖，一般应错开施工。

2. 洞身开挖施工质量监理

洞内开挖应根据地质条件，开挖断面的大小及开挖设备的配备等，确定合理的施工方法和施工进度，以及支护方案。当围岩类别发生变化时，应采用适应的施工方法。

洞口段及Ⅱ类围岩的破碎浅埋地段，由于土质差，富含地下水，必须采取辅助施工措施，加固后方可进行开挖。

(1)超前小导管注浆加固。当隧道出入口处于Ⅱ类围岩浅埋地段，采取沿拱顶外一定范围，进行超前小导管注浆，钢拱架或钢格栅支撑，以及锚、网、喷射混凝土的联合支护进行预加固。

1)超前小导管注浆：使用的小钢管的材质及水泥、水玻璃的质量应经检查，符合质量要求。

2)小导管的加工制作以及沿隧道纵向开挖轮廓线布眼的位置，小导管打设的角度、深度应符合设计要求。

3)小导管注浆前，对开挖面或 5 m 范围内掌子面喷射 10 cm 厚混凝土封闭。

4)应按设计配置注浆浆液，浆液的浓度，胶凝的时间应符合设计要求，并应经试验验证后才能用于施工。

5)应注意注浆结束的条件。

①单孔结束条件：注浆量达到设计要求或注浆压力达到设计终压 20 min 以上，注浆量达到计算值的 80%。

②全段结束条件：所有单孔注浆符合要求，无漏注情况。

6)注浆后应对注浆进行止水及胶结的效果检查，如达不到要求，应补孔重新注浆。

7)注浆过程中，应按要求记录有关压浆参数，如单孔进浆量、注浆压力等。

(2)管棚施工。

1)管棚长度应以地质情况而定，保证开挖后有足够的超前量。

2)开挖作业面处应先施套拱并按设计要求埋设孔口套管。

3)钻机架立应精确定位保证钻机钻杆与管棚设计轴线吻合，固定牢靠，以防钻进中产生偏移。

4)检查钻孔孔径、孔深、偏斜情况。

5)管棚材料、直径、壁厚、节长、浆孔打眼、管箍、丝扣等应符合设计要求，连接可靠，顶进到位。

6)按照设计浆液配合比，现场必须做压浆试验，根据取得的压浆参数指导施工。

7)按照试验数据指导管棚压浆，达到压浆饱满、稳定作业面的目的。

8)两台钻孔同时作业时，应保持间隔，以防串浆。

(3)全断面法开挖。全断面光面爆破进行开挖，适用于Ⅳ～Ⅵ类围岩地段，循环进尺一般为 3～3.5 m。

1)钻爆设计非常重要，它是实现快速掘进，提高开挖质量和保证施工安全的关键环节，首先针对不同的围岩、不同开挖方法提出初步的钻爆设计，实施过程中，根据光爆效果及时调整光爆参数,优化钻爆设计。

2)测量放线,标出中线、水平线,用红油漆标出开挖断面的外轮廓线,以及周边眼的孔位。

3)按爆破设计的孔位、深度、角度进行钻孔,要求注意周边眼、内圈眼的钻孔质量。

4)按照爆破设计进行装药,控制最大一个段位的用药量,限制其爆破的振动波速度,采用合理的装药结构、起爆次序,尽可能地减少对围岩的扰动,使开挖的轮廓线圆顺,并符合设计断面要求。严格控制超挖,严禁欠挖。

5)及时通风排烟,缩短工序的作业时间,找顶清除危石,保证施工安全。

6)锚、喷要保证施工质量,喷射混凝土力求采用湿喷工艺,有困难时,也应采用潮喷作业。

7)采用合理的循环进尺及作业步骤,保持各工序间的相互衔接,做到均衡生产。

(4)台阶法开挖。台阶法弧形导坑开挖(或弧形导坑留核心土)施工适用于Ⅱ类、Ⅲ类围岩或土质隧道,台阶长短应根据围岩、机械配备以及工序安排等情况而定。软弱围岩应采用机械或人工配合开挖,Ⅲ类围岩拱部可采用光面弱爆破,下半断面可采用预裂爆破。

台阶法弧形导坑开挖监理要点如下:

1)环形开挖留核心土的台阶法施工适用于Ⅱ类、Ⅲ类围岩及土质隧道,其核心土部分可平衡纵向土压力并作为初期支护的工作平台,在围岩较差地段,监理工程师应按多循环、短进尺的原则监控施工,一般进尺应控制在 0.8~1.5 m 范围。

2)开挖后督促及时进行初喷混凝土、架立钢拱架或锚、网、喷封闭,快速完成初期支护,尽量减少开挖面的暴露时间。

3)力求二期支护的模筑混凝土衬砌紧跟初期支护,其工序间距按设计要求应注意监控,必要时要求施工单位暂停或放慢开挖进度,以保持初期支衬与二期支护的模筑衬砌工序之间的合理间距。

(5)侧壁(单、双)导洞分部开挖。

1)开挖方法应根据围岩性质合理选择,Ⅱ类围岩及土质隧道宜采用机械开挖,或人工和机械配合开挖。短进尺,多循环。

2)开挖后应督促及时进行初喷,架立拱架支撑,锚网复喷及封闭,快速完成初支。

3)开挖边界圆顺,初喷平整,支撑架立与围岩密贴,复喷满足设计要求。

4)监控量测信息反馈,及时分析量测数据和发展趋势,修正和指导下一循环作业。

(三)支护工程施工质量监理

1. 支护工程施工质量监理要点

确保开挖安全的重要手段是及时、正确地支护,完整且稳定围岩外,及时支护是隧道施工成败的关键所在。

(1)施工支护应配合开挖及时进行,确保施工安全。对不同类别的围岩采用不同结构形式的施工支护。

(2)选择支护方式时,应优先考虑采用锚杆、喷射混凝土或锚喷联合作为临时支护,当地质条件差、围岩不稳定时,可采用构件支撑。作业时应做好记录。

(3)构件支撑应经常检查,发现杆件破裂、倾斜、弯扭、变形以及接头松脱、填塞漏空等异状,必须立即加固。

(4)锚杆作业在初喷后及时进行,应检查锚杆材料、规格、类型质量以及性能是否与设计相符,严格控制砂浆锚杆作业,重点检查注浆是否饱满,锚杆材料及锚杆抗拔力是否符合要求。全黏结药包锚杆,除用药包代替砂浆外,其余与砂浆锚杆一致。另外,全黏结的药包,应具备出厂合格证及使用说明书，并进行试验检查，按要求进行操作，用专用工具将药包送入钻孔内，锚杆插入后，应注意旋转，使药包充分得到搅拌。

(5)喷射混凝土按设计要求采用湿喷工艺，以减少回弹量及粉尘污染。

(6)通过试验确定喷射混凝土配合比及喷射工艺，喷射混凝土前应做好开挖面清理检查工作。

(7)严格按试验确定的配合比、喷射工艺进行作业，首先应进行机具试运转工作，掌握作业顺序、风压、水压、水胶比及喷嘴与岩面的距离和夹角，控制喷层厚度和各层间隔时间，以及回弹量，注意养护。

(8)喷射作业面需紧跟开挖作业面进行，爆破距喷射混凝土完成时间不得少于 4 h。严格检查测试喷射混凝土材料、厚度、强度及黏结力。

2. 锚杆安装施工质量监理

(1)钻孔。

1)钻孔前应根据设计要求定出孔位，做出标记；孔位允许偏差为 ±15 mm。

2)钻孔方向要求最好垂直于岩面，当层理、裂隙发育并存在明显走向及倾角等特殊情况时，灵活处理。

3)锚杆与孔壁之间的摩擦力是锚杆发挥锚固作用的关键，所以，钻孔后必须清孔，将钻孔内的石渣等清除，并防止塌孔。

4)当采用砂浆锚杆时，孔径应大于杆体直径 15 mm；其他形式锚杆的孔径，应符合设计要求。

(2)杆体插入与固定。

1)锚杆应尽可能置于孔中心插入，使固结材料握裹杆体。当使用树脂或速凝剂卷囊时，应转动锚杆以达到搅拌的目的。

2)注浆作业时，注浆管应插至距孔底 5～10 cm 处，随砂浆的注入缓慢匀速拔出，随后迅速插入杆体。

3)杆体一般应插至孔底，杆体头部尽可能少凸出，露出垫板外的杆体长度要求小于 10 cm。

4)安装垫板时，垫板应与喷射混凝土层面尽可能密贴，并拧紧螺母，不得有松动现象。

5)锚杆固定后不得随意敲击，锚杆露出端部 3 天内不得悬挂重物。

(3)锚杆安装。

1)作为张拉杆件锚固围岩是锚杆的主要功能，因此，抗拉拔力指标是衡量锚杆安装质量的主要数据。

2)检查锚杆拉拔力时，应注意以下几点。

①安装拉力计时，其作用线应与锚杆同心；

②加载应匀速、缓慢，为安全起见，设计无要求时一般不作破坏性试验，拉拔至设计荷载即停止；

③拉力计应固定牢固，并做相应的安全保护措施；

④锚杆质量检查除抗拉拔力外，尚有长度、间距、角度、方向等指标。以上几项应按照隐蔽工程进行检查、验收。

3. 喷射混凝土施工质量监理

(1)在喷射混凝土之前，应用水或高压风管将岩壁面的粉尘和杂物清理干净。

(2)喷射中发现松动石块或遮挡喷射混凝土的物体时，应及时清除。

(3)喷射作业应分段、分片，由下而上顺序进行。

(4)一次喷射厚度,应根据设计厚度和喷射部位确定,初喷厚度不得小于4~6 cm。

(5)5~10 cm的层厚,应一次喷成;15 cm厚以上时,喷射作业应以适当厚度分层进行,后一层喷射应在前一层混凝土终凝后进行。

(6)回弹率应控制,拱部不超过40%,边墙不超过30%,挂钢筋网后,回弹率限制可放宽5%。应尽量采用经过验证的新技术,减少回弹率,回弹物不得重新用作喷射混凝土材料。

(7)喷射混凝土终凝2 h后应进行养护,如果洞口相对湿度低于85%~90%时,应喷水加湿;养护时间一般为3~7 d。

(8)喷射混凝土作业须紧跟开挖面时,下次爆破距喷混凝土完成时间的间隔不得小于4 h。

(9)冬期施工时,喷射作业区的气温不应低于5 ℃。在结冰的层面上不得喷射混凝土。混凝土强度未达到6 MPa前,不得受冻。混合料应提前运进洞内。

(10)当发现喷混凝土表面有裂缝、脱落、露筋、渗漏水等情况时,应予修补、凿除喷层重喷或进行整治。

(11)喷层与围岩黏结情况的检查,可用锤敲击,如有空响,应凿除喷层洗净重喷,必要时应进行黏结力测试。

(12)当涌水点不多时,用开缝摩擦锚杆进行导水处理后再喷射;当涌水范围大时,设置树枝状排水导管后再喷射;当涌水严重时,可设置泻水孔,边排水边喷射。

改变配合比,增加水泥用量;先喷干混合料,待其与涌水混合后,再逐渐加水喷射,喷射时由远而近,逐渐向涌水点逼近,然后在涌水点安设导管将水引出,再在导管附近喷射。

(四)衬砌工程施工质量监理

隧道衬砌施工的方法随开挖方法不同,可分为拱墙整体式、先拱后墙及先墙后拱三大类。

隧道衬砌施工的时间和距衬砌开挖面的距离,随隧道所处的水文、地质条件和采用的施工方法而不同,石质较好的可不必紧跟开挖面,石质很差则要求边开挖边衬砌。

任何类型衬砌均不得侵入隧道建筑界限。隧道衬砌质量直接影响隧道的运营质量,因此,必须根据隧道通过地区的工程地质及其他条件,正确选定施工方法、衬砌形式、衬砌材料,并合理组织施工。

隧道衬砌工程施工质量监理程序如图2-24所示。

1. 浇筑前工作检查

(1)根据准备的粗细集料和水泥确定施工配合比,并挂牌于现场。

(2)布置施工场地,检查拱(墙)架模板,安装质量,净空尺寸,中线、水平是否符合要求。

(3)每隔5~10 m作开挖断面图及地质描述图,并加以说明,记入工程日志簿,填写隐蔽工程检验单。

(4)模板上不应有污泥杂物,并需用清洁水润湿,涂以脱模剂以便拆模。

(5)经常测试粗细集料含水量,及时调整混凝土的水胶比。

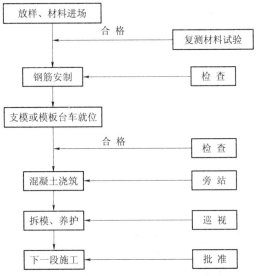

图2-24 隧道衬砌工程施工质量监理程序图

2. 混凝土浇筑

(1)浇筑前应用水冲洗防水层或喷层表面粉尘,并清除墙底废渣、污物和积水。

(2)做好地下水引排工作,防止水流影响衬砌质量。

(3)采用片石混凝土时,片石应距模板 5 cm 以上,片石间距应大于粗集料的最大粒径,片石掺入量不得超过 25%,并应分层掺放,捣固密实。

(4)采用钢模台车时,宜先浇筑边墙基础,待基础混凝土达到一定强度后,再浇筑拱墙混凝土,以防止台车在浇筑过程中左右偏移。

(5)浇筑混凝土时应左右对称分层进行,每层厚度不宜超过 1 m,分层浇筑间隙时间不得超过混凝土初凝时间,并捣固密实;每次浇筑长度一般为 6~12 m。

(6)浇筑到拱脚附近时宜中断 1~2 h(不超过终凝时间),等边墙混凝土下沉基本稳定后再浇筑拱部,以防止衬砌裂缝发生。

3. 复合式二次衬砌混凝土最佳施工时间要求

(1)各测试项目的位移速率明显收敛,围岩基本稳定。

(2)已产生的各项位移已达预计总位移量的 80%~90%。

(3)周边位移速率小于 0.1~0.2 mm/d,或拱顶下沉速率小于 0.07~0.15 mm/d。

(4)仰拱施工质量要求:

1)应结合拱墙施工抓紧进行,使结构尽快封闭。

2)仰拱浇筑前应清除积水、杂物、废渣等。

3)应使用拱架模板浇仰拱混凝土。

(五)回填施工质量监理

(1)先拱后墙法施工时,拱脚以上 1 m 范围内的超挖应用与拱圈相同强度等级的混凝土同时浇筑。

(2)边墙基底以上 1 m 范围内的超挖宜用与边墙相同强度等级的混凝土同时浇筑。

(3)其余部位(包括仰拱),超挖在允许范围内可用与衬砌相同强度等级的混凝土同时浇筑,超挖大于规定时,宜用片石混凝土或 10# 浆砌片石回填,不得用渣体随意回填,严禁片石侵入衬砌断面。当围岩稳定,并干燥无水时,可先用干砌片石回填,再在衬砌背后压浆。仰拱以上及路面基层以下部分应用浆砌片石或低强度等级的混凝土回填。

(4)不良地质地段除必须回填密实外,可视具体情况进行压浆加固。压浆工作,应在衬砌混凝土达到设计强度后或拱架拆除前进行。

(六)排水和防水工程施工质量监理

1. 隧道防排水施工前的检查

(1)开工前应根据设计文件和调查资料,预计地下水分布情况,出水点的位置和水量,并选择相应的施工防排水方案。

(2)施工中应对洞内的出水部位、水量大小、涌水情况、变化规律、补给来源及水质成分等做调查,并做好观测、试验和记录。

根据施工方法、机械设备等情况,选择不妨碍施工(开挖、衬砌、通风)的防排水方案。

2. 隧道防排水工程施工

(1)防水层。

①防水层应在初期支护变形基本稳定后、二次衬砌施工前进行铺设。

②防水层铺设前,喷混凝土层表面不得有锚杆头或钢筋头外露;对凸凹不平部位应修凿、喷补,使混凝土表面平顺;喷层表面漏水时,应及时引排。

③防水层可在拱部和边墙按环状分三段或两段从上向下,从洞外向洞内铺设,并视衬质采取相应的施工方法。塑料板用焊接,搭接宽度为 10 cm,两侧焊缝宽应不小于 2.5 cm。

④防水层的接头处应擦净。塑料防水板应用与材质相同的焊条焊接,防水层的接头处不得有气泡、褶皱及空隙。接头处应牢固,强度应不小于同质材料。

⑤防水层用垫圈和绳扣吊挂在固定点上,其固定点间距,拱部应为 0.5~0.7 m,侧墙间距为 1.0~1.2 m,在凹凸处应适当增加固定点。点间防水层不得绷紧,以保证浇筑混凝土时板面与喷混凝土面能密贴。

⑥采用无纺布作滤水层时,防水板与无纺布应密切重合,整体铺设。

⑦开挖和衬砌作业不得损坏防水层,当发现层面有损坏时应及时修补。

⑧防水层纵横向一次铺设长度应根据开挖方法和设计断面确定。铺设前,宜先行试铺,并加以调整。防水层在下一阶段施工前的连接部分,应保护不得弄脏和破损。

⑨防水层属隐蔽工程,二次衬砌浇筑前应检查防水层质量,做好接头标记,并填写质量检查记录。

用手托起防水层,看是否与喷层密贴;检查防水板有无破损、断裂的地方;锚固点是否牢固;外露锚固点是否用同质材料焊接覆盖;搭接部位有无假接和漏接的地方;搭接宽度是否达到标准。

防水层系隐蔽工程,必须认真做好质量检查记录。

(2)排水设施。

①排水结构物的断面形状、尺寸、位置和埋设深度,应符合设计要求。

②水沟坡面整齐平顺,水沟及检查井盖板平稳无翘曲。

③衬砌背后或隧道底部设置盲沟时,沟内以石质坚硬、不易风化且尺寸不小于 15 cm 的片石充填,盲沟纵坡不宜小于 1%。

④设置在软弱围岩区段的盲沟、有管渗沟,周侧应加做砂砾石反滤层或用无纺布包裹,不得堵塞水路。

⑤墙背泄水孔必须伸入盲沟内,泄水孔进口标高以下超挖部分应用同级混凝土或不透水材料回填密实。

⑥排水管接头应密封牢固,不得出现松动。

⑦隧底盲沟、有管渗沟及渗水滤层上方的回填,应满足路基施工的要求。墙背沟、管内应清除杂物,防止堵塞水路。

⑧严寒地区保温水沟的施工时,应有防潮措施,防止保温材料受潮,影响保温性能。修筑的深埋渗水沟,回填材料除满足保温、透水性好的要求外,水沟周侧应用级配集料分层回填,不得让石屑、泥沙渗入沟内。

⑨排水设施应设置在冻胀线以下。

(七)附属设施工程施工质量监理

1. 设备洞、横通道及其他工程施工质量监理

(1)应按设计位置施工,如发现设计位置地质不良时,应暂停施工,然后会同设计、施工单位调查,确定变更位置。

(2)隧道边墙内的各类洞室与正洞连接地段的开挖,一般应在正洞掘进至其位置时将该处一次挖成。应注意爆破药量及孔深的监督,并要求施工单位加强对交叉部位围岩稳定的监测。

(3)分期实施的各类洞室与正洞连接地段的开挖也应一次完成,并延伸至以后施工不影响正洞正常通行的位置。

(4)当营运通风洞内倾斜段的倾角大于12°时,宜按斜井开挖方法施工。

(5)各类洞室的防水、排水工程是容易被忽视的问题,应特别注意连接、折角等处的防水、排水处理。

(6)电缆槽的施工监理要点。

1)电缆槽应随边墙基础施工一次挖好,不应在边墙浇筑后再爆破开挖。

2)电缆托架应做好防锈处理,并保持平顺,设计误差应较小。

3)采用电缆排管时,其接头处应顺直,并做防水处理,不得使用破坏的多孔排管。

4)电缆槽盖板间及与沟壁的缝隙应用砂浆填平,避免受洞内水及其他因素影响。

5)隧道内电缆采用架空托架时,预埋接地线的一端应与隧道壁内钢筋网焊接牢固。

(7)隧道内吊顶隔板施工质量监理要点。

1)吊顶隔板施工前应调整好吊顶拉杆的标高,确保吊顶隔板在一个平面上。

2)隔板钢筋与衬砌预埋件钢筋及挡头板钢筋连接必须牢固,并不得外露。

3)吊顶隔板混凝土达到设计要求后才可拆模,吊顶隔板不得产生下挠度,上下表面应光洁平整。接缝处应严密,不得漏风和渗水。

4)吊顶拉杆露出混凝土隔板的部分应镀锌或做其他防锈处理。

5)在隧道衬砌设置沉降缝处,隔板也应设置相应的横向沉降缝。

2. 照明、供电、供风及通风防尘工程施工质量监理

(1)供电与照明电压、变压器容量、变电站的设置、电线的材料均应符合规范要求。

(2)照明与动力线路安装在同一侧时,必须分层架设,悬挂高度应符合要求。

(3)应设置预备电源或应急电源,确保停电时有必要的动力和照明。

(4)空气压缩机站设备能力应能满足同时工作的各种风动机具最大耗风量和足够的风压。

(5)供水方案的选择及设备的配置应能满足工程和生活用水的需要。

(6)隧道通风。

1)通用方式的选定:隧道施工必须采用机械通风。通风方式应根据隧道长度、施工方法和设备条件等确定,可采用压入式、抽出式、混合式,长隧道应优先考虑混合通风方式。

2)通风管及风机类型的选用:根据隧道断面面积、烟尘浓度、排放时间等计算通风管的直径,选择风机类型。

3)通风管的安放:应安放在照明一侧或隧道中部但不得影响中线测量,并采用风机串联接力以弥补沿途风能损失。

4)定期测试通风的风量、风速、风压,洞内空气质量,检查通风设备的供风能力和动力消耗,确保良好的作业环境。

5)检查通风设施与正洞配合施工情况,风机型号性能及安装质量应符合设计要求,满足运营需要。

3. 装饰工程施工质量监理

(1)装饰工程施工前准备工作检查要点。

1)仔细检查衬砌表面的渗漏水情况,必要时采取措施,做好装饰前的防、排水工作。

2)对于贴面装饰,应将装饰作业的表面清洗干净并做好基层。

3)对采用的装饰材料,进行装饰试验,检查装饰的质量及与基层黏结牢固程度。

(2)装饰工程施工质量监理要点。

1)装饰材料不得侵入隧道建筑界限。

2)洞口装饰应简洁、美观,隧道名牌字样应协调、醒目。

3)采用面砖材料时,应做到横、竖缝通直,缝窄均匀。面砖贴好后,外表应平整,不得出现凹凸,不允许背后有空响。

4)采用喷涂材料时,应做到色调均匀,不得出现色斑和杂色。

5)各类洞室的防护门应开启方便、严密、防火、隔热。

第十节 交通安全设施工程施工质量监理

交通安全设施是高等级公路的重要组成部分,主要有护栏、隔离设施、防眩设施、视线诱导设施、交通标志和路面标线等。这些设施是为道路使用者提供信息,确保所传递的信息能最大限度地为使用者接受和理解,从而减少不幸事故的发生,避免在道路上迷失方向,浪费时间。为高等级公路的安全性、舒适性、可靠性、实用性提供了良好的条件。

护栏工程的施工质量监理内容已经在前面阐述过,本节不再介绍。

交通工程需在高速公路的主体工程大多数已完工后方才进行。所以,在预定通车期限之内,留给交通工程施工的时间是非常有限的。因此,任务繁重而零散、标准高、工期紧是交通工程监理的基本特点。

一、交通安全设施工程施工质量监理要点

(1)半成品和成品材质、焊接材料的材质是否符合设计。

(2)金属构件镀层厚度、反光膜及逆反射系数是否符合设计。

(3)标线厚度、宽度控制。

(4)波形梁立柱壁厚、纵向位置及顺直度,护栏直顺度控制。

(5)混凝土护栏强度、外观质量、纵向顺直度及高度控制。

(6)防眩设施相对高度、顺直度、稳固性控制。

(7)隔离栅和防落物网的网面平整度、立柱埋深、纵向直顺度、高度、稳固性控制。

二、交通标志工程施工质量监理

交通标志、路面标线是实施交通组织管理的重要设施,它起到控制和疏导交通、维护交通秩序、提供交通信息和指引行进方向的作用,并且是执行法规的依据。

(1)严格检查标志板和结构件的质量。交通标志板和结构件运抵现场后,现场监理人员应对标志板外形尺寸,标志字符尺寸,标志面反光膜,外观气泡,标志立柱、横梁及连接件质量,

金属构件的防腐处理，标志底板与铝槽等按照设计要求和相应标准逐项进行严格检查，使其符合设计要求。

(2)检查基础定位放样。交通标志设置位置要按设计图进行精确放样，不得侵入公路建筑界限，确保侧向余宽，不允许道路沿线的上跨桥、照明设施及其他路上构筑物对标志板面造成遮挡，影响标志的认读。

(3)检查基坑位置、大小、深度及承载力，应满足设计要求。

(4)监理人员现场旁站，监督检查基础混凝土的原材料拌和浇筑及预埋件、钢筋的布置。

(5)检查立柱、标志板的安装质量。检查立柱安装的竖直度、标志板下缘至路面净空高度、内侧距路肩边线的水平距离，并符合设计和规范要求。

三、路面标线工程施工质量监理

(1)对进场的标线涂料、玻璃珠按规定的频率，对其密度、软化点、色度性能、抗压强度、耐磨、耐水、耐碱性、玻璃珠含量等按规范进行检查，符合要求后方可使用。

(2)现场旁站检查路面的清扫、标线位置、画底漆、画标线的施工质量。要求路面清扫干净，保持干燥，标线设置位置符合设计图纸要求，底漆涂刷均匀，干燥后涂敷标线，严格控制料温，玻璃珠撒布均匀。

(3)检查完工的标线质量，对不符合要求的标线进行修整，去除溢边和垂落的涂膜，检查涂膜厚度、尺寸、玻璃珠撒布情况及画线的形状，使其符合设计和规范规定要求。

四、隔离栅工程施工质量监理

隔离设施主要是限制行人、牲畜等进入高速公路，减少干扰，保证车速，避免发生交通事故，并且起到保护其他交通设施、防止人为的损坏、丢失等作用，充分发挥高速公路的使用性能和效益。

(1)对进场的隔离栅网片、立柱按相应的标准和频率逐项进行检验，符合要求方可使用，特别注意所有构件防腐质量的检查。

(2)依据设计图纸检查放样位置是否正确，并与地形地势及公路走向相协调，立柱放样时在选定好的纵向中心线上，按照设计柱距确定柱位，根据隔离栅安装线上的地面情况进行清理整平，使隔离栅的顶面保持平顺的轮廓，网底距地面的距离符合要求。

(3)核查立柱孔位、埋深及安装质量。根据放样柱位进行挖坑或钻孔，孔深符合设计要求，若遇松散土质地段，应对基础进行处理。立柱安装要严格检查埋置深度、地面高度、竖直度，按设计图纸设置支撑，经核查立柱轴线应在一条直线上或曲线上，柱顶平顺，方可进行柱孔混凝土浇筑并养护。

(4)检查隔离栅网片的安装质量，按设计图纸安装网片，框架与立柱连接牢固，所有的网片及铁丝均应绷紧而不变形，安装高度符合图纸规定。

(5)隔离栅穿过或平行高压线路段，要求承包人按照电力部门的有关规定设置地线，保证安全。

(6)控制检查防护网的安装质量，桥上防护网应按图纸安设，必须牢固地安装在立柱或支撑上，金属网应伸展拉紧，整体结构不得扭曲。

(7)立柱和网片若有碰损、裸露处，要按设计要求进行防腐处理，防止腐蚀。

(8)隔离栅安装完毕后，立柱基础均需最后夯实，并对地面进行平整，使其整齐美观。

五、视线诱导设施工程施工质量监理

视线诱导设施用于指示道路方向、车行道边界及危险路段设施，或设置于施工、维修作业路段，警示驾驶员改变行驶方向。视线诱导设施可分为轮廓标，分流、合流诱导标，指示性线型诱导标，警告性线型诱导标。

(1)视线诱导设施的反射器的亮度、颜色应满足规范的规定。当入射角在 0°～20°的范围变化时，反射器必须保持恒定的光学性能。

(2)柱体轮廓标的形状尺寸，应与设计图相符，柱体表面不应有明显的伤痕、掉角等缺陷。柱体轮廓标的形状尺寸、轮廓标的混凝土基础尺寸应与设计图相符，预留的柱体凹穴各部尺寸正确，达到规定的强度。

(3)附着于构筑物上的轮廓标，其支撑结构和固件，应与设计图相符。

(4)各种诱导标的图形符号应符合标准，板面平整，连接牢固。基础混凝土材料符合要求，强度达到规定要求，基础尺寸正确。

(5)视线诱导标的施工应在路面施工完成后进行。附着于护栏上的视线诱导设施，可在护栏安装过程中或在护栏安装完成后进行。

(6)在施工安装前，应对全线视线诱导设施的埋设条件、位置、数量进行核对。

(7)轮廓标应按设计图量距定位。附着于构筑物上的轮廓标可按立柱间距定位。分流、合流诱导标和线型诱导标均应按设计图量距定位。

(8)埋置于土中的轮廓标或诱导标，均应浇筑混凝土基础，混凝土浇筑完后应采取正常的养护措施，直到混凝土达到规定的强度。当轮廓标柱体或立柱为装配式时，则应预留柱体插入的空穴，或用法兰盘连接。

(9)分流、合流诱导标和线型诱导标应在基础混凝土达到设计强度的80%以上方能进行安装，当诱导标附着于护栏立柱上时，应事先对立柱的位置、垂直度进行检查，达到要求后，才能安装诱导标的面板。

六、防眩板工程施工质量监理

防眩设施是防止夜间行车时，对面车辆前照灯在驾驶员视野范围内出现极高的强光，使驾驶员视觉机能或视力降低，影响方向操作而发生安全事故。

(1)采用镀锌钢板制作的防眩板，其钢材的技术要求应符合图纸要求及《碳素结构钢》(GB/T 700—2006)的规定；采用合成材料制作防眩板时，应选用在自然条件下不易老化、不易褪色和不易变形的高分子合成材料。

(2)钢材制作的防眩板构件应按相关规定进行表面防腐处理。

(3)防眩板的材质、防腐处理、几何尺寸应符合图纸要求。防眩设施整体应与路线线型一致。防眩板平面弯曲度不得超过板长的0.3%。

(4)防眩板设置的遮光角、防眩高度、板宽及板的间距应符合图纸的规定。

(5)严格按图纸要求进行定位、放样、安装，现场监理要进行全面核查。

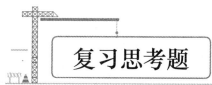

复习思考题

1. 工程质量的形成要经历哪四个阶段?
2. 工程质量有哪些特点?
3. 简述工程质量的评分方法。
4. 公路工程施工质量监理的依据是什么?
5. 简述公路施工监理的质量控制程序。
6. 公路工程施工质量监理方法有哪些?
7. 公路工程施工质量监理包括哪几个阶段?其各个阶段的监理主要工作内容是什么?
8. 监理试验室的工作内容是什么?
9. 工程质量事故如何分类?处理的原则是什么?
10. 路基土石方施工质量监理要点是什么?
11. 台背填土施工如何控制质量?
12. 路堑的开挖方式有哪些?
13. 路面垫层施工质量监理要点是什么?
14. 路面基层、底基层施工质量监理要点是什么?
15. 沥青混凝土路面施工质量监理要点是什么?
16. 沥青混凝土路面施工中应控制哪些温度指标?
17. 水泥混凝土路面施工质量监理要点是什么?
18. 大体积混凝土施工质量监理应注意哪些内容?
19. 钻孔灌注桩施工中的泥浆控制指标有哪些?
20. 就地浇筑梁(板)施工质量监理要点是什么?
21. 悬臂梁施工质量监理要点是什么?
22. 板式橡胶支座安装如何监理?
23. 隧道工程按长度如何分类?
24. 隧道工程施工准备阶段质量监理工作内容有哪些?
25. 当隧道洞口可能出现地层滑坡、崩塌、偏压时,可采取哪些预防措施?
26. 隧道洞身开挖施工质量监理要点有哪些?
27. 隧道衬砌施工随开挖方法不同,可分为哪三类?
28. 交通安全设施工程施工质量监理要点有哪些?

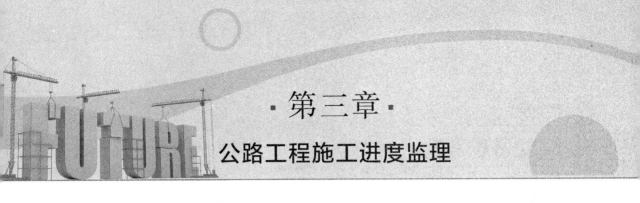

第三章

公路工程施工进度监理

公路工程施工阶段,进度监理是监理工程师的一个主要工作内容。而进度往往受自然因素、施工条件、施工环境等多方面影响,同时进度计划的安排还要考虑对质量、费用、安全的影响,因此,进度监理是一个综合、全面的工作。

进度监理实质上就是按照技术规范、合同图纸的要求,合理地安排施工的工期。进度监理应在确保质量和安全的基础上,以计划控制为主线进行。监理工程师应要求施工单位按时提交进度计划,严格进度计划审批,及时收集、整理、分析进度信息,发现问题及时按照合同规定纠正,并运用对计划的审批、核查和调整的手段,使进度计划满足工期目标,保证工程质量和施工安全。同时,还应充分考虑到各种不利因素的影响,将各种损失降到最低。

第一节 工程进度监理的作用与任务

一、进度监理的作用

工程进度监理的作用主要表现在:
(1)合理控制工期、质量和费用,使项目管理达到综合优化。
(2)通过审查施工进度计划及控制实际进度与计划进度差异情况,从而完善施工进度计划管理。
(3)除充分考虑时间控制问题外,同时还考虑劳动力、材料、施工机具设备等所必需的施工资源问题,使其最有效、合理、经济地配置与利用。
(4)通过计划、组织、协调、检查与调整等手段,调动施工活动中的一切积极因素,努力实现施工过程中各个阶段的进度目标,以确保工程施工全过程的总工期目标的实现。

总的来说,进度监理的作用就是在考虑了工程施工管理的3个因素(工期、施工质量和经济性)的同时,针对工程施工的全过程,通过计划、组织、协调、检查与调整等手段,调动一切积极因素,努力实现施工过程中的各个阶段目标,从而确保总工期目标的实现。

二、进度监理的任务

1. 计划编制

监理工程师应要求施工单位在合同规定的期限内编制并提交进度计划。进度计划应有文字说明、进度图表和保证措施等。总体进度计划中宜绘制网络图,标注关键路线和时间参数。总体进度计划和月进度计划中应绘制资金流量 S 曲线图。

2. 计划审批

监理工程师应在合同规定的期限内审批施工单位提交的进度计划。总体进度计划应由总监理工程师审批；月进度计划等应由驻地监理工程师审核并报总监办。进度计划审批应以合同文件、工艺周期、工期定额、主要构件、配件及设备供货期限、气候条件、征地拆迁计划、其他现场实际状况等为依据，审批时限遵从合同文件规定。对于总体工程进度计划和阶段工程进度计划，宜在批准前征求建设单位意见。经批准的进度计划作为进度监理的依据。

3. 计划检查

进度计划批准后，监理工程师应重点监督进度计划的执行情况，分析计划进度与实际进度偏差及其产生原因。一方面，要敦促施工单位做好进度记录，抽查验证其符合性；另一方面，要自己做好记录和评价。

4. 计划调整

(1) 在总体工程进度起控制作用的分项工程的实际工程进度明显滞后于计划进度且施工单位未获得延期批准时，监理工程师必须签发监理指令，要求施工单位采取措施加快工程进度。需要调整进度计划的，调整后的工程进度计划必须报监理工程师重新审核。

(2) 施工单位获得延期批准后，监理工程师应要求施工单位根据延期批复调整工程进度计划。调整后的工程进度计划应报监理工程师审批。

(3) 由于施工单位自身原因造成工程进度延误，在监理工程师签发监理指令后施工单位未有明显改进，致使合同工程在合同工期内难以完成时，监理工程师应及时向建设单位提交书面报告，并按合同规定处理。

(4) 建设单位或施工单位提出工程进度重大调整时，应按合同或签订的补充合同执行。

三、工期、质量、费用三者的关系

工期是由工程项目从开工到竣工的一系列施工活动所需的持续时间之和构成的；工程质量是施工过程中生产出来的产品结果；工程费用则是施工过程中所产生的消耗。所以，在工程项目施工过程中，工期、质量、费用三者构成了相互联系、互相制约的密切关系。一般情况下，其关系曲线如图3-1所示。

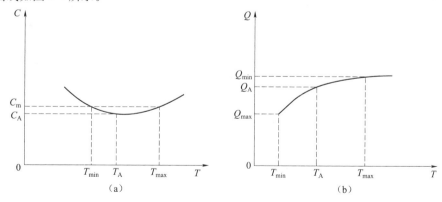

图3-1 进度、费用、质量关系

(a) 进度-费用关系；(b) 进度-质量关系

由图3-1可知，工程进度的加快与减慢对工程质量及费用都产生直接影响。设 T_A 为正常工期，其质量 Q_A 也正常，此时费用 C_A 最低；当放慢施工进度，即 $T > T_A$ 时，费用也上升，而质量有可能提高;当加快施工进度,即$T<T_A$时,费用增加,而质量有可能下降。因此,工程进度监理不仅仅是单纯进度计划管理和时间控制问题,而且还要同时考虑工程质量的好坏及工程费用消耗的高低问题。

第二节 进度监理的基本方法

一、横道图法

1. 横道图的绘制

横道图又称甘特图,也称为条状图(Bar Chart),是在1917年由亨利·甘特开发的,其内在思想简单,基本是一条线条图,横轴表示时间,纵轴表示各分项工程或施工工序,按一定的先后施工顺序和工艺流程,用带状的时间比例水平横道线表示对应项目或工序持续时间的施工进度计划表。它直观地表明任务计划在什么时候进行,以及实际进展与计划要求的对比。

管理者由此可极为便利地弄清一项任务(项目)还剩下哪些工作要做,并可评估工作是提前还是滞后,抑或正常进行。它是一种理想的控制进度的工具。

由图3-2可知,横道图可以方便地表达出施工计划的总工期和各分项工程或施工工序的持续时间,每项工作何时开始、何时完成一目了然,便于计算完成施工计划所需的劳动力、材料、机械设备及资金等各种资源用量。但是,分项工程或施工工序之间的逻辑关系不明确,施工期限与地点关系无法表达,工程项目的分布情况不具体,难以挖掘施工计划的潜力。

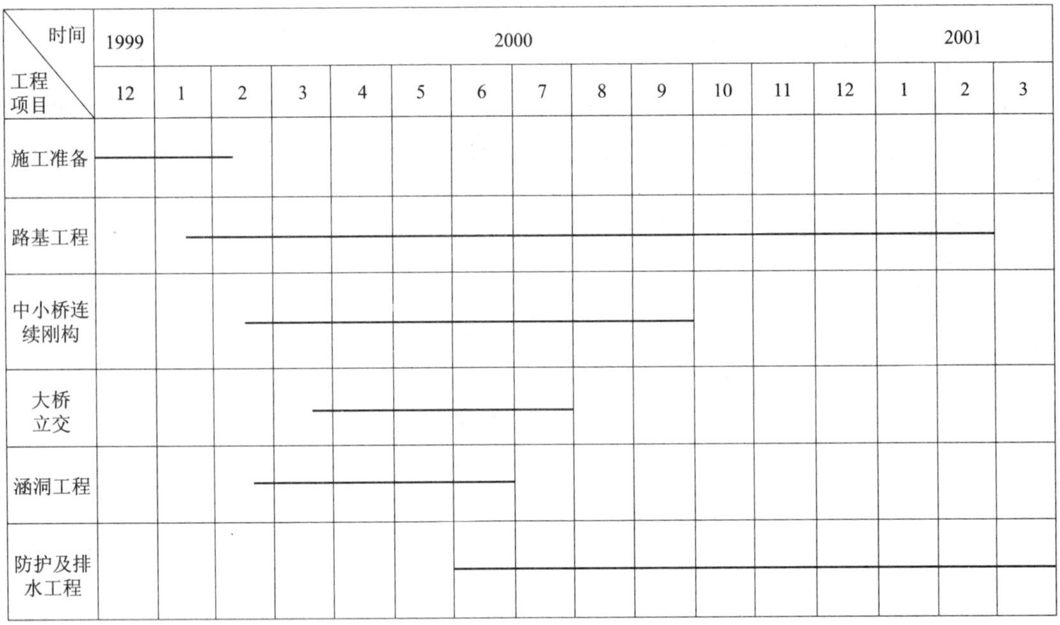

时间 工程项目	1999	2000											2001		
	12	1	2	3	4	5	6	7	8	9	10	11	12	1	2	3
施工准备																
路基工程																
中小桥连续刚构																
大桥立交																
涵洞工程																
防护及排水工程																

图3-2 施工进度横道图

2. 横道图的特点

横道图编制施工进度计划的优点为简单、形象、明了、直观、易懂,且便于检查和计算资源用量。它的不足表现在:

(1)不容易看出工作之间的相互依赖、相互制约的关系，仅反映工作之间的前后衔接关系。
(2)无法反映工作的机动使用时间，反映不出关键工作及哪些工作决定总工期。
(3)不能实现定量分析，因而无法采用计算机计算。
(4)计划执行过程中偏离原计划时，只能进行局部简单的调整。
(5)无法进行施工组织及施工技术方案的比较与优化。

因此，横道图只适宜于编制集中性工程进度计划、材料供应计划或者简单的工程进度计划。

3. 横道图的应用

横道图作为一种施工进度控制的工具，它不仅可用于编制施工进度计划，而且还可用于工程进度实施中的监控。在进度计划实施过程中，在计划进度横道线下方同时标出各分项工程或施工工序的实际进度。根据实际进度与计划进度的比较，可对进度计划进行必要的修改与调整，如图 3-3 所示。

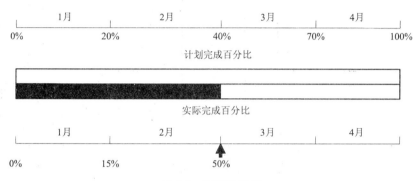

图 3-3　横道比较图

首先，在原计划横道线的上方标出不同时间按计划累计应完成的百分比；然后，在项目施工过程中，定期检查实际的进度情况，并将其画在原计划横道线下方，即涂黑部分。另外，还需在实际横道线下方的检查日期处，标出实际累计完成的百分比。进度控制人员只需将横道线上方计划累计完成量与横道线下方同一位置处的实际累计完成量进行比较，便可知道项目施工进度的实际情况。例如，从图 3-3 中可知：在第 2 月中，该工作的实际进度比计划进度超前 $50\%-40\%=10\%$。

二、S 曲线

1. S 曲线的绘制

S 曲线即工程进度曲线，因其曲线形状大致呈 S 形而得名。S 曲线以时间作横坐标，累计完成工程量或累计完成工程造价的百分比为纵坐标，如图 3-4 所示。

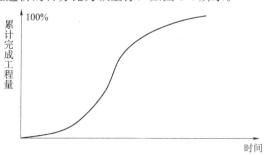

图 3-4　S 曲线

已知某路段填筑土方，总挖方量为 10 000 m³，需要 10 d 内完成，不同时间的土方开挖量见表 3-1，试绘制 S 曲线。

表 3-1　不同时间的土方开挖量

时间	1	2	3	4	5	6	7	8	9	10
每日完成工程量/m³	200	600	1 000	1 400	1 800	1 800	1 400	1 000	600	200
累计完成工程量/m³	200	800	1 800	3 200	5 000	6 800	8 200	9 200	9 800	10 000

绘制每日工作直方图，如图 3-5 所示。

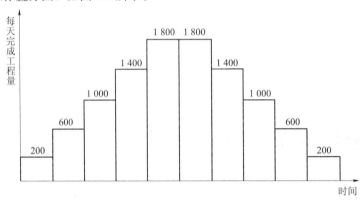

图 3-5　每日工作直方图

绘制累计完成工程量，如图 3-6 所示。

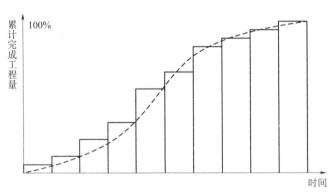

图 3-6　累计完成工程量

经整理可绘制 S 曲线，即工程进度曲线。

假设工程进度曲线用函数 $C = f(T)$ 表示，则 $V = dC/dT$ 表示工程在点 T 处的施工速度，也就是该点处曲线的切线方向即曲线的斜率。

一般情况下，项目施工初期应进行临时工程建设或做各项施工准备工作。随着劳动力和施工机械的投入逐渐增多，每天完成的工作量也逐渐增加。所以，施工速度逐渐加快，即工程进度曲线的斜率逐渐增大，此阶段的曲线呈凹形；在项目施工稳定期间，施工机械和劳动力投入最大且保持不变时，若不出现意外作业时间损失且施工效率正常，则每天完成的工作量大致相等，这时施工速度近似为常数，工程进度曲线的斜率几乎不变，故该阶段的曲线接近为直线；

项目施工后期，主体工程项目已完成，剩下修补加工及清理现场等收尾工作，劳动力和施工机械逐渐退场，每天完成的工作量逐步减少。此时，施工速度也逐步减小，即工程进度曲线的斜率逐步减小，此阶段的曲线则为凸形，如图 3-7 所示。

由此可见，一般工程进度曲线大体上呈 S 形，所以该曲线又称为 S 曲线。

S 曲线反映了生产过程中的正常生产状况，如生产过程中出现异常，则曲线的形状会发生改变，从而可以判断发生的部位、原因，以及可能对全局的生产造成的影响。

2. S 曲线的应用

因为 S 曲线是工程进度曲线也是现金流动曲线，所以它在公路工程施工进度及费用监理中均可应用，其作用如下：

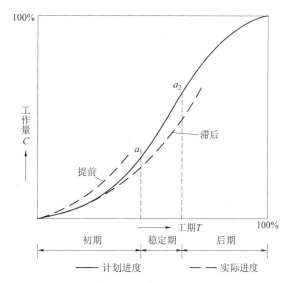

图 3-7 工程进度曲线

(1)审批施工进度计划时，可用 S 曲线判断承包人编制的施工进度计划是否合理。合理的施工进度计划，其工程进度曲线的形状大致呈 S 形，劳动力、材料和施工机具设备供应及工程费用使用分配均符合这一规律。反之，工程初期曲线不是凹形；或者施工稳定期间，曲线完全不是直线；或者工程后期曲线不呈凸形等，均说明施工中资源调配违背了一般规律。上述任何一种不合理情况，都应要求承包人重新修订施工进度计划。

(2)监控施工进度计划实施阶段，进度控制可方便地利用 S 曲线评价实际进度情况是否属于正常、提前或滞后。当实际进度按计划进度正常施工时，其实际进度与计划进度曲线相吻合，此时说明实际进度正常。如果实际进度比计划进度提前，则实际进度曲线应在计划进度曲线上方，此时实际施工速度比计划施工速度快，照此施工下去工期就会提前，监理工程师据此可做出两种决策：一是工程成本消耗较合理时，按实际施工进度不变，提前完成任务；二是工程成本消耗较高时，应适当放慢施工，使实际进度按计划进度进行，确保按计划工期完成任务。如果实际进度比计划进度滞后，则实际进度在计划进度的下方。这时实际施工速度比计划施工速度慢，照此下去工期就会拖延，此时监理工程师的一般决策是：增加资源供应，加快施工速度，使实际进度赶上计划进度，保证计划工期的按时完成。

(3)S 曲线可用于工程费用监理中工程计量及费用支付的依据。S 曲线是工程进度与累计完成的工程量或工作量(费用)的百分比表示曲线，也是工程项目实施中进度与现金流动关系曲线。项目实施期间实际完成了多少工程量或工作量(工作费用)，在实际进度曲线上一目了然，据此可方便地进行中期工程量的计量与支付。

三、工程进度管理曲线

在项目施工进度计划实施过程中，实际工程进度曲线将因施工条件及管理条件而变化，所以实际进度曲线往往与计划进度曲线不一致。如果两者的偏差太大，将使工程陷入难以恢复的状态。因此，应使实际进度始终处在一个安全的区域内，这样才能确保工程项目按时交工，为此可用进度管理曲线规定这个安全区的范围。

工程进度管理曲线又称为橡胶曲线，由两条同一开始时间和同一结束时间的曲线组成。其中,一条以各项工作均按最早开始时间安排进度绘制的曲线,简称 ES 曲线;另一条以各项工作均按最迟开始时间安排进度绘制的曲线,简称 LS 曲线。如图 3-8 所示。

工程进度管理曲线为工程进度曲线规定了允许界限,它指出了施工进度允许偏差范围所应满足的进度曲线变动区域。可以通过实际完成的曲线的形状、分布,来确定施工进度是否正常。

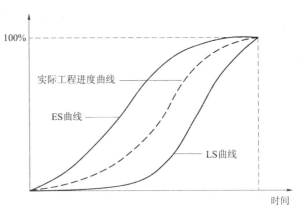

图 3-8 工程进度管理曲线

四、斜条图法

斜条图法又称为垂直图法或垂直坐标表示法。斜条图以纵坐标表示施工期限,横坐标表示里程或工程位置,而各分项工程或施工工序的施工进度则相应地以不同形式的斜条线表示。图 3-9 为某 80 km 路段综合施工的工程进度斜条图。

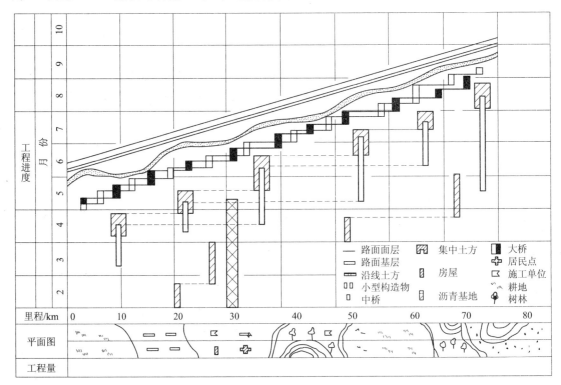

图 3-9 斜条式综合工程进度图

由图 3-9 可以看出,斜条图与横道图相似,它是横道图的另一种表示方法。在斜条图中各分项工程或施工工序的相互关系、施工紧凑程度及施工速度都十分清楚,工程的分布情况和施工日期清晰可见。从图 3-9 中,还可以直接找出任何时间各施工队伍所在的施工位置和应完成的工程数量。它与横道图相比,减少了横道图的不足,但它作为一种进度监理工具,仍然存在一些缺点:它不能反映各项目或工作(工序)之间错综复杂的关系;不能确定工作的机动时间及其关键工作;

不能使用计算机进行定量分析;计划的编制及修改的工作量较大;不能进行计划方案的比较及优选等。因此,斜条图法仅是编制道路、隧道等线形工程施工进度计划的一种较好形式。

五、网络计划图

网络计划技术是 20 世纪 50 年代国外陆续出现的一些计划管理的新方法。因为这些方法将计划的工作关系均建立在网络模型上,把计划的编制、协调、优化和控制有机地结合起来,所以称为网络计划技术。

网络计划图是以加注工作持续时间的箭线和节点组成的网状流程图来表示施工进度计划。其基本原理是:首先,根据工作间的相互关系及其工作先后顺序流程绘制工程项目施工进度计划网络图;其次,通过计算找出计划中的关键工作及关键线路;最后,通过不断调整、改善网络计划,选择最优的方案付诸实施。在网络计划实施过程中进行有效的监督与控制,确保工程项目按合同条件顺利完成。

网络计划技术有许多方法,主要有关键线路法(CPM)、计划评审法(PERT)、流水作业网络计划、搭接网络计划(CNT)、图例评审法等。

第三节 进度计划的编制与审批

工程进度计划是监理工程师对工程实施过程进行监理的前提,同时也是监理控制质量、成本、工期的重要依据。FIDIC 合同条件规定在承包人中标后,应按照合同规定的总工期编制工程进度计划表,并在规定的期限内送交监理工程师审核,经监理工程师审查、承包人修订后得以批准,便可据此执行。

一、进度计划编制的原则、依据

承包人在编制进度计划时,应考虑进度计划的合理性。因此,应满足下面的基本原则和要求。

1. 编制原则

(1)真实、可靠并符合实际;
(2)清楚、明确并便于管理;
(3)表达施工中的全部活动及其联系;
(4)反映施工组织及施工方法;
(5)充分使用人力和设备;
(6)预料可能的施工阻碍及变化;
(7)贯穿合同条件及技术规范。

2. 编制的主要依据

(1)施工合同中规定的合同工期、开工日期及竣工日期;
(2)投标书中确认的工程进度计划及施工方案;
(3)主要材料和设备的采购合同及供应计划;
(4)工程现场的特殊环境及气候条件;
(5)施工人员的技术素质及设备能力;
(6)已建成的同类工程的实际进度及经济指标等。

二、进度计划的基本内容

根据工程项目实施的不同阶段,其进度计划可分为总体进度计划,年、月进度计划。对于某些起控制作用的关键工程项目(如桥梁、隧道、立交等),还应单独编制工程进度计划。

1. 总体进度计划的内容

总体进度计划是从工程开工起,一直到交工验收为止的这段时间内,各个主要施工环节总的进度安排。其内容包括:工程项目的合同工期;完成各单位工程及各施工阶段所需要的工期;最早开始和最迟结束时间;各单位工程及各施工阶段需要完成的工程量及现金流动估算;各单位工程及各施工阶段所需配备的人力和机械的数量;各单位工程或分部工程的施工方案和施工方法;施工组织机构的设置及质量保证体系,包括人员配备、试验室等内容。

2. 年度进度计划的内容

由于公路工程项目的建设周期较长,当项目比较大时,除需编制工程的总体计划外,还需编制年度和月进度计划。其内容包括:本年度计划完成的单位工程及施工阶段的工程项目内容,工程数量及投资指标;施工队伍和主要施工设备的数量及调配顺序;不同季节及气温条件下各项工程的时间安排;在总体进度计划下对各分项工程进行局部调整或修改的详细说明等。

3. 月进度计划的内容

月进度计划的内容包括:本月计划完成的分项工程内容及顺序安排;完成各分项工程的工程数量及投资额;完成各分项工程的施工队伍及人力和主要机械设备的配额;在年度计划下对各单位工程或分项工程进行局部调整和修改的详细说明等。

4. 关键工程进度计划的内容

桥梁、隧道、立交等关键工程,其施工工期常关系到整个工程项目施工总工期的长短。因此,需单独编制服从于工程总体进度计划的单项关键工程进度计划。具体内容包括:具体的施工方案和施工方法;总体进度计划及各道工序的控制日期;各施工阶段的人员和机械设备的配额及其运转安排;现金流动估算;施工准备及结束后清场的时间安排;对总体进度计划及其他相关工程的控制、依赖关系和说明等。

5. 进度计划提交时间

(1)总体施工进度计划在签订合同协议书后 28 d 之内提交。
(2)关键(重点)工程或工程重点部位施工进度计划在其开工前 20 d 提交。
(3)年度工程进度计划在上年末 12 月 15 日前提交。
(4)月进度计划在上月 25 日前提交,旬进度计划与月进度计划一同提交。
(5)因管理需要而编制的进度计划,在文件规定的时间内及时提交。

三、进度计划的表示方式

一般的公路工程项目,其总体进度计划及关键项目的工程进度计划,常采用横道图、斜条图或进度曲线等方式表示;对于高等级大型项目,还应采用网络图表示;年度、月进度计划可采用横道图、进度曲线及有关形象进度图表示。

四、进度计划的审批

监理工程师对进度计划审批的目的是:全面分析和检查承包人所制订的工程进度计划;

了解计划中所采取的施工方案和技术措施等是否符合工程的现场情况和实际条件；确认所制订的实现合同工期的目标是否合理和可行。监理工程师在收到承包人提交的各项进度计划后，应组织有关人员在合同规定或满足施工需要的合理时间内将其审查完毕。审查工作可按以下步骤进行：

(1)阅读文件、列出问题、进行调查了解；
(2)提出问题与承包人进行讨论或澄清；
(3)对有问题的部分进行分析，向承包人提出修改意见；
(4)审查批准承包人修改后的进度计划。

进度计划审批的要点如下。

1. 工期和时间安排的合理性

施工总工期的安排应符合合同规定的工期；各施工阶段或单位工程(包括分部、分项工程)的施工顺序和时间安排与材料和设备的进场计划相协调；易受低温、冰冻、炎热、雨期等气候影响的工程的时间安排和有效的预防保护措施是否得当；对动员、清场、节假日及天气等因素影响的时间，是否留有充分的余地。

2. 施工准备的可靠程度

承包人的主要施工骨干人员及施工队伍的进场日期已经落实；施工测量放样、材料检查及标准试验的工作已经安排；驻地建设、进场道路、施工便道和便桥、供电、供水、通信等已经解决或已有可靠的解决方案；施工所需主要材料和设备的运送日期已有保证。

3. 计划目标与施工能力的适应性

审查承包人各阶段或单位工程计划完成的工程数量及投资额是否与承包人的设备、人力实际状况相适应；各项工程的施工方案和施工方法是否与承包人的施工经验和技术水平相适应；关键线路上安排的施工力量与非关键线路上安排的施工力量是否合适。

根据《公路工程国内招标文件范本》通用条款第14.2条规定，当监理工程师通过调查研究，如确认承包人为完成本合同工程而提供的工程进度计划是合理的，是切实可行的，应在合理的时间内同意承包人编制的进度计划，并通知承包人可按计划安排施工；如果监理工程师认为该计划不合理，则承包人应重新拟订一份工程进度计划，以取得监理工程师的批准。

总体进度计划应由总监理工程师审批；月进度计划和单项工程进度计划应由驻地监理工程师审核并报总监办。

第四节 进度计划的检查与调整

一、进度计划的检查

进度计划的检查是计划执行信息的主要来源，是施工进度调整和分析的依据，也是进度控制的关键步骤。进度计划检查的方法主要是对比法，即将实际进度与计划进度进行对比，从而发现偏差，以便调整或修改计划。因此，应做好以下工作：

(1)在工程项目的施工中，专业监理工程师应要求承包人每日按单位工程、分项工程或工作地点对实际进度进行记录，并予以检查，以作为掌握工程进度和进行决策的依据。每日进度检查记录应包括当日实际完成及累计完成的工程量；实际参加施工的人力、机械数量及生产效率；

施工停滞的人力、机械数量及其原因；承包人的主要技术及管理人员到达现场的情况；当日发生的影响工程进度的特殊事件或原因；当日的天气情况等。

(2)驻地监理工程师应要求承包人根据现场提供的每日施工进度记录，及时进行统计和标记，并通过分析和整理，每月向总监理工程师和业主提交一份月工程进度报告。该报告应包括工程进度概况或总说明，应以记事方式对计划进度执行情况提出分析；编制出工程进度累计曲线和完成投资额的进度累计曲线；显示关键线路（或主要工程项目）一些施工活动和进展情况的工程图片；反映承包人的现金流动、工程变更、价格调整、索赔、工程支付及其他财务支出情况的财务状况；影响工程进度或造成延误的其他特殊事项、因素及解决措施。

(3)监理工程师应编制和建立各种用于记录、统计、标记，反映实际工程进度与计划进度差距的进度控制图和进度统计表，以便随时对工程进度进行分析和评价，并作为要求承包人加快工程进度、调整进度计划或采取其他合同措施的依据。

工程实施期间，如果实际进度（尤其是关键线路上的实际进度）与计划进度基本相符时，监理工程师不应干预承包人对进度计划的执行，但应及时掌握影响和妨碍工程进展的不利因素，促进工程按计划进行。

二、进度计划的调整

监理工程师要明确进度计划的不变是相对的，而进度计划的改变是绝对的；平衡是相对的，不平衡是绝对的；实际进度与计划进度完全一致几乎不可能。作为监理工程师，在施工监理过程中应分清主次，即密切关注关键工作，避免造成工作盲目和被动；多观察，多记录，尽快发现影响进度的不利因素，及时采取措施和对策，或督促承包人调整后续进度计划，使进度符合目标要求。

调整工程进度计划的原则：主要应调整关键线路上的施工安排，对于非关键线路，如其实际进度与计划进度的差距并没有对关键线路上的实际进度造成不利影响时，监理工程师可不必要求承包人对整个工程进度计划进行调整。

1. 关键线路的调整

当关键线路上某项工程的施工时间比计划时间增加，将意味着整个工期将延长。在这种情况下，监理工程师应要求承包人先把注意力集中在非关键线路上，看非关键线路上的工程是否有机动时间，能否把非关键线路上的机械、人员调整到关键线路上的关键工序上去，以改变关键线路的时间，或者重新增加新的机械设备和人员来加快关键线路的工作，使其按计划完成。

2. 非关键线路的调整

调整工程进度计划，主要是调整关键线路上的施工安排。对于非关键线路，如果实际进度与计划进度的差距并不对关键线路上的实际进度造成不利影响时，监理工程师可不必要求承包人对整个工程进度计划进行调整，只需对机动和富裕时间予以局部调整安排；如果工程进度比原计划的进度拖延时差较大，并影响到合同工期的关键线路时，承包人必须及时对工程进度计划作整体修订与调整。

在承包人没有取得合理延期的情况下，监理工程师认为实际工程进度过慢，将不能按照实际进度计划预定的竣工期完成工程时，应要求承包人采取加快的措施，以赶上工程进度计划中的阶段目标或总体目标。承包人提出和采取的加快工程进度的措施必须经过监理工程师批准，承包人无权要求为采取这些措施支付附加费用。

工程实例

某高速公路施工组织设计

第一章 工程概况(略)
第二章 施工总平面图布置

第一节 生产设施场地(略)

第二节 接电、接水布置(略)

第三节 施工便道(略)

第四节 办公生活设施(略)

第五节 试验养护设施(略)

第六节 现场宣传(略)

第三章 施工组织和计划安排

第一节 施工区域的划分

根据本合同段工期紧的特点,设三个作业队采用平行作业方式负责全线的施工(在铺沥青路面时采用白天铺上层、晚上铺下层的作业方式)。具体施工段落如下:

路面垫层、底基层作业队:负责 K28+668.152～K43+200 主线、二莫互通、拐脖店互通砂砾垫层、底基层的施工。

路面基层作业队:负责 K28+668.152～K43+200 主线、二莫互通、拐脖店互通水稳碎石、二灰碎石基层以及水泥混凝土路面的施工。

路面面层作业队:负责 K28+668.152～K43+200 主线、二莫互通、拐脖店互通沥青混凝土面层的施工。

第二节 各施工区域的总体安排

一、分项工程进度计划

结合本工程的人力、材料、机械各个生产要素的配置情况及本公司的劳动定额及机械台班定额,各主要分项工程进度安排(如因外界因素影响,工期将顺延):

(1)施工准备:2009年6月26日—9月10日。

(2)路面垫层:2009年8月26日—9月25日,完成43%;
　　　　　　　2010年5月16日—6月15日,全部完成。

(3)路面底基层:2009年9月1日—10月25日,完成56%;
　　　　　　　　2010年5月20日—7月5日,全部完成。

(4)路面基层: 2010年5月1日—7月15日。

(5)柔性基层: 2010年5月26日—8月20日。

(6)路面下面层:2010年6月6日—8月25日。

(7)路面上面层:2010年6月16日—8月31日。

(8)桥面铺装: 2010年7月26日—8月25日。

(9)其他工程: 2010年4月20日—8月31日。

二、各施工区域施工安排

(一)路面垫层、底基层作业队:K28+668.152～K43+200 主线、二莫互通、拐脖店互通路面垫层、底基层

1. 主要工程量

厚 16 cm　370 564 m²、厚 20 cm　186 190 m²、厚 25 cm　45 147.66 m²。

2. 砂砾垫层、底基层的施工

计划工期：第一阶段为 2009 年 8 月 26 日—2009 年 10 月 25 日；

第二阶段为 2010 年 5 月 16 日—2010 年 7 月 5 日。

3. 主要机械和施工人员配备情况

挖掘机 1 台、装载机 2 台、180 hp 平地机 1 台(1 hp≈735 W)、140 kW 以上推土机 3 台、钢轮压路机 2 台、振动压路机 2 台、自卸汽车 30 台、施工队长 1 人、施工员 1 人、技术员 2 人、测量员 2 人、试验员 1 人、力工 20 人。

(二)路面基层作业队：K28+668.152～K43+200 主线、二莫互通、拐脖店互通路面基层

1. 主要工程量

水稳碎石基层：厚 20 cm　9 151.5 m²、厚 30 cm　3 080 m²；

二灰稳定碎石基层：厚 20 cm　27 540.67 m²、厚 30 cm　3 719.65 m²、厚 34 cm　442 952 m²；

水泥混凝土路面：厚 22 cm　8 584 m²、厚 26 cm　2 992 m²。

2. 水稳碎石、二灰稳定碎石基层路面的施工

计划工期：2010 年 5 月 1 日—2010 年 7 月 15 日。

3. 水泥混凝土路面的施工

计划工期：2010 年 6 月 25 日—2010 年 8 月 10 日。

4. 主要机械和施工人员配备情况

摊铺机 2 台(7.5 m)、装载车 3 台、钢轮压路机 2 台、振动压路机 2 台、自卸汽车 30 台、基层稳定土拌合站 2 台(300 t/h)、水泥混凝土拌合站 1 台、施工队长 1 人、施工员 1 人、技术员 2 人、测量员 2 人、试验员 1 人、力工 32 人。

(三)路面面层作业队：K28+668.152～K43+200 主线、二莫互通、拐脖店互通路面面层

1. 主要工程量

中粒式沥青混凝土：厚 5 cm　26 519 m²、厚 6 cm　418 604 m²；

沥青稳定碎石混合料：厚 8 cm　418 604 m²；

沥青玛蹄脂碎石混合料：厚 4 cm　445 123 m²、厚 5 cm　3 703.17 m²。

2. 沥青混凝土面层的施工

计划工期：2010 年 5 月 26 日—2010 年 8 月 31 日。

3. 主要机械和施工人员配备情况

摊铺机 2 台(ABG)、装载机 2 台、双驱双振 4 台、胶轮压路机 1 台、自卸汽车 30 台、沥青拌合站 1 台、施工队长 1 人、施工员 1 人、技术员 2 人、测量员 2 人、试验员 1 人、力工 20 人。

第三节　人力资源计划(略)

第四节　主要材料投入计划(略)

第五节　投入的主要施工机械、仪器设备(略)

第六节　资金使用

年度 \ 季度	一季度/万元	二季度/万元	三季度/万元	四季度/万元	合计/万元	累计占合同价/%
2009 年			5 614 910	4 322 586	9 937 496	6.5
2010 年	0	63 200 910	77 004 226	1 629 036	141 834 172	100

第七节　其他临时工程计划安排

2009年2月10日开始投标承诺的设备、人员进场。其他机械设备、人员根据工程进度陆续组织进场，确保满足施工需要。

先期人员进场后，先进行征地和临建的筹备，进行三通一平，在一个月时间内完成驻地建设、电力电信设施的安装及供水。

同时，组织材料采购人员进行材料市场调查，确定合格供应方并立即着手备料工作。测量人员进行恢复定线测量，以及水准点的校核、中线的测设等测量工作。工程技术人员熟悉招标文件和设计图纸，并对施工中特殊工艺及关键工序编制详细的施工方案和施工方法，为能够顺利进入施工生产做好准备。试验人员着手试验室的组建和筹备，对各项试验全面掌握，选择试验仪器，为直接进入施工生产做好准备。

第四章　质量管理措施

第一节　工程质量目标

1. 总体质量方针与质量目标

公司总体质量方针为：精心施工、科学管理、持续改进、顾客满意。质量目标为：建立满足 GB/T 1900 和 ISO 9001—2000 标准要求的质量管理体系，并使其有效运行，工程质量确保满足使用要求。工程项目优良率100%，单位工程优良率90%以上。

2. 项目部的质量目标

项目部的质量目标为：本标段工程必须达到优良标准，保证完工后达到优良精品工程。确保交竣工验收时本标段工程质量评分达到95以上。分项工程一次合格率100%。单位工程合格率100%。

施工质量管理的原则：

(1)坚持"质量第一，用户至上"；

(2)"以人为本"；

(3)全面控制施工过程，重点控制工序质量；

(4)坚持质量标准、严格检查，一切用数据说话；

(5)"以防为主"；

(6)贯彻科学、公正、守法的职业规范。

第二节　质量保证体系

一、质量保证体系

二、质量保证措施

(一)思想和意识保证

首先，制定质量目标，对质量目标细化分解，量化到位；然后，编制详细质量计划，并进行质量计划宣传教育，将质量计划交底到各层面，横向到边，纵向到底。对全员实施全过程的形势教育，全面质量管理思想和创优思想教育，提高全员质量意识，使全员明确目标，牢固树立"质量在我心中，创优在我手中"的思想。

(1)教育全员要认清当前狠抓质量和建筑市场激烈竞争的形势，深刻理解质量、效益、进度之间的关系，明确质量就是生命、质量就是效益、质量就是信誉、质量就是发展、质量就是企业实力的最好证明。

(2)对全员进行TQC教育，使全员了解TQC活动的基本知识，建立"以预防为主、防检结合、为用户服务、用数据说话"的观念。

(3)对全员进行规章制度教育，开展丰富多彩的竞赛活动，定期召开现场会，抓样板、树典型，及时总结推广先进经验。

(4)全面认真熟悉图纸、资料和有关技术规范，严格按图纸及规范施工。

(5)加强技术质量培训，以工作质量保证工程质量。

(6)以合同预控质量，对原材料供应商和劳务队伍的合同细化质量目标，明确责任体系。

(7)思想教育要做到有面、有层次、有内容、有效果、有检查、有记录。

(二)组织和制度保证

(1)建立健全质量保证体系(见质量保证体系图)。

(2)搞好分工负责：在质量管理上，项目经理统管全盘，全面负责现场施工，其他领导成员按照工程结构和分类进行分工，实行领导干部分段、分片质量管理责任制。工程紧张阶段，领导进驻现场，跟班作业，指挥协调。

(3)质量目标责任制。根据工程项目的标准要求，确定项目经理的质量目标，并将此目标分解，具体落实到各部门的工作中；同时，制定各级人员质量责任制，将个人的工作报酬与其所承担的质量责任目标挂钩，从而保证质量目标的贯彻实施。

(4)建立落实质量计划和质量控制体系责任奖罚制度。制定严格的项目管理制度，对违反操作规程，除返工补救外，并给当事人一定处罚，对有功者给予一定奖励。

(5)建立责任追究制度。项目部及队各级管理人员，明确质量责任范围，建立工程质量终身责任追究制，通过贯彻 ISO 9002 质量体系标准，实现质量责任的可追溯性。

(6)质量分析会制度。在对施工质量进行数量统计分析的基础上，根据质量的波动情况、存在的问题，由项目经理部总工主持召开分析会，对其进行质量分析，找出原因，制定措施，对实施结果进行反馈，从而提高工程质量。

(三)技术和培训保证

1. 以良好的技术管理保障工程质量

(1)施工前编制可实施性施工组织设计，对主要工程施工项目均需制订完备的施工方案、施工工艺。

(2)实施前进行全面的技术交底，交底时要突出重点、注意事项。

(3)加强测量与试验管理工作。做好施工现场自检、质检员检测及试验室检测工作。

(4)以试验指导施工，做好各种试验工作。

(5)加强变更设计管理，做好内业工作，以内业指导外业。

(6)控制各种混凝土配合比，强化现场管理工作。

(7)集中拌和混凝土，保证混凝土质量稳定。

(8)做好技术文件档案工作。

2. 建立持久的学习制度

工程开工前，组织有关人员熟悉业主合同要求及其总体施工安排，创优规划，组织技术人员详细审核图纸，学习有关标准、规范，为编制实施性施工组织设计及技术交底做好准备。分项工程开工前，要进行技术培训，以正确施工工艺保证工程质量。

工程进行中，结合不同的工序及施工中出现的问题进行培训，同时开展广泛的 QC 小组活动，增强职工全员参与管理的积极性，使全项目部人人重视质量，人人明确自己岗位的质量标准，为高质量完成本工程打下坚实的基础；同时，也组织内部队伍相互学习、评比，鼓励先进，鞭策落后。

3. 对工序实行严格的"三检"及工序交接卡制度

"三检"，即自检、互检、专检。上道工序不合格，不准进入下道工序，确保各道工序的工程质量。

4. 建立严格的隐蔽工程检查签证制度

凡属隐蔽项目，首先由作业队、工区、项目部逐级进行检查。检查合格后，将检查结果填入表格，然后请监理工程师监察。

5. 建立测量计算资料换手复核制度

测量资料必须换手复核，现场测量基线、水准点均进行定期复测检查。

6. 建立仪器设备的检定制度

测量仪器、试验设备、各种仪器仪表、计量器具按照《计量法》规定进行定期或不定期的检定。新购置的和在用的计量器具仪器均进行检定，取得合格证书后方能使用。工地设专人负责计量工作，设立账卡档案，实施监督和检查。仪器设备由工地试验室指定专人管理。

(四)施工和自检保证措施

(1)完善施工组织和施工要点。施工组织设计和施工要点必须经总工程师及监理工程师审核后方可执行。

(2)加强施工技术管理，以施工组织设计为纲领，以施工工艺设计和施工要点为指导，以三级技术交底、操作规程和工序交接检查为保证，严格各施工工序的控制与管理。在施工中实施全过程的质量监控，推行高标准的质量管理，严格各工序技术要求，狠抓原材料和工艺双控制，做到程序化、标准化、规范化作业。

(3)完善质量检测手段，用检测控制工序，让工序控制过程，靠过程控制整体。从施工每一道工序、每一个细节入手，全过程地跟踪检测，确保工程质量依数据说话。严格执行"三检"制度，即工序自检、监理检验、交工互检，不经三检合格不得转入下道工序施工，使工程质量在施工全过程都处于受控状态之中，以确保道道工序规范，施工全过程创优。

(4)严格质量标准，实施标准化作业，做到全部工序有标准、有检查，并把新技术、新工艺、新方法运用到各项施工生产中去，切实保证标准化的作业质量。

(5)严格工序控制，施工中严格执行"五不施工"制度，即施工桩号不清不施工、无技术交底不施工、无复测资料不施工、无质检工程师签证不施工、无监理批复不施工。

(6)严格质量验收。在日常检查或月份验工计价时，对存在个别缺点和不足的工程限期改正。对不符合内控标准、影响创优的工程，坚持推倒重来并追究责任人的责任。

(7)按要求配置施工机械和试验检测设备，提高施工机械化水平、质量监测水平和各种设备的应用效率。

(8)加强施工过程质量控制，以工序质量保障工程质量。

设置工序质量控制点，进行工序质量预控。

加强工序质量影响因素控制，以设备保工艺，以材料保工艺，以方法保工艺，以工艺保工序质量。

严格把好各分项、分部工程和各工序交接的质量检测、验收关，并严格质量、监理签证程序。

对于工程施工中出现的主要技术问题，主动向建设单位、监理单位、设计单位请示解决。

1)实施方法。工艺过程质量监控主要是通过大面积施工的"跟踪检测"来实现的，其具体做法分为"施工跟检""复检"和"抽检"三种方式。

2)实施程序。在项目部内部分两级实施，"施工跟检"主要由各工程队实施，项目经理部派人指导和监督；"复检"和"抽检"由项目经理部实施。检测记录采用监理批准的格式，检测时首先由各工程队检测人员认真做好记录，并及时将检测结果上报项目经理部，根据情况确定"复检"和"抽检",并由检测人员做好记录。在确认正确无误时,由两级检测人员签字,报送监理工程师签字或同意后,方能继续施工。

3)检测频率和标准按规范规定的要求进行。

4)控制手段。工艺过程质量控制的基本手段有两种:一是现场试验,对物理力学指标进行监控;二是测量,对位置、高程和几何尺寸进行监控。

(9)任何一项工程完工后进行质量验收,在项目经理部内部分两级进行,先由工程处全面自检并认真做好记录,确认质量合格后项目部审查,并由项目经理部进行"复检"和"抽检"。确认合格后双方签字,然后报请总工程师"复检"或审批。

(10)质量保证体系的运作。

1)工程部。

①组织技术人员认真查阅、复核图纸,领会设计意图。

②根据具体情况,对各施工项目进行施工方案设计。

③编写每个分项工程项目的《施工工艺细则》,并且组织工程技术人员、施工第一线人员进行技术交底,认真学习。

2)质检部。

①做好各分项工程的质检计划,准备各种施工原始记录表格。

②对各质检工作做好详细的分工,每天到施工现场进行质量检查,如发现问题及时处理。

③做好上下工序交接时的检查。由质检部部长主持,由施工队队长、质检员以及班组组长组成的质量检查组,进行工序间的质量检查。该项目由监理工程师签字合格后,才能进行下一道工序的施工。

④收集并整理施工原始记录。

⑤测量组。开工前,用全站仪复测控制网点,并建立覆盖整个施工范围的控制网;提前做好各分项工程的测量计划;对工程的重点部位,施工时每天都进行跟踪观测。

⑥施工队质检员、工班班组质检员。指导工人按质量控制标准的要求进行施工操作,做好详细的施工原始记录,做好班组交接时的检查。

3)试验室。

①做好每批施工原材料的验收、抽检、化验。

②浇筑混凝土时,实地取样做各种混凝土的试验工作。

③收集整理各种试验报告单、验收证明等。

(五)技术保证措施

1. 测量放样

采用全站仪进行施工放样,做到4个复核,即水准点、控制点复核,计算复核,图纸复核,放样复核。

2. 路面工程

1)采用信息化施工技术,按三阶段、四区段、八流程组织施工。严格按试验段确定的工艺参数进行施工,对分层厚度、碾压遍数、摊铺方法、材料含水量进行重点控制,把好"二度",即平整度、路拱度和压实度。

2)确立可靠的检测方法,建立严密的检测制度。

3)把好石灰、粉煤灰、水泥、碎石、沥青等的材料关,坚决做到不合格材料不验收、不使用。

第五章　工期管理措施

第一节　工期管理目标

投标人计划在 2010 年 8 月 31 日前完成全部工程任务。业主计划工期为 19 个月，为确保本工程按计划完成，对关键线路应采取一切措施，确保本线路工程中每分项工程的进度要求。

施工总体计划见施工进度计划表。

第二节　工期保证措施

(一)组织保证

(1)设立强有力的项目经理部，加强现场指挥，协调内外关系，以施工网络图为依据，做好施工安排，任务分解落实，建立工程进度责任制，定期考核，开展劳动竞赛，促进各项指标的圆满完成。

建立以生产调度为中心的生产指挥系统，加强指挥，做到人、机、料合理调配，及时解决生产中的问题。

抓住关键项目和关键工序，按照程序施工，科学施工。

(2)建立从项目部到各项目队的生产调度指挥系统，全面、及时反馈影响施工进度的各种问题，加强对工程交叉和施工干扰的指挥与协调，对影响工期的重大关键问题超前研究，制定措施，及时配置或调整人、财、物、机，保证工程的连续性和均衡性。

(3)加强对本项目全体参战员工的思想动员和教育，并进行安全知识培训，使其增强施工的安全意识，树立"有安全才有进度"的新观念。

(4)坚持按照"突出重点，兼顾一般"的原则均衡组织生产，加强联合作战能力，提前备料，保证路基及早成型，在本投标文件确定的工期目标内全面完成施工任务。

(二)制度保证

(1)建立健全工期保证岗位责任制，层层签订工期包保责任状。

(2)建立生产计划考核制度，编制周密、详尽的施工生产计划，以日保旬，以旬保月，每季对各项目队生产计划的完成情况进行考核。

(3)实行工期奖惩制度。根据生产计划考核情况，对完成好的给予表彰奖励，完成差的要查找原因，制定整改措施并给予必要的经济处罚。同时，实行计件工资、承包工资，把员工的工资收入与计划完成情况挂钩，以充分发挥参战员工的积极性与主动性。

(4)在各参战队伍之间开展"安全标准工地建设"，每月评比一次，对优胜者颁发流动红旗并给予物质奖励，以营造比、学、赶、帮的良好氛围。

(5)建立工期进度定期检查制，每周一次并形成例会，专门研究解决施工中的各项问题。

(三)技术保证

(1)以施工组织设计为依据，根据现场实际情况和建设单位的安排，进一步优化和调整实施性施工组织设计，为实现工期目标提供更加科学、合理和有序的施工组织方案。

(2)编制年度和月进度计划安排，并制订完成计划的各项具体措施。当因环境条件变化而影响计划完成时，运用网络技术及时找出新的关键线路，重新确定重点工程或工序，采取有力措施，使施工进度满足计划要求，使项目始终处于受控状态。

(3)各重要的分项工程开工前，由总工程师牵头对施工方案进行会审，确保施工方案科学可行。

(4)提高施工测量控制水平，确保工程测量结果符合精度要求。

(5)加强技术管理的力度，以适应施工进度的需要。已经确定的技术问题，及时通知施工工长和施工班组；临时性的修改，要立即制定相应的技术处理措施；对可能影响质量和进度的问题，要向设计、甲方及早提出，尽量避免事后处理。

(6)在不影响结构安全和建筑使用功能，不增加甲方投资的原则下，根据工期要求和实际施工情况，会同设计、甲方一道，采取灵活、可靠的技术措施，及时解决施工中的各种技术问题。

(7)编制施工进度计划时要综合考虑各方面的因素，努力做到紧凑、严密、预见性强、实用性强，从而增强施工组织管理的科学性，使施工安排紧张有序、忙而不乱。

(8)配备程控电话、移动电话、对讲机等通信设施，以便于联系和指挥协调。

(9)掌握天气情况，合理组织工程或工序施工，尽量避免恶劣天气对施工造成影响和损失。

(四)加强进度计划管理和控制

(1)完善进度计划体系。

(2)保证进度计划的落实和执行。

编制作业计划，下达任务书，签订进度责任书，加强进度计划的对比检查和调查。

编制详细的施工组织设计和单项工程施工方案，按业主工期要求，精心、科学地编制计划。找出影响工期的关键问题，对将会影响整个工程的关键项目实行专项控制，加大管理力度及科学性优化来确保进度。

工程的计划管理以控制总体计划为目标，灵活调整月度计划，保证季度计划和年度计划的实现。在具体进度计划管理实施过程中，项目经理部将重点放在对工期影响较大的关键工程上，同时也将计划管理工作重点放在施工过程中进度滞后的施工班组上，督促施工班组加强工序管理工作，合理安排和及时调配工、料、机，确保工程保质、保量按计划工期完成。项目经理部根据总体施工计划，找出控制工期的关键工序和关键项目，把工程的重点、难点及关键工程项目作为计划管理的重点来抓，派专人负责，加强管理。

(3)加强内业工作，及时做好变更设计。

本项目经理部及时、准确做好内业工作，确保内业工作及时指导外业施工。

变更设计是否及时，将严重影响施工进度。本项目可能存在变更设计，项目部应做好设计与现场校对工作，及时发现需变更的地方，做好变更设计申报工作。

(五)管理措施保证

1. 从人员组织和机械设备方面保证

(1)公司抽调精干人员组成项目经理部代表公司全面负责本标段的施工管理，统一指挥、协调施工，配备足够的机械设备，以保证工程按时完成。

(2)项目经理部对机械设备使用管理。

1)机械设备调配：项目部根据施工任务的工期要求和质量要求，配备拟用机械设备。

2)项目部设备管理人员根据设备原厂资料制订并实施保养计划。

3)对机械设备操作人员进行管理。

4)机械设备操作人员要持证上岗。

5)机械设备维修管理：机械设备大、中修期间，机长要坚持在现场工作，设备材料部人员应经常到现场检查维修质量和进度；保障机械设备完好率。

2. 从材料供应方面保证

加强材料采购计划管理，根据施工进度计划要求充分备料，防止待料停工的现象发生。

3. 从计划安排和作业时间方面保证

按照总工期要求，按月制订施工计划和实施方案，重点工序做好施工组织设计。根据工程特点和当地气候特点条件，合理安排各项工程的施工顺序，充分利用有利条件和时间，根据工序特点，能连续作业的安排三班倒作业，缩短流水作业流程，从各个施工环节上加快施工进度。

确保总工期。

4. 从后勤方面保证

加强机械设备和车辆保养、维修，保障施工正常运转。搞好职工食堂，防病治病，保障职工身体健康，保证正常出勤率，以确保工期。

5. 做好协调工作

加强与当地政府、群众联系，做好与当地政府和群众的协调工作，尊重当地的风俗习惯，维护人民群众的利益，求得当地政府与群众的支持，使工程施工进度顺利。

6. 定时召开专题会议

定时召开专题会议，统一认识，处理施工过程中出现的问题。每周进行一次进度计划执行情况检查，开展以班组、部门为单位的劳动竞赛活动，每月评比一次，通过比质量、进度、安全，表扬先进，找出差距，总结经验。加强团结协作，增加集体的凝聚力，使每个施工队（班组）形成一个战斗集体，确保施工的顺利进行。

7. 从投入上保证

基于本工程的特点采用超常规施工方法。有超常规的投入才能保证超常规施工的实现，有超大的投入才有超大的产出。

(1)从机械设备投入上保证。由于超常规的施工，除计划投入的机械设备外还需要投入备用机械设备。

(2)从资金投入上保证。因为超常规的施工，需要大量的材料采购，所以必须加大流动资金投入。

(3)人力资源投入上保证。由于超常规的施工，必须加大人力资源（包括管理人员和施工人员）的投入。

(六)协调好各方关系

要维护业主和监理工程师的权威，尊重业主和驻地监理工程师的正确意见和建议，严格执行指令，并处理好与地方政府和当地居民的关系。

(七)与相邻标段的协调施工

测量工作的协调：

(1)在导线点和水准点复测时，相邻两个标段进行联测，并把复测资料交至监理工程师批准后统一使用。

(2)接头处路基施工与相邻标段协调好，同时进行同段、同层、同高度施工，保证路基接头压实度的要求。

第六章　安全管理措施(略)

第七章　环境管理措施(略)

第八章　文明施工管理措施(略)

第九章　雨期施工管理措施(略)

第十章　缺陷责任期内管理措施

(1)工程完工后，成立由项目总工为组长、技术干部和有关技术人员组成的工程竣工维护与回访组，负责缺陷责任期内对工程的维护与回访。

(2)缺陷责任期内，小组要定期对所建工程进行全面的检查，遇暴雨等不可抗拒的自然灾害后要随时检查，对出现的工程缺陷要登记清楚，分析原因，及时向业主上报缺陷数量、缺陷范围责任及原因等，并立即组织维修。

(3)缺陷责任的维护分两种情况，若因本投标人施工质量问题造成结构内部受力变化或外部破坏的，本投标人自己拿出修复方案并报业主批复后立即实施；若属设计或是其他非承包人责任造成的缺陷，本投标人要及时上报业主和设计院，并按照业主和设计院批复的方案组织维修。缺陷责任期内工程的维护，要在不影响正常使用的情况下进行，必要时采取可行的防护措施，确实要中断运行时必须在业主同意的情况下进行。

（4）各项缺陷的修复必须符合规范要求取得监理工程师和业主的认可。

（5）缺陷责任期内承包人成立的维护与回访组必须保证管段排水畅通、路面洁净，沟、渠、涵内没有淤积物，桥上各种设施齐全、无损害，形成标志醒目、无毁坏。

（6）本承包人成立的维护与回访组还将对管段内设计方面不完善之处进行合理完善、补建，确保路基边坡稳定、环境美观。

（7）按照 ISO 9001—2000 标准要求，本承包人实行竣工回访，工程交付后，仍应不断地与业主取得联系，每半年至少回访一次，听取业主的使用情况及意见。

缺陷责任期管理小组
   组　长：   副组长：   组　员：

配备机械一览表

序号	机械名称	单位	数量	备注
1	铣刨机	台	1	
2	装载机	台	1	
3	管理用车	台	1	
4	自卸汽车	台	2	
5	摊铺机	台	1	

第十一章　主要工程项目施工方案（略）

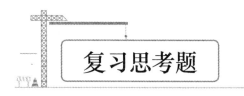

复习思考题

1. 进度监理的作用和任务是什么？
2. 横道图的特点是什么？
3. 进度计划的表示方式有哪几种？
4. 进度计划审批的目的、步骤及要点有哪些？
5. 调整进度计划的原则是什么？

第四章

公路工程施工费用监理

第一节 工程费用概述

一、工程费用的概念

工程费用一般指修建工程项目所投入的建设资金，它是工程建设项目在施工过程中形成的工程价值的货币表现形式。在公路工程中，它一般包括路基、路面、桥梁、隧道、交通安全设施、防护设施、绿化、环保等工程的建设安装工程费。它是工程造价的主要组成部分，占公路工程总造价的 60%～80%。

二、工程费用的组成

工程费用的组成包括以下几个部分。

1. 直接费

直接费是指施工过程中耗费的构成工程实体和有助于工程形成的各项费用，包括人工费、材料费、施工机械使用费。

（1）人工费是指列入概算、预算定额的直接从事建筑安装工程施工的生产工人开支的各项费用，包括计时工资或计件工资，津贴、补贴，特殊情况下支付的工资等。

人工费以概算、预算定额人工工日数乘以综合工日单价计算。人工费标准按照本地区公路建设项目的人工工资统计情况以及公路建设劳务市场情况进行综合分析、确定人工工日单价。人工工日单价由省级交通运输主管部门制定发布，并适时进行动态调整。人工工日单价仅作为编制概算、预算的依据，不作为施工企业实发工资的依据。

（2）材料费是指施工过程中耗用的构成工程实体的原材料、辅助材料、构配件、零件、半成品或成品等，按工程所在地的材料价格计算的费用。

（3）施工机械使用费是指列入概算、预算定额的工程机械和工程仪器仪表台班数量，按相应的施工机械台班费用定额计算的费用等。

2. 设备购置费

设备购置费是指为满足公路初期运营、管理需要购置的构成固定资产标准的设备和虽低于固定资产标准但属于设计明确列入设备清单的设备的费用，包括渡口设备，隧道照明、消防、通风的动力设备，公路收费、监控、通信、路网运行监测、供配电及照明设备等。

设备购置费应列出计划购置的清单(包括设备的规格、型号、数量),以设备预算价计入。设备购置费包括设备原价、运杂费、运输保险费、采购及保管费,各种税费按编制期有关部门规定计算。需要安装的设备,按建筑安装工程费的有关规定计算设备的安装工程费。

3. 措施费

措施费包括冬期施工增加费、雨期施工增加费、夜间施工增加费、特殊地区施工增加费、行车干扰施工增加费、施工辅助费、工地转移费。

(1)冬期施工增加费是指按照公路工程施工及验收规范所规定的冬期施工要求,为保证工程质量和安全生产所需采取的防寒保温设施、工效降低和机械作业效率降低以及技术操作过程的改变等所增加的有关费用。

(2)雨期施工增加费是指雨期施工为保证工程质量和安全生产所需采取的防雨、排水、防潮和防护措施、工效降低和机械作业率降低以及技术操作过程的改变等所需增加的有关费用。

(3)夜间施工增加费是指根据设计、施工技术规范和合理的施工组织要求,必须在夜间施工或必须昼夜连续施工而发生的夜班补助费、夜间施工降效、施工照明设备摊销及照明用电等费用。

(4)特殊地区施工增加费包括高原地区施工增加费、风沙地区施工增加费和沿海地区施工增加费三项。高原地区施工增加费是指在海拔高度 2 000 m 以上地区施工,由于受气候、气压的影响,致使人工、机械效率降低而增加的费用;风沙地区施工增加费是指在沙漠地区施工时,由于受风沙影响,按照施工及验收规范的要求,为保证工程质量和安全生产而增加的有关费用;沿海地区施工增加费是指工程项目在沿海地区施工受海风、海浪和潮汐的影响,致使人工、机械效率降低等所需增加的费用。

(5)行车干扰施工增加费是指由于边施工边维持通车,受行车干扰的影响,致使人工、机械效率降低而增加的费用。

(6)施工辅助费包括生产工具用具使用费、检验试验费和工程定位复测、工程点交、场地清理等费用。生产工具用具使用费是指施工所需不属于固定资产的生产工具、检验、试验用具及仪器、仪表等的购置、摊销和维修费,以及支付给生产工人自备工具的补贴费。检验试验费是指施工企业对建筑材料、构件和建筑安装工程进行一般鉴定、检查所发生的费用,包括自设试验室进行试验所耗用的材料和化学药品的费用,以及技术革新和研究试验费,不包括新结构、新材料的试验费和建设单位要求对具有出厂合格证明的材料进行检验、对构件破坏性试验及其他特殊要求检验的费用。

(7)工地转移费是指施工企业迁至新工地的搬迁费用。

4. 企业管理费

企业管理费由基本费用、主副食运费补贴、职工探亲路费、职工取暖补贴和财务费用五项组成。

(1)基本费用是指建筑安装企业组织施工生产和经营管理所需的费用,包括管理人员工资、办公费、差旅交通费、固定资产使用费、工具用具使用费、劳动保险费、职工福利费、劳动保护费、工会经费、职工教育经费、保险费、工程排污费、税金及其他。

(2)主副食运费补贴是指施工企业在远离城镇及乡村的野外施工购买生活必需品所需增加的费用。

(3)职工探亲路费是指按照有关规定发放给施工企业职工在探亲期间发生的往返交通和途中住宿费等费用。

(4)职工取暖补贴是指按规定发放给施工企业职工的冬季取暖费和为职工在施工现场设置的

临时取暖设施的费用。

(5)财务费用是指施工企业为筹集资金提供投标担保、预付款担保、履约担保、职工工资支付担保等所发生的各种费用,包括企业经营期间发生的短期贷款利息净支出、汇兑净损失、调剂外汇手续费、金融机构手续费,以及企业筹集资金发生的其他财务费用。

5. 规费

规费是指按法律、法规、规章、规程规定施工企业必须缴纳的费用,包含养老保险费、失业保险费、医疗保险费、工伤保险费、住房公积金。

6. 利润

利润是指施工企业完成所承包工程获得的盈利,按定额直接费及措施费、企业管理费之和的7.42%计算。

7. 税金

税金是指国家税法规定应计入建筑安装工程造价的增值税销项税额。

8. 专项费用

专项费用包括施工场地建设费和安全生产费。

(1)施工场地建设费包括:

1)按照工地建设标准化要求进行承包人驻地、工地试验室建设,钢筋集中加工、混合料集中拌制、构件集中预制等所需的办公、生活居住房屋(包括职工家属房屋及探亲房屋)、公用房屋(如广播室、文体活动室、医疗室等)和生产用房屋(如仓库、加工厂、加工棚、发电站、变电站、空压机站、停机棚、值班室等)等费用。

2)包括场区平整(山岭重丘区的土石方工程除外)、场地硬化、排水、绿化、标志、污水处理设施、围墙隔离设施等的费用,不包括钢筋加工的机械设备、混合料拌和设备及安拆、预制构件台座、预应力张拉设备、起重及养护设备,以及概算、预算定额中临时工程的费用。

3)包括以上范围内的各种临时工作便道(包括汽车、人力车道)、人行便道,工地临时用水、用电的水管支线和电线支线,临时构筑物(如水井、水塔等)、其他小型临时设施等的搭设或租赁、维修、拆除、清理的费用;但不包括红线范围内贯通便道、进出场的临时道路、保通便道。

4)工地试验室所发生的属于固定资产的试验设备和仪器等折旧、维修或租赁费用。

5)施工扬尘污染防治措施费:指裸露的施工场地覆盖防尘网、施工便道和施工场地洒水或喷洒抑尘剂,运输车辆的苫盖和冲洗、环境敏感区设置围挡,防尘标识设置,环境监控与检测等所需要的费用。

6)文明施工、职工健康生活的费用。

(2)安全生产费包括完善、改造和维护安全设施设备费用,配备、维护、保养应急救援器材、设备费用,开展重大危险源和事故隐患评估和整改费用,安全生产检查、评价、咨询费用,配备和更新现场作业人员安全防护用品支出,安全生产宣传、教育、培训费用,安全设施及特种设备检测检验费用,施工安全风险评估、应急演练等有关工作及其他与安全生产直接相关的费用。

公路工程概算、预算的费用组成如图4-1所示。

```
                                              ┌ 人工费
                                        直接费 ┤ 材料费
                                              └ 施工机械使用费
                                   设备购置费
                                              ┌ 冬期施工增加费
                                              │ 雨期施工增加费
                                              │ 夜间施工增加费                    ┌ 高原地区施工增加费
                                        措施费 ┤ 特殊地区施工增加费 ┤ 风沙地区施工增加费
                                              │                                   └ 沿海地区施工增加费
                                              │ 行车干扰施工增加费
                                              │ 施工辅助费
                                              └ 工地转移费
                      建筑安装工程费             ┌ 基本费用
                                              │ 主副食运费补贴
                                        企业管理费 ┤ 职工探亲路费
                                              │ 职工取暖补贴
                                              └ 财务费用
                                              ┌ 养老保险费
                                              │ 失业保险费
                                        规费   ┤ 医疗保险费
                                              │ 工伤保险费
                                              └ 住房公积金
                                   利润
                                   税金
                                        专项费用 ┤ 施工场地建设费
                                                 └ 安全生产费
                      土地使用及拆迁补偿费
                                                 ┌ 建设单位(业主)管理费
                                                 │ 建设项目信息化费
      概(预)算总金额 ┤    建设项目管理费 ┤ 工程监理费
                                                 │ 设计文件审查费
                                                 └ 竣(交)工验收试验检测费
                                   研究试验费
                                   建设项目前期工作费
                                   专项评价(估)费
                      工程建设其他费    联合试运转费
                                                 ┌ 施工器具购置费
                                        生产准备费 ┤ 办公和生活用家具购置费
                                                 │ 生产人员培训费
                                                 └ 应急保通设备购置费
                                   工程保通管理费
                                   工程保险费
                                   其他相关费用
                      预备费 ┤ 基本预备费
                             └ 价差预备费
                      建设期贷款利息
```

图 4-1 公路工程概算、预算费用的组成

三、工程费用的特点

工程费用具有以下特点。

1. 预先定价

工程费用必须在实际支付和使用之前预先定价,这是由工程建设的内在规律所决定的。虽然工程费用是在建设过程中花费的,但是在花费之前要进行一系列的预测工作,对工程费用进行估算,形成预算工程费用,并以合同价的形式来反映工程费用的预测值。但由于实际情况的千变万化及人们预测能力的局限性,使完成工程施工所最终消耗的实际工程费用不一定恰好就是合同价格。

2. 以工程成本为基础

工程费用是工程价值的货币表现。工程价值的衡量是以完成工程所需的社会标准成本为基础,而非以承包人为完成施工生产的实际成本为基础。

3. 由监理工程师签认

工程项目建设过程中,要发生各种费用开支,但只有经过监理工程师按合同规定签认的工程价款才能构成工程费用。

4. 由承包人使用

承包人是实施工程施工行为的主体,各工程项目必须经过施工过程才能完成由图纸到实物形式的转化,而形成工程价值。因此,工程中所消耗的工程费用是由承包人来实施使用的。

5. 由业主支付

业主是工程项目的投资者或资金筹集者,在承包人完成了既定施工任务,并经监理工程师确认其价值后,应在合同规定的时间内支付工程费用。

四、影响工程费用的因素

公路工程是一种工期长,受各种自然因素和社会因素影响较多的工程项目。其施工活动必然会受到各种因素的干扰,进而使工程费用受到影响。影响工程费用的因素很多,归纳起来有如下几种:设计因素;施工因素;合同因素;社会因素;自然因素;监理因素;建设单位管理因素。以上诸因素都是影响工程费用的关键性因素和决定性因素。

第二节 工程费用监理的原则、方法与职权

公路工程费用监理是我国实行全面监理制度的重要组成部分。质量、费用、进度三者的辩证关系也表明了工程费用监理的必要性。工程费用监理的实质是使工程建设费用的实际总投资不超过计划投资额。随着全面施工监理制度的推广,费用监理的作用也越来越多地被人们所认识,主要表现在费用监理是控制施工合同造价的核心环节,是质量控制的重要手段,是进度控制的基础,同时也是保护承包人合法权益的重要途径。

一、费用监理的原则

在费用监理过程中,计量和支付是监理工程师的主要工作内容。监理工程师在监理工作中应遵守以下基本原则。

1. 依法办事原则

费用监理是一项法律性、政策性、经济性和技术性很强的工作。监理工程师在进行工程费用监理时，必须做到经其签认的每一笔工程费用均符合国家有关政策和业主的规定及要求，并协调好承包人与业主的利益关系。

2. 恪守合同原则

监理工程师在进行工程费用监理时，必须在国家法规政策的范围内，以合同为依据，按合同要求和合同的基本精神处理好各类工程费用的签认与支付。

3. 公正公平原则

监理工程师对工程费用的签认，直接涉及业主和承包人的利益，要使工程费用既合理又准确，只有监理工程师坚持公正、公平的原则。保持公正立场，既不偏袒业主，也不偏袒承包人，实事求是，是监理工程师进行费用监理的基本原则和起码要求。

4. 准确、及时原则

费用监理应坚持准确、及时的原则。准确、及时原则要求监理工程师在费用监理工作中，严肃认真、一丝不苟、深入细致地做好计量认证工作和支付审查工作，并严格按计量支付的程序办事，做到逐级审查、分级把关，以保证计量支付费用的准确性，并及时签发计量支付证书，积极督促业主按时支付工程进度款，克服付款延误现象，为承包人施工中正常的资金周转提供积极、有利的条件，避免由此引起的施工索赔。

二、费用监理的方法

从监理措施采取的时间不同分类，可以将费用监理分为事后监理（反馈监理）、事前监理（前馈监理）和跟踪监理（过程监理）三类。

1. 事后监理

事后监理（反馈监理）是指监理工程师将费用监理信息输送出去后又把作用结果返送回来，并对信息的再输出产生影响，以起到费用监理的作用。在费用监理中，为了对施工中的各种耗费进行有效的监理，要求把实际耗费同合同价进行比较，并把发生偏差的信息反馈给各方，以便及时进行调整，保证费用监理目标的实现。

2. 事前监理

事前监理（前馈监理）又叫作主动监理，是指在发生目标偏差以前，即在实际工程费用超过合同价格之前，根据预测的信息采取相应的措施予以调节，使工程费用不偏离或尽量少偏离合同价。比如，对工程量清单中的分项工程（工程细目）做出单价分析表，了解承包人的报价水平，对各种单价（计日工单价）做出分析，以便掌握在出现工程意外时所采取的措施。

这意味着监理工程师必须在全面了解工程特点、承包人的施工能力及技术水平、施工环境和地质地形及原材料等情况的基础上，对下阶段施工中可能出现的意外情况进行预测。在预测基础上采取预防措施，从而做到更有效的监理。

3. 跟踪监理

跟踪监理（过程监理）是指监理工程师跟踪施工过程，并对其进行监理的一种监理方法。旁站监理即是一种典型的跟踪监理。跟踪监理是一种日常的监理，事前监理与事后监理最后都要通过跟踪监理才能起作用。没有跟踪监理，事前监理和事后监理就没有意义。另外，跟踪监理能及时反馈信息，可以立即采取措施加以调整，取得立竿见影的监理效果。

三、费用监理工程师的职责

(1)在承包人提交了开工预付款担保后,按合同规定的金额签发开工预付款支付证书,并报业主审批。

(2)依据合同规定的计量原则对工程量清单进行审核。审核无误后,及时对承包人提交的工程量清单复核结果予以签认。

(3)在承包人提交了计量申请后,应按合同规定及时地计量核实工程量清单规定的任何已完工程的数量;对复杂、有争议的需要现场确认的项目,应会同建设、设计、施工等单位现场计量;对于不符合合同规定的项目,有权拒绝计量。

(4)对承包人提交的工程支付申请进行审核,确认无误后应在合同规定的时间内签发期中支付证书及最后支付证书,并报业主审批;对于不符合合同要求的工程项目和施工活动,有权暂拒支付,直到上述项目和施工活动达到要求。

(5)应建立计量与支付台账,将计量与支付随时发生的变化登账记录,实行动态管理,当有较大差异时应报业主。

四、费用监理工程师的权力

监理工程师在费用监理中的权力,归纳起来有以下三个方面。

(1)在计量支付过程中对承包人与业主之间的收支行为的监督管理权。包括工程计量权和计量认证权、付款审批权和付款签证权。通过监理工程师审查签证的工程计量证书和工程付款证书,是承包人已完工程应得到付款的证书,是合同管理中一份具有一定法律效力的证明文件。

(2)在工程变更、施工索赔、价格调整等情况发生时的合同价格调整权。如工程变更后的单价确认权和变更工程造价确定权、施工索赔发生后的费用审查权、物价上涨等现象发生时的价格调整权等。监理工程师通常没有最终审批上述费用的权力,最终审批权通常由业主掌握。

(3)在质量控制、进度控制等工作中的拒付权、扣款权。如果监理工程师根据检查或检验结果,确定材料或设备有缺陷或不符合合同要求,监理工程师可以拒收材料或设备,拒付相应材料和设备的预付款;当承包人完成的工程质量不合格或验收不符合要求时,监理工程师有权要求承包人无偿返工并拒绝进行计量支付;当承包人的施工不能按期完工时,监理工程师有权从计量支付证书中扣除拖期损失赔偿金。

第三节 工程量清单

一、工程量清单的概念

工程量清单又叫作工程数量清单,是招标单位按一定的原则将招标工程进行分解,以明确工程的内容和范围,并将上述内容数量化,且以表格形式表述的文件。工程量清单是招标文件的重要组成部分。工程量清单的作用主要体现在两个方面:为编制标底服务,为所有投标人提供一个报价计算的基础;标价后的清单即报价单是合同中工程细目的单价和合同价格表,是工程费用计算与支付的依据。

二、工程量清单的内容

工程量清单由说明、工程细目、计日工表、暂估价表和投标报价汇总表五部分组成。

1. 说明

清单说明是对工程量清单的一种解释与说明，主要阐明工程细目的包含程度及费用依据，明确编制工程量清单时已经采用的计算方法，以及这种计算方法是否将继续用于实际工程的计量。同时，还应说明单价所包含的内容和范围，并要求工程量清单必须和其他文件共同阅读和理解；在说明中，也须强调指出工程量清单中各细目工程数量的性质和估算量，达到提醒投标人投标报价及将来施工计量支付时计量人员注意的目的。

因为工程量清单各章是按技术规范相应章次编号的，有标价的单价与价格，均已包括了所有施工的工、料、机费，以及安装费、质检费、缺陷修复费、保险费、管理费、税费和利润，同时包括合同明示和暗示的所有一切风险、责任及义务。所以，一般在说明中均规定：无论数量是否标出，在工程量清单中的每一细目均需填上单价；否则，没填单价的细目将被视为已分摊到其他细目的单价之中。那些符合合同规定的工作若没有列细目，也视其费用已经分摊到有关细目的单价之中。

2. 工程细目

工程细目又叫作分项清单表，是对招标工程中各个工程项目的工程单位、数量、单价及合价进行分章编列，以便将不同性质、不同位置、不同的施工阶段或其他特性不同的工程加以区别。

工程量清单中工程细目按 7 个章次划分，分别为：第 100 章总则，第 200 章路基工程，第 300 章路面工程，第 400 章桥梁涵洞工程，第 500 章隧道工程，第 600 章安全设施及预埋管线工程，第 700 章绿化及环境保护工程，见表 4-1、表 4-2。

表 4-1 工程量清单

清单	第 100 章	总则				
子目号	子目名称		单位	数量	单价	合价
101	通则					
101-1	保险费					
-a	按合同条款规定，提供建筑工程一切险		总额			
-b	按合同条款规定，提供第三者责任险		总额			
102	工程管理					
102-1	竣工文件		总额			
102-2	施工环保费		总额			
102-3	安全生产费		总额			
102-4	信息化系统(暂估价)		总额			
103	临时工程与设施					
103-1	临时道路修建、养护与拆除(包括原道路的养护)		总额			
103-2	临时占地		总额			
103-3	临时供电设施架设、维护与拆除		总额			
103-4	电信设施的提供、维修与拆除		总额			
103-5	临时供水与排污设施		总额			
104	承包人驻地建设					

续表

清单 第100章 总则					
子目号	子目名称	单位	数量	单价	合价
104-1	承包人驻地建设	总额			
105	施工标准化				
105-1	施工驻地	总额			
105-2	工地试验室	总额			
105-3	拌合站	总额			
105-4	钢筋加工场	总额			
105-5	预制场	总额			
105-6	仓储存放地	总额			
105-7	各场(厂)区、作业区连接道路及施工主便道	总额			
清单第100章合计 人民币_____					

表4-2 工程量清单

清单 第200章 路基					
子目号	子目名称	单位	数量	单价	合价
215-2	导流设施(护岸墙、顺坝、丁坝、调水坝、锥坡)				
-a	浆砌片石	m^3			
-b	混凝土	m^3			
-c	石笼	m^3			
215-3	抛石防护	m^3			
清单第200章合计 人民币_____					

表中的工程"子目号"及"子目名称"是根据合同将要发生的工程细目的编号与名称填写;"单位"是各细目工程量的单位(以及计价时的计量单位);"数量"是根据设计图纸、技术规范等将要发生的工程预计数量,是投标人投标报价的共同基础(但不是最终结算的工程数量);"单价"是承包人投标时的报价(合同订立后,其填报的单价是双方办理结算的价格依据);"合价"是相应"数量"与"单价"的乘积,由承包人投标报价时填写。

3. 计日工表

当工程量清单所列各项均没有包括,而这种例外的附加工作出现的可能性又很大,并且这种例外的附加工作的工作量很难估计时,则需以计日工表的方法来处理这种例外。应当指出,国内工程不太使用计日工,但FIDIC条款下使用计日工的场合很多,监理工程师应当认真对待这一灵活性较强的工作。

计日工表包括:总则、计日工劳务、计日工材料、计日工施工机械4个方面的内容,并且由相应的计日工劳务表、计日工材料表、计日工施工机械表和计日工汇总表等4个表组成,见

表 4-3~表 4-6。

表 4-3　计日工劳务表

编号	子目名称	单位	暂定数量	单价	合价
101	班长	h			
102	普通工	h			
103	焊工	h			
104	电工	h			
105	混凝土工	h			
106	木工	h			
107	钢筋工	h			

劳务小计金额：_____
（计入"计日工汇总表"）

表 4-4　计日工材料表

编号	子目名称	单位	暂定数量	单价	合价
201	水泥	t			
202	钢筋	t			
203	钢绞线	t			
204	沥青	t			
205	木材	m³			
206	砂	m³			
207	碎石	m³			
208	片石	m³			

材料小计金额：_____
（计入"计日工汇总表"）

表 4-5　计日工施工机械表

编号	子目名称	单位	暂定数量	单价	合价
301	装载机				
301-1	1.5 m³ 以下	h			
301-2	1.5~2.5 m³	h			
301-3	2.5 m³ 以上	h			
302	推土机				
302-1	90 kW 以下	h			
302-2	90~180 kW	h			
302-3	180 kW 以上	h			

施工机械小计金额：_____
（计入"计日工汇总表"）

表 4-6　计日工汇总表

名称	金额	备注
劳务		
材料		
施工机械		

计日工总计：_____
(计入"投标报价汇总表")

4. 暂估价表

暂估价表包括材料暂估价表、工程设备暂估价表和专业工程暂估价表，见表4-7～表4-9。

表 4-7　材料暂估价表

序号	名称	单位	数量	单价	合价	备注

表 4-8　工程设备暂估价表

序号	名称	单位	数量	单价	合价	备注

表 4-9　专业工程暂估价表

序号	专业工程名称	工程内容	金额
小计：			

5. 投标报价汇总表

投标报价汇总表(表4-10)是对工程细目的汇总，包含由各个工程量清单以章结转过来的内容，同时还列有考虑专项暂定金额、计日工、工程意外和价格意外等的不可预见费。它是承包人投标时汇总基于投标单价、合价基础上的投标总报价。

表 4-10 投标报价汇总表

_____(项目名称)　　　　_____标段

序号	章次	科目名称	金额/元
1	100	总则	
2	200	路基	
3	300	路面	
4	400	桥梁、涵洞	
5	500	隧道	
6	600	安全设施及预埋管线	
7	700	绿化及环境保护设施	
8		第 100 章～700 章清单合计	
9		已包含在清单合计中的材料、工程设备、专业工程暂估价合计	
10		清单合计减去材料、工程设备、专业工程暂估价合计(即 8－9＝10)	
11		计日工合计	
12		暂列金额(不含计日工总额)①	
14		投标报价(即 8＋11＋12＝13)	

注：1. 材料、工程设备、专业工程暂估价已包括在清单合计中，不应重复计入投标报价。
　　2. 暂列金额的设置不宜超过工程量清单第 100 章～700 章合计金额的 3‰。

第四节　工程计量

一、工程计量的必要性

工程计量是监理工程师按照规范规定的方法对承包人符合要求的已完工程的实际数量所进行的测量、计算、核查和确认的过程。工程量清单中的工程量仅是估算工程量，是在编制招标文件时，在图纸和技术规范的基础上估算的工作量，不能作为结算工程价款的依据，必须通过监理工程师对已完工程进行计量。经过监理工程师计量所确定的数量是向承包人支付任何款项的凭证。对于不合格的工作和工程，监理工程师可以拒绝计量。监理工程师通过计量，可以及时掌握承包人的工程进展情况。工程计量不仅是费用监理的主要工作，同时计量也是控制项目投资支出的关键环节，是约束承包人履行合同义务的重要手段。

二、工程计量的有关规定

1. 工程计量的原则

(1)必须按合同文件所规定的方法、范围、内容、计量单位进行。
(2)必须按监理工程师同意的计量方法计量。
(3)不符合合同文件要求的工程不得计量。

同时，工程计量必须以质量合格、手续齐全且符合安全和环保要求作为计量的先决条件，做到客观、公正、准确、及时。计量的项目与数量应不漏、不重、不超。

2. 工程计量的范围

(1)清单中的工程细目。清单中的工程细目全部需要进行计量。合同文件规定,没有填写单价与金额的项目,其费用已包括在清单的其他单价或款项中。

(2)合同文件中规定的项目。除了清单中的工程细目外,在合同文件中通常还规定了一些项目(如费用索赔、各种预付款及其扣回、保留金、违约金、材料设备的价格调整等)。对于这些项目,也必须根据合同文件规定进行计量。

(3)工程变更项目。工程变更中一般附有工程变更清单,工程变更清单同工程量清单具有相同的性质,因此对于工程变更清单项目,也必须按合同有关要求进行计量。

承包人为完成上述项目而进行的一些辅助工程,监理工程师没有进行计量的义务。因为这些辅助工程的费用已包括在上述项目的单价中。

3. 工程计量的主要依据

工程计量的主要依据是:工程量清单及其说明、合同图纸、工程变更指令及修订的工程量清单、合同条件、技术规范、有关计量的补充协议、《索赔时间/金额审批表》等。

4. 工程计量的方式

工程计量有监理工程师独立计量、施工单位单独计量、监理工程师与施工单位联合计量3种类型。公路工程合同中,较多采用联合计量的方式。

工程计量方式有以下3种。

(1)实地测量与实地勘察,如土石方工程、场地清理工程等。

(2)室内按图纸计算,如钢筋混凝土结构物及多数永久工程。

(3)根据现场记录计量,如计日工、打桩工程、《公路工程标准施工招标文件(2018年版)》中第100章的大部分内容等。

5. 工程计量的程序

监理工程师签发《中间交工证书》后,便可对其实施计量。

首先,承包人提供计量原始报表和计量申请或监理工程师向承包人发出计量通知,监理工程师必须检查承包人为计量准备的有关资料,发现问题或资料不齐全,应退还承包人暂不进行计量,或计量后暂不予支付。

其次,监理人员与承包人共同进入现场测定计量。为了保证计量的准确性,监理人员必须对所计量的工程进行复核修正,共同签字确认。若承包人对修正不同意,可在合同规定的时间内向监理工程师提出书面申述,经双方协商后再签字确认。

再次,承包人填写《中间计量表》后报驻地监理工程师办公室。若驻地监理工程师办公室有质疑,可到实地复查。

最后,根据《中间交工证书》、《中间计量表》、监理工程师签认的计日工、价格变更、索赔等填写《进度付款证书》,报上一级监理机构审批。

计量工作主要由驻地专业监理工程师承担,驻地监理工程师负责审核,总监理工程师最后审定。驻地监理工程师和总监理工程师对驻地专业监理工程师的计量结果拥有充分的否决权;对于计量中的数量问题有权更改或责令驻地专业监理工程师进行复查;若发现计量的工程中存在质量问题,有权责令承包人对缺陷部位返工或修补,并重新签发《中间交工证书》。

6. 工程计量的主要文件

(1)《工程分项开工申请批复单》;

(2)《检验申请批复单》及有关的自检资料;

(3)工程质量检验表及有关的质量评定意见;
(4)《中间交工证书》;
(5)《工程变更指令》;
(6)《中间计量表》。

三、工程计量的规则和方法

计量规则和方法主要在技术规范有关内容和工程量清单的前言中有明确的规定。在进行计量过程中,承包人和监理工程师应严格遵守。归纳起来,工程量的计算方法有以下几种。

1. 断面法

断面法主要用于取土坑和路基土方的计量。对于填筑土方工程,一般规定计量的体积为原地面线与设计断面所构成的体积。采用这种方法计量,在开工前承包人需测绘出原地形断面,并需经监理工程师校核批准,作为计量的依据。

对于路堤土方工程,在施工前每 50 m 测出一个地形断面,然后将路堤设计断面画在地形断面上,每次计量时测出完成的路堤顶高程,据此在断面图上计算完成的工程数量。为了减少计量的误差,每次计量时,可采用本次计量计算的断面面积减去上次计量计算的断面面积的方法。如图 4-2 所示,H_1-H_2 之间的断面面积应为 H_0-H_2 的断面面积减去 H_0-H_1 的断面面积。

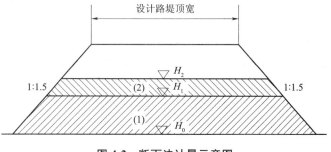

图 4-2 断面法计量示意图

2. 图纸法

在工程量清单中,许多项目的工程数量按照设计图纸所示的尺寸进行计量。例如,混凝土的体积、钢筋的长度、钻孔灌注桩的桩长等。

需指出的是,对于采用图纸法计量的项目,必须进行现场量测,检查结构物几何尺寸的偏差是否在技术规范允许的范围内,只有达到规范、标准的项目或部位才予以计量。

3. 钻孔取样法

钻孔取样法主要用于道路面层结构的计量。根据技术规范有关条款规定,路面结构层的计量按"平方米(m^2)"计,但必须保证结构层的设计厚度,因此,采用钻孔取样法确定结构层的厚度。

4. 分项计量法

所谓分项计量法,就是将一个项目根据工序或部位分解为若干子项,对完成的各子项进行计量支付。子项计量支付的金额,根据估算的子项占总项的比例而定,但各子项合计的支付金额应等于项目规定的金额。这种计量方法主要是为了解决一些较大的工程项目或项目的支付时间过长,影响承包人的资金流动等问题。

5. 均摊法

所谓均摊法,就是对清单中某些项目的合同价款,按合同工期平均计量。它适用于临时道路、供电设施、电信设施及供水与排污设施的修建与养护等清单项目。这些项目的特点是在合同工期内每月都有发生,因此可以采用均摊法。

6. 凭证法

所谓凭证法,就是根据合同中要求承包人提供的票据进行计量支付。如建筑工程一切险和第三方责任险的保险费等,一般按凭证法进行计量支付。

7. 估价法

所谓估价法,就是按照合同文件的规定,根据监理工程师估算的已完成的工程价值支付。如为监理工程师提供办公和生活设施、车辆以及测量设备、天气记录设备、通信设备等项目。

这类清单项目往往要购买几种仪器设备,当承包人对于某一项清单项目中规定购买的仪器设备不能一次购进时,则需采用估价法进行计量支付。其计算过程如下:

(1)按照市场的物价情况,对清单中规定购置的仪器设备分别进行估价;

(2)按下式计算支付金额:

$$F = A \times \frac{B}{D} \tag{4-1}$$

式中　F——计算支付的金额;

　　　A——清单所列该项的合同金额;

　　　B——该项实际完成的金额(按估算价格计算);

　　　D——该项全部仪器设备的总估算价格。

从式(4-1)可知:

1)该项实际完成金额 B 必须按估算各种设备的价格计算,它与承包人购进的价格无关;

2)估算的总价与合同工程量清单的款额无关。

当然,估价的款额与最终支付的款额无关,最终支付的款额总是合同清单中的款额。

工程计量的规则很多,下面举例说明其中的一些方法。

例如,路基挖方,如图 4-3 所示。路基挖方以批准的路基设计图纸所示界限为限,以天然密实体积计量,其中包括边沟、排水沟、截水沟、改河、改渠、改路的开挖。

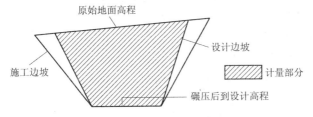

图 4-3　路基挖方计量示意图

例如,路基填方,如图 4-4 所示。路基填方以批准的路基设计图纸所示界限为限,按压实后路床顶面设计高程计算,压实后体积以立方米计量。包括挖台阶、摊平、整形、压实及借土填方的运输,其借土填方中的开挖在路基挖方中计量。

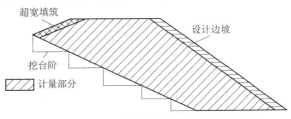

图 4-4　路基填方计量示意图

例如,对个别特殊形状的面积,应采用适当的计算方法计量,并经监理工程师批准以"平方米(m^2)"计量。除非监理工程师另有指示,超过图纸规定的面积均不计量,如图 4-5 所示。

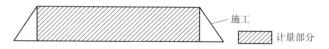

图 4-5 路面计量示意图

例如,基础挖方应按下述规定(图 4-6)。

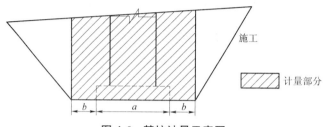

图 4-6 基坑计量示意图

(1)取用底、顶面间平均高度的棱柱体体积,分别按干处、水下及土、石以"立方米(m^3)"计量。干处挖方与水下挖方是以监理工程师认可的施工期间实测的地下水位为界限,在地下水位以上开挖的为干处挖方,在地下水位以下开挖的为水下挖方。

基础底面、顶面及侧面的确定应符合下列规定:

1)基础挖方底面:按图纸所示或监理工程师批准的基础(包括地基处理部分)的基底高程线计算。

2)基础挖方顶面:按监理工程师批准的横断面上所标示的原地面线计算。

3)基础挖方侧面:按顶面到底面,以超出基底周边 0.5 m 的竖直面为界。

(2)当承包人遇到特殊或非常规情况时,应及时通知监理工程师,由监理工程师定出特殊的基础挖方界限。凡未取得监理工程师批准,承包人以特殊情况为理由而完成的任何挖方将不予计量。其基坑超深开挖,应由承包人用砂砾或监理工程师批准的回填材料予以回填压实。

(3)为完成基础挖方所做的地面排水及围堰、基坑支撑及抽水、基坑回填与压实、错台开挖、斜坡开挖及基坑土的运输等,作为挖基工程的附属工作,不另行计量。

例如,桩基础计量,如图 4-7 所示。

1)桩基础以实际完成并经监理工程师验收后数量,按不同桩径的桩长以"米(m)"计量。未经监理工程师批准,由于超钻(挖)而深于所需的桩长部分,不予计量。

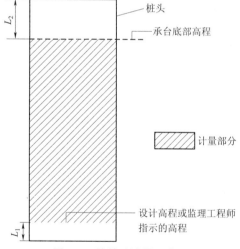

图 4-7 桩基础计量示意图

2)设置支撑和护壁、开挖、钻孔、清孔、钻孔泥浆、护筒、混凝土、破桩头以及必要时在水中填土筑岛,搭设工作台架、浮箱平台、栈桥、桩的无破损试验及预埋的钢管等其他为完成工程的项目,作为桩基础的附属工作,不另行计量。

3)监理工程师要求钻取的芯样,经检验,如混凝土质量合格,应予计量;否则,不予计量。混凝土取芯按取回的混凝土芯样的长度以"米(m)"计量。

第五节　工程费用支付

公路工程施工合同是经济合同的一种。业主和承包人有着自己的经济利益。而工程费用的支付恰恰是双方利益的集中体现。付费与否、付费多少、付费的时间等情况，往往又是合同执行过程中的主要问题。监理工程师通过费用监理工作，使工程费用得到合理支付，使业主、承包人及监理自身在共同参与的工程活动中公平地实现各自的经济利益，保证工程的顺利实施。另外，监理工程师可以通过费用支付作为经济杠杆，调节承包人的行为，从而更好地履行合同中的义务。由此看出，支付可以作为核心控制手段，监理工程师可以通过对费用支付的有效控制来保证工程施工合同的全面履行。

一、工程费用支付的原则

工程费用支付的基本原则：
(1)支付必须以工程计量为基础。
(2)支付必须以技术规范和报价单为依据。
(3)支付必须符合合同条款。
(4)任何工程款项的支付必须经监理工程师的审批。
(5)支付不解除承包人合同内应尽的责任和义务。
(6)支付必须及时。
(7)支付必须严格按规定的程序进行。

二、工程费用支付的种类

在工程费用监理中，监理工程师处理的费用支付种类很多，而不同种类的支付有不同的规定程序和办法，因此，监理工程师必须全面了解支付的分类。

(一)按支付时间分类

按支付时间，工程费用支付可分为前期支付、进度付款、交工支付及最终支付4种。

1. 前期支付

前期支付包括开工预付款、履约保函手续费和保险手续费3种。

(1)开工预付款。当监理工程师确认承包人已经完成合同协议书的签署，并已收到承包人向业主提交的履约保函及开工预付款保函之后，应按照合同规定，签发开工预付款金额的支付证明，业主则应按监理工程师签发的支付证书向承包人付款。付款的最后期限应遵守《公路工程标准施工招标文件(2018年版)》中专用合同条款的规定。

(2)履约保函手续费。当监理工程师收到并确认承包人的履约保函后，应按照合同规定签发相当履约保函的一定百分比金额的支付证明。当工程全部竣工，并由监理工程师签发了《工程缺陷责任终止证书》后，即应签发解除承包人履约担保责任的证明。

(3)保险手续费。监理工程师必须按照合同规定的保险范围，审验由承包人提交的各项保险证明。并按合同规定，签发相当于保险额一定百分比金额的支付证明。监理工程师应及时从支付证明中，扣除业主代承包人在办理保险时所支付的费用。

2. 进度付款

进度付款包括工程款、暂定金额、计日工、材料设备预付款、工程变更、保留金、索赔、价格调整、迟付款利息、对特殊分包人或供货人支付、合同中止后支付以及工程交工支付等项目。进度付款按月进行，由监理工程师开出进度付款证书来实施。

3. 交工支付

交工支付又叫作交工结算。交工支付的付款内容和付款范围比期中支付更广泛。一方面，在所完成的工程价款中，合同中的全部工程细目都已发生，都需要办理结算；另一方面，有些工程变更、费用索赔等支付项目在期中支付中并未完全解决，需要全面清理；再者，有些交工支付中独有的支付项目需要专门处理，如拖期损失赔偿金的扣留、提前竣工奖金的支付等。

4. 最终支付

最终支付是业主与承包人之间的最后一次结算。监理工程师应确认承包人的遗留工程及缺陷工程已完成并达到规范、标准后，签发最后支付证书。

（二）按支付内容分类

工程费用支付可分为清单支付和合同支付两类，如图4-8所示。

1. 清单支付

清单支付就是支付项目均包含在合同文件中的工程量清单内，在工程量清单中有明确立项。监理工程师按照合同条件、技术规范和工程量清单的有关规定进行计量，确认已完的实际工程量，然后根据已确认的工程数量和报价单中的单价，计算和支付工程量清单中各项工程费用。

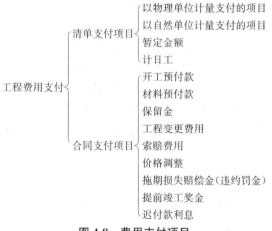

图4-8 费用支付项目

2. 合同支付

合同支付的一些支付项目没有包含在工程量清单内，但在合同中明确规定，一旦承包人根据合同条款履行其义务或者未履行其义务后，监理工程师要按承包人实际完成情况和合同条款规定的原则，向承包人办理支付或者扣除的事宜。合同支付主要包括开工预付款、材料预付款、保留金、拖期损失赔偿金、提前竣工奖金、迟付款利息、工程变更费用、索赔费用和价格调整。

（三）按合同执行情况分类

工程费用支付可分为正常支付和合同中止支付两类。

1. 正常支付

正常支付是指业主与承包人双方共同努力，使整个合同得以顺利履行而产生的支付结果。

2. 合同中止支付

合同中止支付是指由于工程遇到战争、骚乱等合同规定的特殊风险，承包人违约以及业主违约等三方面原因导致合同无法继续履行而出现的支付结果。无论何种原因导致合同中止，监理工程师都应按照合同条件、技术规范等有关文件的规定处理好各项费用的支付。

三、工程费用支付的程序

(一)进度付款支付程序

首先,由承包人每月末提交各类报表和有关的结账单,即由承包人提出支付申请。该结账单包括以下栏目:

(1)自开工截至本月末止已完成的工程价款。
(2)自开工截至上月末已完成的(已实际结算的)工程价款。
(3)本月完成的(应结算的)工程价款,即(1)和(2)。
(4)本月完成的(应结算的)计日工价款。
(5)本月应支付的暂定金额价款。
(6)本月应支付的已进场将用于或安装在永久工程中的材料、设备预付款。
(7)根据合同规定,本月应结算的其他款项。
(8)费用和法规的变更发生的款额。
(9)本月应扣留的保留金和扣回的材料、设备预付款及开工预付款。
(10)根据合同规定,本月应扣除的其他款项。

其次,监理工程师审查并确认支付报表和结账单,根据合同规定,监理工程师有权对支付报表和结账单中的错误和不实之处进行修改指正,然后向业主签发进度付款证书。如果该月应结算的价款经扣留和扣回后的款额少于投标书附录中列明的期中支付证书的最低金额,则该月监理工程师可不核证支付,上述款额将按付款周期结转,直至累计应支付的款额达到项目专用合同条款数据表中列明的进度付款证书的最低金额为止。

最后,发包人应在监理人收到进度付款申请单且承包人提交了合格的增值税专用发票后的 28 d 内,将进度应付款支付给承包人。

发包人不按期支付的,按项目专用合同条款数据表中约定的利率向承包人支付逾期付款违约金。违约金计算基数为发包人的全部未付款额,时间从应付而未付该款额之日算起(不计复利)。

(二)交工支付程序

在合同工程交工证书签发 42 d 内,承包人应以监理工程师批准的格式向监理工程师提交一份交工结账单,并附上用详细资料说明的证实文件。

(1)合同规定,直到交工证书中写明的交工日期为止按合同完成的全部工程的最终价值。
(2)承包人认为应付给他的其他款项。
(3)承包人认为合同项下(整个合同期)到期应付给他的各项款额的估算值。

上述三款各项款额估算值应在完工结账单内单独填报。

交工支付的审查要求与进度付款的审查要求相同,但其难度更大,也更复杂。如遗留下来的工程变更、费用索赔的处理,需要监理工程师在事过境迁的情况下进一步查实索赔(或变更)原因和核实索赔(或变更)金额,这本身就是一项难度很大的工作。

另外,交工支付的准确性要求更高。进度付款不准确,可通过下一进度付款进行纠正,而交工支付一旦出错,可能是无法挽回的。因此,对交工支付的审查,更应做到深入细致,一丝不苟,准确无误。

(三)最终支付程序

1. 最终支付的申请

在合同缺陷责任终止证书签发 28 d 内,承包人应以监理工程师批准的格式向监理工程师提交一份最后结账单,并附上用详细资料说明的证实文件。最终支付涉及的主要款项有:承包人在缺陷责任期内完成的合同剩余工程;在缺陷责任期内承担的监理工程师指示的附加工作或变更工程;应退回给承包人的保留金。

在提交最后结账单时,承包人应给业主一份书面清账书,并抄送监理工程师,确认最后结账单中的总金额代表了根据合同规定,直接付给承包人的全部款项的最后结算。

2. 最后支付证书的签发

在最后结账单和清账书收到后 14 d 内,监理工程师应签发一份最后支付证书报业主审批,并抄送给承包人。

3. 业主付款

业主应在收到最后支付证书后 42 d 内对监理工程师提交的最后支付证书进行审批,将应付款项支付给承包人,如果业主未能在规定期限内付款,则业主应按投标书附录规定的利率支付全部未付款额的利息。

四、清单支付项目

清单支付项目在工程费用支付中所占比重很大,包括以物理单位计量支付的项目、以自然单位计量支付的项目、暂定金额和计日工四类。

1. 以物理单位计量支付的项目

工程量清单中的绝大部分工程内容是以物理单位计量支付的,其支付条件和费用计算方法应满足下列要求。

(1)支付条件是完成了技术规范和设计图纸所规定的工作内容,且质量合格,计量结果准确无误,监理工程师签发了《进度付款证书》或《最后支付证书》。

(2)费用计算方法是以每月完成工程项目的计量的数量与报价单中相应的单价相乘来求得支付金额的。如果是分多次完成的,则应在计量单上列出设计数量、上期累计完成数量和本期完成数量,并附上计算公式和简图。

2. 以自然单位计量支付的项目

以自然单位计量支付的项目有以下两种情况:

(1)按项计量支付的项目。

1)如某一涵洞、通道、房屋和某一项试验等。这类项目的支付,应在该项工程开始前或开工初期就拟定支付比例,支付比例可按各部位的工程价值及其在该项工程中所占的百分比来确定。

现以某涵洞工程支付为例予以说明。

例 4-1 某合同规定混凝土管涵为按项支付,在报价单中,该项总额为 20 万元。试确定其支付比例,并计算基础坑开挖和基础建筑完成后,业主应向承包人支付多少费用。

解: 根据施工顺序,可将混凝土管涵施工分为 5 个阶段,即 5 个部分。各部分的支付比例估算如下:开挖基坑和浇筑基础,占 20%;铺设混凝土管,占 40%;回填与压实,占 10%;洞口、护坡与挡墙,占 25%;现有排水系统连接,占 5%;共计 100%。

故当基坑开挖和基础浇筑完成后,应支付的金额为

$$200\,000 \times 20\% = 40\,000(元)$$

2)对于清单 100 章中的保险费、竣工文件、施工环保费、临时道路的修建与养护、临时工程用地、临时供电设施、电信设施、承包人驻地建设等工程细目应以合同规定的工程量清单内容为准,并按其技术规范规定的支付方法实施。

(2)单纯按自然单位计量支付的项目,如挖树根(以棵计)、桥梁的橡胶支座(以块计)、照明灯柱(以根数计)等。只需将实际数量与报价单中的单价相乘即可。

3. 暂定金额

暂定金额是指包括在合同之内,并在工程量清单中以此名称标明的、为了实施本工程的任何部分或为了供应货物、材料、设备或提供服务,或供不可预见费用的一项金额。在招标、投标期间,没有足够资料可以准确估价的项目,则可采取暂定金额的形式将其列入工程量清单。广义的暂定金额有 3 种形式,即计日工、专项暂定金额以及一定百分率的不可预见因素的预备金(又称预留费或不可预见费)。狭义的暂定金额主要是指后面两项。

暂定金额的使用,必须获得监理工程师的事先许可,并按监理工程师的指示,由承包人或指定的分包人来完成暂定金额的工作。监理工程师可根据实际需要动用暂定金,并在审批了承包人提交的相应工程的施工组织计划及其所需要的人工费、材料费、机械费、设备费及计算说明;与业主和承包人就暂定金的支付进行协商;审核有关动用暂定金的凭证之后,签发暂定金的支付证明。

暂定金额一般按照实际发生的费用,加上合同中规定的费率进行支付。因此,承包人应按监理工程师的要求,提交有关暂定金额开支的全部报价单、发票凭证、账目和收据,经审核后,按事先规定确认支付项目;若暂定金额项目由指定的分包人来完成,其支付则按《公路工程标准施工招标文件(2018 年版)》所规定的办法和要求进行;暂定金额项目还可按计日工的计价方式支付。

鉴于暂定金额只是财务上的一种备用金,仅用于在招标、投标阶段没有足够资料准确估价的项目或应急项目,且应由监理工程师报业主批准后指令全部或部分使用,或者根本不予动用。为此,承包人在提交的开工报告中,不仅要有详细的施工计划、工料机配备,还应有一份满足合同有关要求的(指费率与单价)施工预算,才可动用该款项,这是暂定金额支付的必要手续和条件。

4. 计日工

根据《公路工程标准施工招标文件(2018 年版)》的规定,监理工程师如认为必要或可取时,可以指令按计日工完成任何变更的工程。

(1)计日工使用的规定。

1)承包人用于计日工的劳务、材料、施工机械等,必须每天填写使用清单或报表(一式两份),上报监理工程师审查。劳务方面应包括所有工人的姓名、工种和工时的确切数字;施工机械和材料应包括种类和数量。

2)用于计日工的劳务,除监理工程师另有安排外,一般应按正常工时进行,不允许加班;用于计日工的材料应由承包人供应,除非监理工程师有书面指示由业主供应。承包人用于计日工的材料,未经监理工程师同意不得任意改变;用于计日工的施工机械设备由承包人提供,因故障闲置的施工机械不支付费用。

3)一般对计日工的工作,承包人不得任意分包,除非得到监理工程师的事先同意。

(2)计日工的费用支付。承包人应每日向监理工程师提交一式两份的用于计日工的费用清单或报表,监理工程师审查后有权修改,在确认后退还给承包人作为支付的依据。

1)计日工的劳务费用。计日工的劳务费用按合同规定,在直接费用上另加一个百分比的附加费。附加费应包括管理费、利润、质检费、税费、保险费、工具的使用与维修费及其他有关的费用,费用的计算应按投标人在合同中计日工的细目所列的单价计算。

在计算计日工工资时,工时应从工人到达施工现场,并开始从事指定的工作算起,到返回出发地点为止,扣去用餐时间和休息时间。只有直接从事指定的工作,且胜任该工作的工人才能计工,随同工人一起做工的班长应计算在内,但不包括领班和其他质检管理人员。

2)计日工的材料费用。用于计日工材料费用的支付是材料运至现场仓库或储料场的材料费用票面的净值加上合同工程量清单规定的一个百分比的附加费,附加费包括管理费、利润、税费、保险费及其他有关费用。从仓库或储料场到施工现场的搬运费,按所用劳务或施工机械有关条目支付。

3)计日工的施工机械费用,应该是合同工程量清单中所列的基本租价。此基本租价包括:全部折旧费、利息、燃料、油料、保养维修、配件及其消耗品以及有关使用这些机械需要的任何附加物件的管理费、利润、税费、保险及其他有关费用。驾驶员、操作工与助手等的费用,包括在计日工劳务费中另行支付。

应当说明,虽然计日工是用于施工中发生的,且是清单以外的工作,但只有在很特殊的情况下,即不能采用工程变更的方法解决时,方能使用计日工。因为计日工所产生的工程费用不可提前估算,其中劳力、机械设备单价较高,材料费用实报实销,必然会使工程费用大大增加,而且对计日工的管理也比较困难。所以,应尽量少用或不用计日工,而采取工程变更的形式来加以解决。

五、合同支付项目

合同支付项目虽然在工程费用中所占比重不大,但是比清单支付要灵活得多、难度大,是费用监理工程师在支付中的重点和难点。

1. 开工预付款

承包人为减轻自己资金周转的压力,有权得到业主提供的一笔相当于合同价值0%~20%无息的开工预付款,用以支付施工初期阶段的各项费用。这种款项应在合同实施中规定的期限内分批扣回。我国京津塘高速公路的开工预付款为合同价值的8%,济青高速公路为10%。

(1)开工预付款的支付条件。在承包人完成下述工作后的14 d内,监理工程师应按投标书附录中规定的额度签发开工预付款支付证书,并报业主审批:

1)签订合同协议书;

2)提交了履约的银行保单;

3)提交了开工预付款的担保。

业主应在收到该支付证书后14 d内核批,并支付开工预付款70%的价款;在投标文件载明的主要设备进场后,再支付开工预付款另外的30%。

(2)开工预付款的扣回。《公路工程标准施工招标文件(2018年版)》规定:开工预付款在进度付款证书的累计金额未达到签约合同价的30%之前不予扣回,在达到签约合同价的30%之后,开始按工程进度以固定比例(即每完成签约合同价的1%,扣回开工预付款的2%)分期从各月的进度付款证书中扣回,全部金额在进度付款证书的累计金额达到签约合同价的80%时扣完。

这种方法的特点是按工程量的一定百分率扣款。扣回时间开始于进度付款证书中工程量清单累计支付金额超过签约合同价的30%的当月,终止于支付金额达签约合同价的80%的当月。在此期间,按进度付款证书当期完成的工程款占签约合同价50%的比例,予以扣回。扣回的货币种类和比例与付款时的货币种类和比例相一致。其计算公式为

$$G = M \times B / (合同价 \times 50\%) \tag{4-2}$$

式中 G——进度付款证书扣回预付款数额(元);

M——在规定工程支付金额范围内进度付款证书当期完成的工程量清单金额(元);

B——已付开工预付款(元)。

例4-2 某项工程签约合同总价为1 500万元,开工预付款在投标书附录中规定的额度为10%。到第7个月时累计支付工程款金额为400万元,到第8个月时累计支付工程款金额为465万元,到第9个月时累计支付工程款金额为540万元,试计算扣回开工预付款的金额。

解: 已知:开工预付款总额=1 500万元×10%=150万元,签约合同总价的30%=1 500万元×30%=450万元,第7个月时累计支付工程款金额为400万元<450万元(签约合同总价的30%),则第7个月时,在进度付款中不扣除开工预付款。

第8个月时累计支付工程款金额为465万元>450万元(合同总价的30%),则应从第8个月开始,在进度付款中按比例扣除开工预付款。

第8个月扣回的开工预付款=(465-450)×150/(1 500×50%)=3(万元),第9个月扣回的开工预付款=(540-465)×150/(1 500×50%)=15(万元)。

2. 材料预付款

业主应给承包人支付一定比例的材料、设备预付款,以供购进将用于和安装在永久工程中的各种材料、设备之用。此项金额应按投标书附录中写明的主要材料、设备单据所列费用(进口的材料、设备为到岸价,国内采购的为出厂价或销售价,地方材料为堆场价)的百分比支付(一般按所购材料设备支付单据所列费用的75%支付),不计利息。该款项在材料用于永久性工程以后按合同规定予以扣回。

(1)材料预付款的支付条件。监理工程师必须在下列要求满足后,才能签发支付材料、设备预付款的证书。

1)材料、设备符合规范要求并经监理工程师认可。

2)承包人已出具材料、设备费用凭证或支付单据。

3)材料、设备已在现场交货,且存储良好,监理工程师认为材料、设备的储存方法符合要求。在预计交工前3个月,将不再支付材料、设备预付款。

(2)材料预付款的扣回。根据《公路工程标准施工招标文件(2018年版)》规定,当材料、设备已用于或安装在永久工程之中时,材料、设备预付款应从进度付款证书中扣回,扣回期不超过3个月。已经支付预付款的材料、设备的所有权应属于发包人。

定期扣回法是对本月到现场材料、设备支付预付款的同时,扣回上月已支付的预付款。因此,当合同文件规定材料预付款按所购材料、设备支付单据所列费用的75%支付时,本月实际预付款金额为

$$Q = A - B \tag{4-3}$$

或

$$Q = A' \times 75\% - B' \times 75\% \tag{4-4}$$

式中 Q——本月支付的材料、设备预付款(元);

A——本月末材料、设备预付款(元);

B——上期末材料、设备预付款(元);

A'——本期末累计进场材料、设备价值(元);

B'——本期末累计消耗材料的价值(元)。

3. 保留金

保留金也叫作抵押保留金,是业主为了让承包人履行合同而将承包人应得款项的一部分暂时扣留,作为承包人实施未完工程及修补工程缺陷的保证金。一旦承包人未履行合同中所承担的责任,则此保留金应归业主所有,业主可使用保留金雇佣其他承包人来完成未完成的工程。

保留金应按投标书附录中规定的百分率乘以承包人应得的款项(所得的材料、设备预付款不扣保留金),从每期应支付给承包人的工程结算款额中扣留,直至保留金的金额达到投标书附录中规定的限额为止。如承包人在收到第一个进度付款证书前,提交了一份由业主认可银行出具的银行保函,则监理工程师可不再替业主从进度付款证书中扣留保留金。

承包人应得的款项包括:本月完成的工程价款,本月完成的计日工价款,本月应支付的暂定金额,根据合同规定本月应结算的其他款额、费用和法规的变更发生的款额。

根据《公路工程标准施工招标文件(2018年版)》规定,在整个工程缺陷责任期满并签发缺陷责任终止证书后14 d内,监理工程师签发保留金支付证书,将保留金退还给承包人。

例 4-3 某施工合同,其保留金的扣留比例为5%。设承包人在该月完成的工程价款为400万元,完成的计日工价款为10万元,发生的暂定金额为50万元,设备、材料预付款为60万元,其他应付费用为20万元。求本月应扣的保留金。

解:根据《公路工程标准施工招标文件(2018年版)》规定,本月应扣的保留金为:
$$(400+10+50+20)\times 5\% = 24(万元)$$

4. 拖期损失赔偿金(违约罚金)

如果承包人未能按照合同专用条款规定的工期或已批准的延长工期完成合同工程,则必须向业主支付按投标书附录中写明的金额,作为拖期损失赔偿金。时间自预定的交工日期起到合同工程交工证书中写明的交工日期或已批准的延长工期止,按天计算。通常规定,每拖期1天,赔偿合同价的0.01%~0.05%。拖期损失赔偿金应不超过投标书附录中写明的限额(一般为合同价格的10%)。业主可以从承包人的履约保证金或进度付款证书中扣除拖期损失赔偿金,通常采用后者的方式。扣除拖期损失赔偿金,并不解除合同规定的承包人对完成本工程的义务和责任。

如果在合同工程完工之前,已对合同工程内按时完工的单项工程签发了交工证书,则合同工程的拖期损失赔偿金,应按已签发交工证书的单项工程的价值占签约合同工程价值的比例予以减少,但不应该影响拖期损失赔偿金的规定限额。

5. 提前竣工奖金

为了调动承包人的积极性,使其合理地加快工程进度,从而提前完成工程施工,使业主提前受益,在合同条款中设立了与拖期损失赔偿金相对应的一个支付项目,即提前竣工奖金。

如果承包人按照规定的工期提前完成了合同工程或某区段或某单项工程,则业主应按投标书附录中写明的金额,发给承包人提前竣工奖金。时间自合同工程或某区段或某单项工程的交接证书中写明的竣工日期算起,到按规定的该有关竣工日期止(即:合同工期-实际工期+批准的延长工期),按天计算。提前竣工奖金应不超过投标书附件中写明的限额。监理工程师应在承包人提交的竣工结账单核证,并支付给承包人。

6. 工程变更费用

工程变更是工程费用支付中的一个重要项目。在合同执行过程中,由于不可预见的因素或施工环境的改变或工程项目的任一部分经过变更后更合理、更经济,根据合同通用条款规定,监理工程师有权对工程或工程的任一部分发布增减或取消的变更指令。工程变更指令,必须由监理工程师以书面的形式发布。没有监理工程师的指令,承包人不能进行任何变更。

工程变更费用的支付依据是工程变更指令和工程变更清单,支付方式采用列入《进度付款证书》的形式进行。

7. 索赔费用

导致索赔的原因多种多样,所以其费用的计算和确定原则就各不相同。因此,为了客观、公正地处理好索赔费用支付，监理工程师不仅要对合同条件和技术规范十分熟悉，而且还要有深刻的理解，并能结合实际情况正确运用。在进行索赔费用支付时，监理工程师必须谨慎处理，否则，会因为对索赔费用的支付管理不善而导致对整个工程费用的失控。

8. 价格调整

由于公路工程项目施工所跨越的时间较长，施工成本容易受市场物价波动的影响。根据合同通用条款的规定，在合同执行期间，凡是合同工期在 24 个月以上的项目，由于劳务、材料或影响工程施工成本的任何其他事项的价格涨落而引起费用增减时，应根据合同规定的价格调整公式给予调价，将其浮动的价格从合同价值中增加或减去，每年进行一次调整。

价格调整的方法有票证法和公式法两种。

(1)票证法(价差法)是根据地方劳力和规定的材料等基本价格与现行价格之差来进行调整，以施工过程中各种资源的价格与投标截止日期前 28 d 各种资源的价格(称为基本价格)差额为基础进行价格调整的一种方法。

(2)公式法(价格指数法)是根据各类资源在合同造价中所占的比例及各类资源价格指数的变化来计算综合调价系数及调价额，是以投标截止日期前 28 d 的各种资源的基本价格指数为基础来进行价格调整的一种方法。

将价格调整的费用计算出来后，在进度付款证书中支付即可。

例 4-4 某工程项目建设单位与施工单位签订了工程施工承包合同。合同中估算工程量为 5 300 m^3，原价为 180 元/m^3。合同工期为 6 个月，有关支付条款如下：

(1)开工前，建设单位向施工单位支付估算合同价 20% 的预付款。

(2)建设单位从第 1 个月起，从施工单位的工程款中，按 5% 的比例扣留保留金。

(3)当累计实际完成工程量超过(或低于)估算工程量的 10% 时，价格应予调整，调价系数为 0.9(或 1.1)。

(4)每月签发付款证书最低金额为 15 万元。

(5)预付款从施工单位获得累计工程款超过估算合同价的 30% 以后的下一个月起至第 5 个月均匀扣除。

施工单位每月实际完成并经签认认可的工程量见表 4-11。

表 4-11 承包人完成的工程量统计表

月份	1	2	3	4	5	6
完成工程量/m^3	800	1 000	1 200	1 200	1 200	500
累计完成工程量/m^3	800	1 800	3 000	4 200	5 400	5 900

问题：

(1)估算合同总价是多少？

(2)预付工程款是多少？预付工程款从哪个月起开始扣留？每月扣预付工程款是多少？

(3)每月工程量价款是多少？应签证的工程款为多少？应签发的付款凭证金额是多少？

解：(1)估算合同总价为 95.4 万元，即 5 300×180＝95.4(万元)。

(2)预付工程款为 19.08 万元，即 95.4×20%＝19.08(万元)。

因为第一、二期累计工程款：1 800×180＝32.4(万元)＞95.4×30%＝28.62(万元)，根据合同规定，累计工程款超过估算合同价的 30% 以后的下一个月起至第 5 个月均匀扣除，可知预付工程款从第 3 个月开始扣留。

每月应扣预付工程款：19.08/3＝6.36(万元)。

(3)第1个月工程款：800×180＝14.4(万元)。

本月应扣留保留金：14.40×0.05＝0.72(万元)。

本月应签证的工程款：14.40×0.95＝13.68(万元)<15 万元(本月不予付款)。

第2个月工程款：1 000×180＝18(万元)。

本月应扣留保留金：18×0.05＝0.9(万元)。

本月应签证的工程款：18×0.95＝17.10(万元)。

本月应签发的工程款：17.10＋13.68＝30.78(万元)。

第3个月工程款：1 200×180＝21.60(万元)。

本月应扣留保留金：21.60×0.05＝1.08(万元)。

本月应扣预付款：6.36 万元。

本月应签证的工程款：21.60×0.95－6.36＝14.16(万元)<15 万元(本月不予付款)。

第4个月工程款：1 200×180＝21.60(万元)。

本月应扣留保留金：21.60×0.05＝1.08(万元)。

本月应扣预付款：6.36 万元。

本月应签证的工程款：21.60×0.95－6.36＝14.16(万元)。

本月应签发的工程款：14.16＋14.16＝28.32(万元)。

第5个月累计完成 5 400 m³ 比原估算的工程量超过 100 m³，但未超过估算10%，仍按原价估算工程价款：1 200×180＝21.60(万元)。

本月应扣留保留金：21.60×0.05＝1.08(万元)。

本月应扣预付款：6.36 万元。

本月应签证的工程款：21.60×0.95－6.36＝14.16(万元)<15 万元(本月不予付款)。

第6个月累计完成 5 900 m³ 比原估算的工程量超过 600 m³，已超过估算10%，对超过部分应调整单价。应调整单价的工程量：5 900－5 300×(1＋10%)＝70(m³)。

本月完成的工程价款：70×180×0.9＋(500－70)×180＝8.874(万元)。

本月应扣留保留金：8.874×0.05＝0.443 7(万元)。

本月应签证的工程款：8.874－0.4437＝8.43(万元)。

本月应签发的工程款：14.16＋8.43＝22.59(万元)。

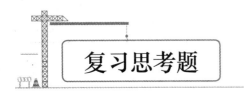

复习思考题

1. 简述工程费用的组成。
2. 简述工程费用的特点。
3. 简述工程费用监理的原则和方法。
4. 什么是工程量清单？工程量清单包括哪些内容？
5. 工程计量的原则、依据、方式是什么？计量的范围包括哪些？
6. 工程费用支付的原则是什么？工程费用支付的种类包括哪些？

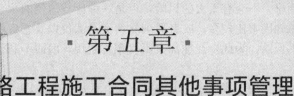

第五章

公路工程施工合同其他事项管理

第一节 概 述

一、合同的基本概念

依据《中华人民共和国合同法》的规定,合同又称契约、合约,是平等民事主体的自然人、法人、其他组织之间订立、变更、终止民事权利、义务关系的协议。合同法律关系的构成包含三大要素,即合同的主体、合同的客体、合同的内容。主体是指法律关系的参加者,当事人,它是权利的享有者和义务的承担者;客体又叫作标的,它是权利和义务共同所指的对象;内容就是当事人的权利和义务。

二、公路工程合同的类型

公路工程合同按不同的方法可分为以下几种类型。

1. 按合同的标的划分

公路工程合同按标的划分,可分为勘察设计合同、施工承包合同、监理咨询合同及其他与工程相关的如借款合同、机械设备租赁合同、供用电合同、买卖合同及劳务合同等。

2. 按工程规模内容划分

(1) BOT 项目承包合同。BOT 项目承包合同是指建设(Build)—经营(Operate)—转让(Transfer)全过程项目承包的合同形式,是国际上近几年新兴的工程项目建设模式。其含义为:政府通过授权,把本属于政府支配、拥有或控制的工程项目委托给资本拥有者进行投资建设并经营获益,在特许经营期届满时移交给政府继续经营。这种合同模式,近几年在我国公路建设中也在逐步使用。

(2) 总承包合同。总承包合同是承包单位与业主之间直接签订的关于某一工程项目全部工作的协议。总承包合同又分为设计施工总承包合同与施工总承包合同两种。

(3) 分包合同。分包合同是承包单位与建设单位签订总承包合同后,又与分包单位就工程的某一部分或某一单位分给分包单位完成而签订的合同。

3. 按施工承包合同计价的方式划分

(1) 总价合同。

1) 固定总价合同。固定总价合同是指按双方商定的总价承包工程签订的合同。它的特点是以图纸和技术规范为依据,明确承包内容和计算包价,签约时费用一次包死。在合同执行过程中,除非业主要求变更原定的承包内容,承包方一般不得要求变更承包价。这种方式对业主比较简便,因此一般为业主所欢迎。对承包方来说,如果设计图纸和技术规范相当详细,签订合同时考虑得也比较周全，不会有太大的风险，也是一种比较简便的承包方式；但如果图纸和技术规范不够详细，未知因素比较多，或者遇到材料突然涨价以及恶劣的气候等意外情况，则承包方必须承担一定的风险。为此，往往加大不可预见费用，因而不利于降低造价，最终对建设单位不利。

这种承包方式通常适用于规模小、工期短、技术不太复杂的工程。

2) 变动（调值）总价合同。变动（调值）总价合同是指合同总承包价款随工程进展中的变更、违约索赔、材料涨价等因素变化，可变动合同总价。其变动或调值依据为公式法或文件证据法。其适用于公开招标、工期较长的大规模工程。

(2) 单价合同。由业主开列有工程细目的工程量清单，然后交投标方投标报价，从中选择一家总报价低且各方面条件较优越的投标方作为中标方，双方签订合同后，工程付款将根据所完成的工程数量以工程量清单中的单价结算。这种方式能避免工程变更给承包合同双方带来的风险，有利于降低风险报价，因此，在公路施工承包合同中应用非常广泛。

(3) 成本补偿合同。成本补偿合同的基本特点是按工程实际发生的成本（包括人工费、材料费、施工机械使用费、其他直接费和施工管理费以及各项独立费，但不包括承包企业的总管理费和应缴所得税），加上商定的总管理费和利润，来确定工程总承包价。它主要适用于开工前对工程内容尚不十分清楚的情况，例如，边设计边施工的紧急工程；或遭受地震、战火等灾害破坏后的修复工程；保密工程或科学研究的工程；新型的工程项目等。公路工程承包合同一般不允许采用这种合同类型。

三、公路工程施工合同管理的必要性

根据《公路工程施工监理规范》（JTG G10—2016），施工监理是指监理单位参加监理投标，中标后与业主签订监理合同，并依据合同要求在施工准备阶段、施工阶段及缺陷责任期阶段对工程质量、安全、环保、费用、进度和合同等事宜进行全面的监督和管理。从施工监理的概念可知，施工监理的依据是合同，监理工程师所进行的监理工作实际上是合同管理工作，无论是进行质量、安全、环保监理，还是进行进度控制或计量支付，监理工程师都应按合同办事。监理工程师的职责和权限一旦在施工承包合同中予以明确，就变成了业主和承包人应遵守和执行的承包合同条款。一方面监理工程师应尽职尽责，不能越权；另一方面业主和承包人应服从监理工作，配合监理工作。监理工程师既不属于合同关系的甲方，也不属于合同关系的乙方。监理工程师的独立地位和公正要求，决定了他在合同管理中，能督促合同双方全面地履行合同，公正地解决工程变更、延期、索赔等合同管理事宜，协调双方的合同关系，及时避免或减少合同履行中产生的争议或纠纷，维护业主、承包人的合法权益，保证合同的正常执行。

因此，加强和完善合同管理有着非常重要的意义，其重要意义体现在以下四个方面：

(1) 加强合同管理是工程建设市场从人治走向法治的需要。
(2) 加强合同管理是基本建设管理的需要。
(3) 加强合同管理有利于引进外资，是对外开放的需要。
(4) 加强合同管理有利于提高企业素质，增强企业的竞争能力。

四、合同管理的主要内容

合同管理的主要内容包括工程变更、工程延期、费用索赔、工程分包、违约、工程保险、争端与仲裁等方面。理解和熟悉合同的主要内容，对监理工程师、业主、承包人都十分重要。

第二节 工程分包

一、工程分包的形式

根据合同，承包人可以将所承担工程的一部分分包给分包人承担；业主也可以把一些专业性较强的工程或单项工程直接授予特殊的分包人承担。

工程分包包括两种形式，即一般分包和特殊分包。

1. 一般分包管理

一般分包是指由承包人自己选择分包单位，经业主和监理单位同意的一种分包形式。监理工程师应禁止承包人把大部分工程分包出去或层层分包。承包人必须经监理工程师批准，并按规定办理分包工程手续后，才能将部分工程分包出去。所分包的工程不能超过全部工程的一定百分比，该百分比应在合同中予以明确，承包人未经业主同意，不得转让合同或合同的任何部分。这主要表明业主希望工程承包合同由中标的承包人来执行。

在一般分包中，承包人不能因为分包而对所分包出去的工程不承担合同所规定的义务，即承包人应对分包单位的任何行为、违约、疏忽和工程质量、进度等负责。监理工程师应通过承包人对分包工程进行管理，监理工程师也可以直接到分包工程去检查，发现涉及分包工程的各类问题，应要求承包人负责处理，监理工程师应通过《进度付款证书》，由承包人对分包工程进行支付。

监理工程师在获得承包人推荐的分包单位和分包的工程内容及有关的资料后，应对分包单位进行审查。主要审查分包单位的资格情况及证明；分包工程项目及内容；分包工程数目及金额；分包工程项目所使用的技术规范与验收标准；分包工程的工期；承包人与分包单位的合同责任；分包协议。监理工程师完成上述审查工作后，若无问题，签发《分包申请报告单》，批准分包单位。

综上所述，一般分包合同的特点为：

(1)分包合同由承包人制订，即由承包人挑选分包人。

(2)分包合同必须事先征得业主的同意和监理工程师的书面批准。

(3)对合同总的执行没有影响。强调承包人不能将全部工程分包出去，自己一定要执行主体工程合同。

(4)承包人并不因搞了部分工程分包，从而减少其对分包工程在承包合同中应承担的责任和义务。

一般分包合同的组织结构如图 5-1 所示。

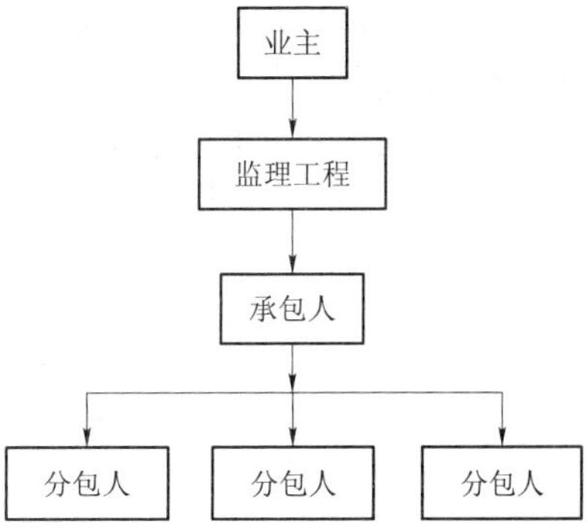

图 5-1 一般分包合同的组织结构图

2. 特殊分包管理

特殊分包是指为了履行合同中某专业化的工程施工或需特殊专业资质要求的工程施工，以及由于承包人违约业主需雇用其他的承包人完成部分工程，业主通过招标方式选定另外的承包人作为特殊分包单位，要求承包人与特殊分包单位签订分包合同而实施的工程分包。分包合同一经签发，特殊分包单位应接受承包人的管理，向承包人负责，承担合同文件中承包人应向业主承担的一切相应责任和义务，并向承包人交纳部分管理费。监理工程师应要求分包单位保护和保障承包人由于特殊分包单位的疏忽、违约造成的一切损失。

若承包人未按合同规定向特殊分包单位支付应得款项，根据监理工程师的证明，业主有权直接向特殊分包单位付款，并在承包人应得款项中扣除。

为保证工程的顺利进行，在特殊分包合同招标前，特殊分包单位最好被业主或监理工程师和承包人共同认可。若承包人有合理的理由，可以拒绝业主通过招标方式选定的分包单位。

当特殊分包单位未能按要求实施分包任务时，业主或监理工程师应采取如下措施：

(1)业主应通过招标方式重新选定特殊分包单位。

(2)业主支付承包人所受损失的任何附加费。

(3)应给承包人一个适当的工期延长。

特殊分包合同具有以下特点：

(1)特殊分包合同的一些分包公司，应得到业主和承包人的共同批准。承包人可选择信任的并且过去有过良好合作关系的公司，这当然也需经过业主和监理工程师的批准。

(2)特殊分包招标文件，应征求承包人的意见。监理工程师还应注意使招标分包合同的文件和条款尽可能与承包合同文件的内容实质相一致。

(3)特殊分包合同所用的暂定金额应包括在合同的工程量清单之内。

(4)特殊分包人应当向承包人承担如同承包人向业主所承担的同样的义务和责任。

特殊分包合同的组织结构如图 5-2 所示。

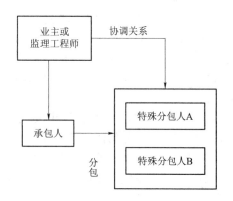

图 5-2　特殊分包合同组织结构图

二、分包与转让的区别

合同转让强调无业主同意，承包人不得将本合同工程转包给其他单位或个人，或者将本合同肢解之后以分包的名义分别转包给其他单位或个人。合同的转让其实就是合同的主体发生改变，因此，承包人对转包工程的责任和义务已经解除。而工程分包经监理工程师同意后，承包人并不解除合同中分包工程部分的责任和义务，仍要协调、督促、管理整个工程。

转让与分包是不同的两个概念，合同一经转让，承包人则与该合同无直接关系，自然也无须承担合同中规定的责任和义务，此点是与分包合同有本质区别的。

第三节　工　程　保　险

公路工程施工阶段的保险，是指通过专门机构——保险公司以收取保险费的方式建立保险基金，一旦发生自然灾害或意外事故，造成参加保险者的财产损失或人身伤亡时，即用保险金给予补偿的一种制度。它的好处是，参加者付出一定的小量保险费，换得遭受大量损失时得到补偿的保障，从而增强抵御风险的能力。

一、保险的种类

工程保险主要根据合同条款的规定以及该项目所处的外部条件、工程性质和业主与承包人对风险的评价和分析来决定。其中，合同条款的规定是决定的主要因素。凡是合同条款要求保险的项目一般都是强制性的。

《公路工程标准施工招标文件(2018年版)》规定应办理保险的种类如下。

1. 工程一切险

工程一切险是为永久工程、临时工程和设备及已运至施工工地用于永久工程的材料和设备所投的保险。有时还包括缺陷责任期由于施工原因造成的已完工程损失保险。

通常，保险公司承担赔偿责任的有以下一些原因造成的损失和费用，对这些损失和费用，保险公司将根据保单明细表的规定负赔偿责任：

(1)自然灾害(包括水灾、冰灾、海啸、风暴、雪暴、雪崩、地崩、冻灾、地震、雷击等)；

(2)意外的事故，如火灾和飞行物体坠落或飞机坠毁；

(3)盗窃；

(4)职工缺乏经验、疏忽、过失或其他恶意行为；

(5)原材料和工艺缺陷引起的事故及其他等；

(6)爆炸及其他不可预料的突然事故等。

但是，一般不包括以下风险损失原因：

(1)战争、入侵；

(2)核反应、辐射或放射性污染引起的损失、费用或责任；

(3)自然磨损、氧化和锈蚀等；

(4)设计错误引起的损失、费用或责任；

(5)非外力引起的机械电器装置的损坏或建设用机械设备的失灵；

(6)中止合同、违约罚金等；

(7)丧失合同和拖延工期；

(8)货物运输及工地外的交通事故等；

(9)被保险人及其代表的故意行为和重大过失所引起的损失、费用或责任；

(10)全部停工或部分停工引起的损失；

(11)保单中规定由被保险人自行负责的免赔额。

2. 第三方责任险

第三方责任险是对因实施本合同工程而造成的财产(本工程除外)的损失或损害，或人员(业主和承包人雇员除外)的死亡或伤残所负责进行的保险。

工程一切险和第三方责任险由承包人与业主联名投保，保险费由业主承担。投保工程从工程开工到竣工颁发竣工证书止进行保险。投保的范围与条件和保险费率由招标人与承保人在所商定的投保协议中确定，并在招标文件中写明。上述保险费在工程量清单第100章中列有一个单独的支付细目，由投标人按招标文件中的规定填写总额价，中标后业主将按承包人实际支付的保险费的保单支付给承包人。

3. 承包人的雇员及装备保险

承包人应在整个施工期间(包括缺陷责任期)对其为本合同工程工作的雇员投保人身意外伤害险，并应要求其分包人也进行此项保险。

承包人还应为已经运抵现场的承包人装备办理财产保险，其投保金额应足以现场重置。

办理本款保险的一切费用均由承包人(或分包人)承担，并已包括在工程量清单的单价及总额价中，业主不单独支付。在本合同工程的施工和缺陷修复过程中，业主对承包人雇员的人身死亡或伤残,或财产(设备)的损失或损害不予赔偿;业主也不对承包人与此有关的索赔、损害、赔偿及诉讼等费用和其他开支承担任何责任。

有下述情况之一者属例外情况,业主有责任予以赔偿:

(1)由于本工程的征地拆迁工作引起的承包人雇员人身或财产损害;

(2)因业主在本工程范围内实施其他工程引起的人身或财产损害;

(3)由业主或其职工或其他承包人的雇员的行为或疏忽所造成的人身伤亡或财产的损失或损害。

但是,如果在涉及上述事故的索赔及诉讼费用方面,承包人或其雇员也对伤害或损坏应负有部分责任时,业主或其他承包人对上述伤害或损坏应负的相应责任,应公正合理地界定。

二、保险的检查与落实

根据合同条件规定,监理工程师应在开工之前检查承包人是否已办妥合同规定的各类保险,及各类保险单是否有效。检查的内容包括:

(1)保险的种类。合同规定的投保险种有工程一切险、第三方责任险、施工装备和施工人员人身意外险。

(2)保险的数额。保险的数额应与实际价值相符或应符合合同的规定。

(3)保险的有效期。保险的有效期应不少于合同工期或修订的合同工期。

(4)保险单及保险费收据。确认承包人已在合同规定的时间内提交给业主,并保留复印件备查。

当监理工程师确认承包人未在合同规定的时间内,按合同规定的内容,向业主提交合格的保险单时,应要求承包人尽快补充办理保险。如果承包人拒绝办理时,通知建议业主补充办理保险,并扣除承包人相应费用;如果业主也未补办,监理工程师应书面通知承包人和业主由此带来的危害。根据合同有关规定,未来发生与此有关的一切责任和费用将由责任方承担和赔偿,并督促其尽快办理保险。

第四节 工程变更

一、工程变更的概念

工程变更也叫作合同变更,是指经监理工程师审查批准并下达变更指令后,对工程合同文件的任何部分或工程项目的任何部分所采用的形式上的改变、质量要求上的改变或工程数量上的改变。由于公路工程地质水文条件的复杂性,发生合同变更是较常见的,几乎每一个公路工程项目都会发生工程变更。

二、工程变更的内容

根据《公路工程标准施工招标文件(2018年版)》规定,业主或监理工程师认为有必要对工程或其中任何部分的形式、质量或数量作出任何变更,为此目的或出于任何其他理由,监理工程师有权指示承包人进行变更。变更的内容包括:

(1)增加或减少合同中所包括的任何工作的数量。

(2)取消合同中任何工作细目,若被取消的工作是由业主或其他承包人实施者除外。

(3)改变合同中任何工作的性质、质量及种类。

(4)改变工程任何部分的高程、基线、位置和尺寸。

(5)实施工程竣工所必需的任何种类的附加工作。

(6)改变工程任何部分的任何规定的施工顺序或时间安排,这里强调的是施工顺序或时间安排一定要在合同里有所规定。

任何工程的形式、质量、数量和内容上的变动,必须由监理工程师签发工程变更指令。当承包人请求变更时,监理工程师必须进行审查,必要时还应报业主同意后,方可签发工程变更指令。另外,监理工程师认为有必要变更工程时,也应经业主同意。业主需要变更工程项目,也必须向监理工程师提出,由监理工程师签发工程变更指令。

三、工程变更的估价

1. 变更后的估价

对于变更后引起的费用增减,监理工程师应与业主和承包人进行协商,再确定变更费用。如果是由于承包人的违约,监理工程师有必要进行变更,则由此造成的附加费用由承包人承担。按照合同要求,可按以下方法确定变更工程的单价。

(1)对于变更的工程,一般应采用合同中工程量清单所列的单价或价格。

(2)如果工程量清单中没有包括适用此项变更工作的单价或价格时,则应在合同的范围内使用合同中的费率和价格作为估价的基础,若做不到这一点,要由监理工程师与承包人协商一个合理的单价或总价额并报业主批准。

(3)如协商不成,则应由监理工程师根据情况在报业主批准后,定出他认为的合理单价或总额价抄送业主。

(4)如果此单价或总额价一时不能认定,监理工程师可以确定暂时的单价或总额价作为暂付账款列入按规定签发的支付证书中。承包人一般可以同监理工程师协商,合理地要求到自己争取的单价和价格,或可以提出索赔。

采用工程量清单中的价格有时候可能存在不合理的情况。如果概算工程量清单内已有100个同样的分部细目,而变更后又多做10个同样的分部细目,这毫无疑问可以用工程量清单内的价格;若倒过来讲,原工程量清单中只有10个同样的分部细目,这时,多做100个同样的分部细目显然对承包人有利,可以用同样的施工机具、模板、支架等手段来施工时,引用原来的单价显然不合理,需要把单价调低一些。

另外,如果承包人在投标时使用了不平衡报价法,某项工程预计施工时要有变更,报价较高。这就需要监理工程师与业主和承包人协商定出一个合理价格,或由监理工程师制定一个合理的价格。

2. 变更后合理价格的确定

合理价格是指符合实际情况,且又为承包人和业主所能接受的价格,确定方法如下:

(1)实际价格的详细核算。

(2)比较同类细目单价分析表内的已有价格。

3. 合同调价

(1)当工程变更数量较大(变更工程的"金额"或"合价"超过合同价2%,且变更工程量超过或少于清单工程量的25%)时,应对该支付细目的单价或总额价予以调整。

(2)如果在签发交工证书时发现合同价格的增、减超过"有效合同价格"的15%,且是由于变更所致,则应对合同价格进行调整。"有效合同价格"是指不包括暂定金额的合同价格。

上述两类调价,均只对超过规定范围的部分进行。

四、工程变更的申请与审批

1. 变更的申请

工程变更一般由承包人提出。业主、监理工程师以及项目相邻地段第三方也可以提出工程变更的要求。

承包人提出工程变更通常有两种情况：一种是不可预见的地质条件及其他环境因素所引起的工程变更；另一种是承包人为了节约工程成本或加快施工进度，而提出变更。同时，承包人的变更申请应包括：变更工程的部位、项目；变更的原因、依据及相关的文件、图纸等；变更后的施工组织安排；变更工程的费用估价报告等。

2. 审批工程变更

监理工程师应指定专人，一般由该工程项目的驻地监理工程师受理变更，并着手搜集有关资料，如变更前后的图纸、技术变更洽谈记录、技术研究会议记录；来自业主、承包人、监理工程师方面的文件与会议记录、行业部门涉及该变更方面的规定与文件、上级主管部门的指令性文件等。工程变更的审批原则为：

(1)考虑工程变更对工程进展是否有利。

(2)考虑工程变更是否可以节约工程成本。

(3)考虑工程变更是否兼顾业主、承包人或工程项目之外其他第三方的利益，不能因工程变更而损害任何一方的正当权益。

(4)必须保证变更工程符合本工程的技术标准。

还有一种情况为工程受阻，如遇到特殊风险、人为阻碍、合同一方当事人违约等不得不变更工程。

按合同中规定的方法和掌握的第一手资料，考虑业主和承包人双方的利益后对变更费用做出评估。监理工程师应与承包人和业主就其对工程变更费用评估的结果进行磋商，在意见难以统一时，监理工程师应确定最终的价格。总之，监理工程师应注意处理好工程变更问题，并对合理的确定工程变更后的估价与费率非常熟悉，以免引起索赔或合同纠纷。

3. 签发变更指令

变更指令包括以下文件。

(1)文件目录；

(2)工程变更指令；

(3)工程变更说明；

(4)工程变更费用估算表；

(5)附表：变更前后的图纸；业主、承包人、监理工程师三方面的会议、会谈记录；有关设计部门对变更的意见；有关行业部门、上级主管部门的文件；承包人的预算报告；确定工程数量及单价的证明资料等。

第五节　工程延期与费用索赔

一、工程延期

因为公路工程项目工期长、规模大、技术含量高且复杂；加上地质水文条件的不确定性和随机性、气候条件影响及市场经济波动影响；再加上任何程序的工程设计都会有考虑不周以及和实际不符之处，这些都可能导致追加额外工作项目及工期的变化，使承包人实际成本超支，受到经济损失。所以，在由业主和承包人分担不确定性风险的合同条件下，承包人依据法律及合同规定，对并非由于自己的过错或疏忽而造成的损失，有权利向业主请求给予延期或费用索赔。

1. 延期的概念

工程延期是指按合同有关规定，由于非承包人自身原因造成的，经监理工程师书面批准的合理竣工期限的延长。它不包括由于承包人自身原因造成的延误。延期的原因主要有：额外的或附加的工作；异常恶劣的气候条件；由业主造成的延误或阻碍；不是由于承包人的过失或违约而发生的其他特殊情况；合同中所规定的任何延误原因。

2. 延期申请与审批的程序

承包人在首次出现合同条款规定的需延期情况后的 14 d 之内，除非承包人向监理工程师提出申请延期，并向业主递交申请延期副本，否则监理工程师不予考虑。并须在随后的 7 d 内向监理工程师提交承包人要求延期的详细情况与缘由，供监理工程师调查。如图 5-3 所示。

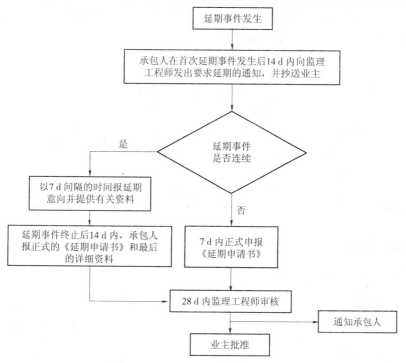

图 5-3 工程延期的申请与审批程序

在延期审批过程中，驻地监理工程师的原始记录，如"监理日志""天气记录"等，是很关键的证明材料。当延误发生时，驻地监理工程师对承包人延误的事实、时间、人力、机械设备的闲置以及能否重新调整计划等，均应有详细记录。否则，将会给承包人延期申请的审批带来困难。

3. 工程延期审批的依据

承包人延期申请能够成立并获得监理工程师批准的依据如下：

(1)工程延期事件是否属实，强调实事求是。

(2)是否符合本合同工程合同规定。

(3)延期事件是否发生在工期网络计划图的关键线路上，即延期是否有效合理。

(4)延期天数的计算是否正确,证据资料是否充足。

上述四条中,只有同时满足前三条,申请才能成立。至于时间的计算,监理工程师可以根据自己的记录,作出公正合理的计算。

其中,最关键的一条就是第三条。也就是说,所发生的延误工程部分项目必须是会影响到整个工程项目工期的工程,延期才是有效合理的。

关于工程延期,应尽量避免减少,使工程能按期或提早完工,发挥工程效益。监理工程师应及时提醒和告知业主,做好参谋和顾问。

工程实例

京津塘高速公路一号合同段由于气候异常提出了延期,具体情况如下:由于大雨的影响,迫使正在施工的路基土方工程停止。为此,承包人根据FIDIC合同条件第44条的规定,提出延期申请。

1. 承包人申请延期证据

承包人随工程延期申请附上了1988年7、8月份的降雨量、降雨天数和前20年平均降雨量、降雨天数的对照表以及工地施工记录。前20年平均降雨天数和降雨量为向当地气象局索取的统计资料,1988年的为施工现场实测资料。

相关资料见表5-1~表5-3。

表5-1 北京地区过去20年气候数据(1968—1987年)

月份	项目	朝阳区	通县①	大兴县②	平均值
7月	降雨量/mm	186.9	161.6	176.4	175.0
	降雨天数/d	13.6	15.4	13.3	14.1
8月	降雨量/mm	187.2	175.2	181.3	181.2
	降雨天数/d	12.9	13.6	11.9	12.8

表5-2 北京地区1988年气候数据

月份	项目	朝阳区	通县	大兴县	平均值	施工现场
7月	降雨量/mm	260.6	220	248.0	243.0	286.6
	降雨天数/d	17.0	16.0	17.0	16.7	10.0
8月	降雨量/mm	255.8	264.4	243.3	254.5	407.5
	降雨天数/d	14.0	15.0	16.0	15.0	12.0

注:朝阳区、通县、大兴县均是施工现场附近的几个区县。

表5-3 降雨量比较表

月份	观测值		施工现场	超过率
	1968—1987年	1988年		
7月	175	243	286.6	1.64
8月	181.2	254.5	407.5	2.25
合计	356.2	497.5	694.1	1.95

---

① 通县:今为通州区。

② 大兴县:今为大兴区。

通过表 5-3 可知,在施工现场,7、8 月份的降雨量分别为常年降雨量的 1.64 倍和 2.25 倍,7、8 月份两个月的降雨量是常年降雨量的 1.95 倍。

承包人又申述:在 7、8 月份的 62 d 中,实际只有 6 d 进行土方工程施工。其原因是全线大部分是粉质黏土,这种土遇水含水量增高,且施工现场地下水位只有 1.5 m,而路基高度平均只有 1.6 m,所以土方吸收了大量雨水不易晾晒,在这种情况下不能进行施工操作。

计算方法:预计工作日与实际工作日的差值为所需延期天数。

预计工作日计算方法:

日历天数—(20 年平均降雨天数×影响系数)=预计工作日。

计算结果见表 5-4。

表 5-4 承包人延期申请计算结果表

月份	预计工作日/d	实际工作日/d	差值/d
7 月	31—14.1×0.7* =21.1	6	15.1
8 月	31—12.8×0.7* =22.0	0	22.0
合计	43.1	6	37.1
*其中 0.7 的系数是承包人根据高速公路施工经验所得。			

2. 监理工程师评估意见

(1)承包人的延期申请符合合同通用条款,且发生的延误在关键线路上。

(2)承包人延期申请报告中,采用 0.7 的系数来预计工作日的方法,因缺乏可靠依据,所以不能接受。应采用通常将一个下雨日等于 1.5 个非工作日的办法进行计算。

(3)采用承包人提供的最近 20 年的降雨平均记录及今年的降雨记录,并采用 1.5 的影响系数,则由于降雨天数引起的差额工作日为:

7 月份:(14.1—16.7)×1.5=—3.9=—4(天);

8 月份:(12.6—15.0)×1.5=—3.3=—3(天)。

即由于降雨天数差额而需弥补的工作天数为 7 d。

(4)由表 5-5 可以明显看出,1988 年 7、8 月份雨量远大于按 20 年统计的 7、8 月份平均降雨量,分别超出 38.9% 和 40.5%。施工现场雨量更大,分别超出 63.8% 和 124.9%,而采用 1.5 系数的计算方法,仅仅体现了常规雨量及下雨天数的影响,没有真正反映特殊雨量和特别异常恶劣气候的影响。因此,以此计算出的天数显然不尽合理。承包人在报告中提出 7—8 月份实际工作仅 6 d,经驻地监理工程师的核实,基本可以接受。考虑雨天对工作的综合影响及实际工作情况,则由于异常降雨所引起的差额工作日为:

7 月份:31—(14.1×1.5)—6=3.85=4(d);

8 月份:31—(12.8×1.5)—0=11.8=12(d)。

即综合考虑各方面由于异常雨天的影响,对承包人所提出的 7—8 月份由于异常降雨引起的工程延期的申请报告,批准为 16 d。

表 5-5 监理工程师用降雨量比较表

月份	项目	20 年平均值	1988 年平均值	差额
7 月份	降雨量/mm	175	243.0	超 38.9%
	降雨天数/d	14.1	16.7	多 2.6

续表

月份	项目	20年平均值	1988年平均值	差额
8月份	降雨量/mm	181.2	254.5	超40.5%
	降雨天数/d	12.8	15.0	多2.2

二、费用索赔

1. 索赔的概念

索赔是指由于非承包人自身的原因，导致承包人遭受额外的时间损失或费用的增加，承包人依据合同的有关规定而向业主申请认为应该得到的一种权利或额外付款。

索赔是对合同双方当事人平等、自愿、公平的合同法律关系的体现。索赔工作是承包合同双方各自享有的正当权利，是合同双方自始至终遵守诚实信用的原则，恪守合同规定，使项目顺利进行。索赔事件的发生是客观的和不可避免的，必须正确处理和对待。同时，索赔对于工程技术和管理、合同估价和财务分析、工程设计、施工、法律法规等在工程实践中的应用，具有极大的促进作用。

2. 索赔的分类

发生索赔的范围广泛，主要体现在承包人与业主之间的索赔；承包人与分包人之间的索赔；承包人与供应商之间的索赔；承包人和业主共同向保险公司的索赔等。通常所指的索赔是指承包人向业主提出的索赔。其索赔内容往往与工程的计量、变更、工期、质量和费用价格有关。而业主向承包人提出的索赔与反驳叫作反索赔。

索赔事件的发生，会导致时间的损失和费用的增加。所以，索赔按目的可分为工期索赔和费用索赔。工期索赔就是延期，这里不再阐述。

3. 索赔的主要原因

引起索赔的原因很多，以下是几种主要原因。

(1)业主违约。业主违约常常表现为业主或其委托人未能按合同规定为承包人提供应由其提供的、使承包人得以施工的必要条件，或未能在规定的时间内付款。比如业主未能按规定时间向承包人提供场地使用权，监理工程师未能在规定时间内发出有关图纸、指示、指令或批复，监理工程师拖延发布各种证书(如进度付款签证、移交证书等)，业主提供材料等的延误或不符合合同标准，还有监理工程师的不适当决定和苛刻检查等。

(2)合同缺陷。合同缺陷常常表现为合同文件规定不严谨甚至矛盾、合同中的遗漏或错误。这不仅包括商务条款中的缺陷，也包括技术规范和图纸中的缺陷。在这种情况下，监理工程师有权作出解释。但如果承包人执行监理工程师的解释后引起成本增加或工期延长，则承包人可以为此提出索赔，监理工程师应给予证明，业主应给予补偿。一般情况下，业主作为合同起草人，他要对合同中的缺陷负责，除非其中有非常明显的含糊或其他缺陷，根据法律可以推定承包人有义务在投标前发现并及时向业主指出。

(3)施工条件变化。在工程施工中，施工现场条件的变化对工期和造价的影响很大。由于不利的自然条件及障碍，常常导致设计变更、工期延长或成本大幅度增加。

公路工程对基础地质条件要求很高，而这些土壤地质条件，如地下水、地质断层、熔岩孔洞、地下文物遗址等，根据业主在投标文件中所提供的材料，以及承包人在招标前的现场勘察，都不可能准确无误地发现，即使是有经验的承包人也无法事前预料。因此，基础地质方面出现的异常变化必然会引起施工索赔。

(4)工程变更。公路工程施工中,工程量的变化是不可避免的。施工时实际完成的工程量超过或小于工程量表中所列的预计工程量。在施工过程中,监理工程师发现设计、质量标准和施工顺序等问题时,往往会指令增加新的工作,改换建筑材料,暂停施工或加速施工等。这些变更指令必然引起新的施工费用,或需要延长工期。所有这些情况,都迫使承包人提出索赔要求,以弥补自己所不应承担的经济损失。

(5)工期拖延。公路施工中,由于天气、水文地质等因素的影响,常常出现工期拖延。分析拖期原因、明确拖期责任时,合同双方往往产生分歧,使承包人实际支出的计划外施工费用得不到补偿,势必引起索赔要求。

如果工期拖延的责任在承包人方面,则承包人无权提出索赔。他应该以自费采取赶工的措施,抢回延误的工期;如果到合同规定的完工日期时,仍然做不到按期完工,则应承担拖期损失赔偿金。

(6)监理工程师的指令。监理工程师指令通常表现为监理工程师指令承包人加速施工、进行某项工作、更换某些材料、采取某种措施或停工等。监理工程师是受业主委托来进行工程施工监理的,其在工程中的作用是监督所有工作都按合同规定进行,督促承包人和业主完全合理地履行合同、保证合同顺利实施。为了保证合同工程达到既定目标,监理工程师可以发布各种必要的现场指令。相应地,因这种指令(包括指令错误)而造成的成本增加和(或)工期延误,承包人当然可以索赔。

(7)国家政策及法律、法规变更。国家政策及法律、法规变更,通常是指直接影响到工程造价的某些政策及法律、法规的变更,比如限制进口、外汇管制或税收及其他收费标准的提高。就国际工程而言,合同通常都规定,从投标截止日期之前的第 28 d 开始,如果工程所在国法律和政策的变更导致承包人施工费用增加,则业主应该向承包人补偿其增加值;相反如果导致费用减少,则也应由业主受益。作出这种规定的理由是很明显的,因为承包人根本无法在投标阶段预测这种变更。就国内工程而言,因国务院各有关部门、各级建设行政管理部门或其授权的工程造价管理部门公布的价格调整,比如定额、取费标准、税收、上缴的各种费用等,可以调整合同价款。如未予调整,承包人可以要求索赔。

(8)其他承包人干扰。其他承包人干扰通常是指其他承包人未能按时、按序进行并完成某项工作、各承包人之间配合协调不好等而给本承包人的工作带来的干扰。大、中型土木工程,往往会有几个承包人在现场施工。由于各承包人之间没有合同关系,监理工程师作为业主委托人有责任组织协调好各个承包人之间的工作;否则,将会给整个工程和各承包人的工作带来严重影响,引起承包人索赔。

4. 承包人费用索赔申请程序

(1)承包人提出索赔意向书。当引起索赔的事件发生,或承包人意识到存在潜在索赔机会时,第一件事就是由承包人将有关索赔的情况及索赔意向书面通知监理工程师,并抄送业主。提交索赔意向书的作用是非常重要的,它标志着一项索赔事件的开始,也提醒监理工程师和业主注意正在发生导致额外费用或延长工期的情况,使业主和监理工程师有时间采取必要的措施和行动,以减少或尽量避免额外费用的发生或缩短延误工程的时间。

索赔意向书的内容一般较简单,尽量简明扼要说明索赔事件的名称、发生的时间、事件描述,以及所依据的施工承包合同条款,提出自己正当的索赔要求。其他具体的索赔证据资料,以及详细的索赔款项,需延长的工期天数等,可在日后再报。

(2)承包人提交索赔证据资料和账单。承包人在提出索赔的同时,必须有足够的证据资料来说明自己的索赔要求是正当的。监理工程师和业主一般都会对承包人的索赔提出一些质疑，要求承包人做出解释或出具有力的证明材料。因此，承包人在提交正式的索赔报告之前，必须尽力准备好与索赔有关的一切详细资料，以便在索赔报告中使用，或在监理工程师和业主要求时出示。也许有些细节资料暂且不用，但还是应全面准备。若能及时而准确地向监理工程师或业主提供所需要的索赔细节证据资料，对索赔是特别有利的。

(3)编写索赔报告。索赔报告是承包人向监理工程师提交的要求业主给予一定经济补偿和延长工期的正式书面报告。索赔报告的水平与质量直接关系到索赔的成败。承包人的索赔报告必须有力地证明自己正当合理的索赔资格、受损失的时间和金额，以及有关事项与损失之间的因果关系。

承包人在根据规定发出索赔意向后 21 d 内，或在监理工程师可能同意的其他合理的时间内，承包人应送给监理工程师一份说明索赔额及提出索赔依据的详情材料。当据以提出索赔的事件具有连续影响时，上述详细报告应被认为是临时详细报告，承包人应按监理工程师可能合理要求的此类时间间隔，发出进一步的临时详细报告，给出索赔的累计总额及进一步提出索赔的依据。在向监理工程师发出临时详细报告的情况下，承包人应在索赔事件所产生的影响结束后 21 d 之内发出一份最终详细报告。承包人提出索赔申请的程序框图如图 5-4 所示。

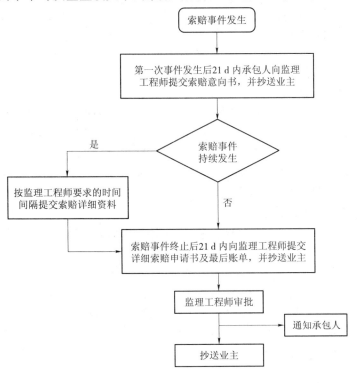

图 5-4　索赔申请的程序框图

5. 监理工程师审核索赔的原则与程序

(1)监理工程师审核索赔的原则。审核索赔的原则，一是依据合同条款实事求是对待索赔事件；二是各项记录、报表、文件、会议纪要等索赔证据的文档资料要齐全；三是要核算数据正确无误。

因为承包人提出的索赔往往数量较大，有时采用夸大、曲解、移花接木甚至行贿的手段希望索赔成功，而业主则希望监理工程师拒绝或减少承包人提出的费用索赔，以减少工程成本的增加。所以，监理工程师必须正确对待合同条款赋予的裁决索赔的充分权力，必须大公无私，不偏不倚地以独立裁判人的身份调查索赔原因是否成立，审核索赔费用是否实际，做到既维护业主利益又保护承包人的合法权益，树立监理工程师的良好信誉。

(2)监理工程师处理索赔的程序。

1)查证索赔原因。监理工程师首先应看承包人的索赔申请是否有合同依据，然后看承包人所附的原始记录和账目等，与驻地监理工程师所保存的记录核对，以了解当时施工现状。同时，监理工程师必须弄清楚，承包人所声称的损失，是否是由于他自己的工作效率低或管理不当所致。

2)核实索赔费用的数量。如果承包人的费用索赔理由成立,就应查看承包人的数量计算是否正确,或监理工程师认为正确的费用应该是多少。

承包人的索赔费用数量计算一般包括:所订明的数量;所采用的费率。

承包人所订明的数量是否有事实依据以及所有的数量是否均与有效的费用索赔有关,可利用监理工程师的记录来加以审核和控制。

监理工程师必须熟悉和了解承包人在费用索赔中采用费率的种类以及影响承包人成本的多方面因素,特别是在市场经济情况下。

在费用索赔中,承包人一般采用的费率为:

①采用工程量清单中有关的费率或从工程量清单里有关费率中推算出的费率。

②重新计算的费率。原则上,承包人提出的所有费用索赔均可不采用工程量清单中的费率而应重新计算。

监理工程师在审核承包人提出的费用索赔时应注意:索赔费用只能是承包人实际发生的费用,而且必须符合工程项目所在国或所在地区的有关法律和规定。另外,绝大部分的费用索赔是不包括利润的,只涉及直接费和管理费。只有遇到工程变更时,才可以索赔到费用和利润。

工程实例

某公路工程有一分部工程为一人行天桥工程,施工中发现原设计图纸错误,监理工程师通知承包人暂停一部分工程,并下了工程变更指令,待图纸修改后再继续施工。另外,还由于增加额外工程,监理工程师又下达了工程变更指令。承包人对此两项事件除提出延长工期外,还据合同条款提出了费用索赔。

(1)承包人的计算。

1)因图纸错误造成的停工与工程变更,使三台机械设备停工,损失共计37 d。

汽车起重机:450元/台班×2台班/日×37个工作日=33 300元;

大型空压机:300元/台班×2台班/日×37个工作日=22 000元;

其他辅助设备:100元/台班×2台班/日×37个工作日=7 400元;

小计:62 900元;

现场管理费附加15%:9 435元;

总部管理费附加10%:6 290元;

利润5%:3 931.2元;

合计:82 556.2元。

2)增加额外工程的变更,使工程的工期又延长一个半月,要求补偿现场管理费:

$$240\ 000\ 元/月 \times 1.5\ 月 = 360\ 000.0\ 元$$

以上两项共计:承包人索赔损失款为442 556.2元。

(2)监理方的计算。经过监理工程师和有关监理方的计量人员审查和讨论分析,原则上同意承包人的两项索赔,但在计算方法上有分歧。

1)因图纸错误造成工程变更和延误,有监理工程师指示变更和暂停部分工程施工的证明,承包人只计算了受到影响的机械设备停工损失,这是正确的。但不能按台班费计算,而只能按租赁或折旧率计算,核减为52 000元。

2)额外工程变更方面,经过监理方审查后认为,增加的工作量已按工程量清单的单价支付过,按投标书的计价方法,这个单价是包括了现场管理费和总部管理费的。因此,监理工程师不同意另外支付延期引起的补偿费用,就额外工程增加所需的实际时间计算是需一个半月,这也是监理工程师已同意过的。但所增加的工程量与原合同工程量及其相应工期比较,原合同工程量应为 0.6 个月的时间。即按工程量清单中单价付款时,该 0.6 个月的管理费及利润均已计入投标计算的合同单价中了,而 1.5 月－0.6 月＝0.9 月的管理费和利润则是承包人应得到而受损失的费用。

监理方按下面方法计算补偿费:
每月现场管理费:190 730 元(见标书计算);
现场管理费补偿:190 730×0.9＝171 657(元);
总部管理费补偿 10% 应为:17 166 元;
利润 5%:(171 657＋17 166)×5%＝9 441(元);
合计:198 264 元;
以上两项补偿总计为:250 264 元。

(3)比较承包人和监理工程师两方面的计算,承包人索赔金额比监理工程师算出的高 192 292.2 元。但因监理工程师的计算是公正合理的,承包人只能同意接受,提不出什么反对意见,并为他能得到 250 264 元的赔偿感到基本满意。

第六节　合同违约与纠纷

公路工程施工过程中,不可避免地会出现一些违约事件,致使合同纠纷不断。要完全避免合同的违约与合同纠纷事件的发生,一般是不切实际的。如何减少违约与纠纷对工程的影响,保证合同双方的权益,监理工程师主要应依据《公路工程标准施工招标文件(2018 年版)》,及时处理合同的违约与纠纷。

一、合同违约

违约是指合同当事人拒绝或未能完成其合同义务。若违约行为构成毁约,则受害方有权解除合同;若违约行为给对方造成损失或损害,则受害方有权要求赔偿。

1. 承包人的违约

承包人有下列事实时,监理工程师应确认承包人违约。

(1)无视监理工程师事先的书面警告,一贯或公然忽视履行其合同规定的义务。

(2)违反合同条款中有关按投标文件及时配备称职的关键管理与技术人员的规定,或违反合同条款中承包人承诺配备的关键施工设备的规定。

(3)在接到监理工程师下达的要求承包人修复或运走、替换不合格材料、设备的通知或指令后的 28 d 内不遵守该通知或指令。

(4)无正当理由而未能根据监理工程师下达的开工令的规定开工;或在接到监理工程师下达的要求承包人加快施工进度的通知后的 28 d 内无正当理由未能采取措施加快施工。

(5)已经违反了合同条款中有关工程分包的规定。

(6)在保修期内,承包人不履行合同义务。

(7)违反合同专用条款中的其他重要规定。

承包人违约时,监理工程师应书面通知业主,并抄送承包人。业主在向承包人发出书面通知的 14 d 内未见纠正后,可向承包人收取专用条款中规定的违约金。

如果根据我国法律,认为承包人已强制性破产、企业清理或解散(为合并或重组而进行的自动清理除外），或承包人已经违反合同条款中关于禁止转包的规定，则业主可以进驻现场和接管本工程，并终止施工合同。业主可自行完成该工程，或雇用其他承包人完成该工程。业主或上述其他承包人为了完成本工程，可以使用他们认为合适数量的承包人装备、临时工程和材料。

在业主进驻现场和终止合同之后，监理工程师在通过协商和调查询问之后，尽快地确定并认证：

1）在业主进驻现场和终止合同时，承包人根据合同实际完成的工程以及理应得到的款额；
2）未使用或部分使用过的材料、承包人装备和临时工程的价值。

业主在承包人违约而终止合同的情况下，将暂停向承包人支付任何款项。在本工程缺陷责任期满之后，再由监理工程师查清承包人实施和完成本工程与缺陷修复应结算的费用，应扣除的拖期损失赔偿金（如有）以及业主实际支付给他的各项费用，并予以证实。同时，监理工程师应指令承包人将其为履行合同而签订的任何契约的利益（如材料和货物的供应、服务的提供等）转让给业主。

工程实例

我国某公司承包一项公路工程，由于该公司仅派遣了少数工人进入工地，工期过了将近一半而完成的工程不到合同额的5%，监理工程师虽然一再警告，但该公司未能及时采取相应措施改变工地面貌，导致业主突然凭履约保函向银行索付违约赔偿的保证金，该公司又无力采取补救措施，结果银行只好将全额履约保证金支付给业主，以支付违约对业主造成的工程损失的补偿款项，使承包人遭受严重损失。国际上一些公路工程承包公司由于发生严重违约，造成破产倒闭的有很多实例。

2. 业主的违约

业主有下列事实时，监理工程师应确认为其违约：

（1）没有在合同规定的时间内根据监理工程师签发的支付证书向承包人付款，也未向承包人说明理由。

（2）无理阻挠或拒绝监理工程师签发支付证书所需的批准。

当监理工程师收到承包人因业主违约而提出的部分或全部中止合同的通知后，应尽快深入调查，收集掌握有关情况，澄清事实。在调查、了解的基础上，根据合同文件要求，同业主、承包人协商后，办理部分或全部中止合同的支付。

按照合同规定，因业主未能按时向承包人支付应得款项而违约时，承包人有权按合同有关规定暂停工程或延缓工程进度，由此发生的费用增加和工期延长，经监理工程师与业主、承包人协商后，将有关费用加到合同价中，并应给予承包人适宜的工期延长。如果业主收到承包人暂停工程或延缓工程进度的通知后，在合同规定的时间内恢复了向承包人应付款的支付以及支付了延期付款利息，承包人应尽快恢复正常施工。

工程实例

我国某工程公司在国外承包了一项土木建筑工程，通过美国花旗银行开具了一份金额为75万美元的履约保函。工程开工后，业主无法筹集到足够的资金支付工程进度款，因而工程进度缓慢。该工程公司因得不到工程款多次致函业主和监理工程师，并警告业主应承担工程延期甚至被迫停工的一切后果。在迫不得已的情况下，该公司陆续撤出在工地的材料、设备和劳务，业主则在履约保函有效期满的前5 d凭保函向银行索付保证金，并声称承包人违约，甚至串通监理工程师出伪证,证明承包人擅自撤离工地。美国花旗银行明知不是承包人违约,但为维护自身信誉,只能通知承包人,在保函到期以前,银行将向受益人支付履约保证金75万美元。这时虽然时间很紧迫,这家工程公司果断采取了有力措施,立即通过律师向当地法院递交了申请暂时冻结履约保函的诉状,并根据法院的意见开具了一份以法院为受益人,金额为30万美元和有效期为三个月的新的保函给法院,表明将听从法院的调查和处理。这一措施不仅保住了价值75万美元的保函,而且使业主感到十分震惊,主动向银行撤回索偿的通知,还找这家工程公司协商法庭外的解决办法。最后,业主支付了该公司应得的工程款,该公司则从法院撤回诉状和30万美元的履约保函以及原先的75万美元保函,以胜诉告终。

二、合同纠纷

1. 合同纠纷常见内容

公路工程承包合同的实践证明,许多施工技术、施工工艺、工程变更、经营管理上的合同纠纷案例,最终都集中在业主与承包人之间的经济利益方面。一般常见的合同纠纷有以下内容。

(1)业主据监理工程师的证明,对承包人的严重施工缺陷或不合格材料、设备要求赔偿、折价或更换;承包人则认为缺陷已经改正或性能试验方法错误等,不属于承包人的责任,不能达成一致意见。

(2)业主提出对承包人的原因引起的拖延工期,除要从承包人应得款项中扣除施工期的违约损失赔偿金外,还要求对由于工期延误造成业主利益的损害进行赔偿;承包人则引用困难条款和免责条款提出反索赔,由此产生严重分歧。

(3)承包人依据合同条款中的一些条款,向业主提出费用索赔,经监理工程师审查,上报业主后,业主不予承认,或者业主同意支付的额外付款与承包人索赔的金额差距极大,双方达不成一致意见。这可能会导致下列情况发生:业主和监理工程师认为承包人的索赔根据不足;某些索赔要求是承包人自己的过失造成的;业主引用免责条款以解除自己的赔偿责任等。

(4)承包人提出的延长竣工期限的索赔申请,业主方不予承认,双方对工期延误的责任持尖锐的分歧意见。例如,承包人认为工期延误是业主方延迟交付场地、延迟交付图纸,监理工程师拖延材料样品和现场的工序检验等;而业主方则认为是承包人开工延误、劳力不足、材料短缺、调度指挥失误等。

(5)关于合同中止或终止的纠纷;业主与承包人互相推卸责任等。

(6)关于工程变更、分包、合同转让等方面的纠纷。

(7)出现特殊风险和不可抗力后,善后处理方面所发生的纠纷等。

2. 合同纠纷的解决

《公路工程标准施工招标文件(2018年版)》中合同条款规定了公路工程承包合同履约中产生合同纠纷的处理方式。

(1)监理工程师裁定。按照合同规定,如果合同双方发生争端,无论是承包人还是业主,首先应以书面形式提交监理工程师解决,并呈一副本给对方。监理工程师应在收到上述书面文件后,按合同规定的期限,完成对争端事件的全面调查与取证。同时对争端做出裁定,并将决定书面通知业主和承包人。如果监理工程师发出通知后,业主或承包人未在合同规定的期限内提出异议,或未要求进行友好协商或通过双方上级主管部门进行调解,或在上述协商或调解未达成协议后,任何一方也未通知另一方提出仲裁意向,则监理工程师的上述裁定为最终裁定,并对业主和承包人均具有约束力。

(2) 双方友好协商或上级主管部门调解。如果业主或承包人有一方对监理工程师的裁定提出异议，或监理工程师没有在合同规定的时间内做出裁定，则双方可就争端事项友好协商或通过双方上级主管部门进行调解。通过协商或调解，如能达成书面协议，双方都应执行，对业主和承包人都具有约束力。

(3) 仲裁。如果协商或调解不能达成协议，则业主或承包人任何一方可根据仲裁协议提出仲裁。当合同一方提出仲裁要求时，监理工程师应督促业主和承包人继续遵守合同。在合同规定的仲裁机构进行仲裁调查时，监理工程师应以公正的态度提供证据和作证，监理工程师应在仲裁后监督双方执行裁决。一般而言，仲裁人的裁决是最终裁决，对双方均具有约束力，任何一方不得再诉诸法院等，以改变此裁决。

第七节　FIDIC 合同条件简介

一、FIDIC 产生的历史背景与发展

国际土木工程项目承包与工程监理是在 20 世纪第二次世界大战之后蓬勃开展的国际间市场经济贸易与合作的重要方式之一。一些国家为了战后重建及克服经济危机，推行强制性产业更新的经济政策，从而推动了土木工程建设事业的工业化、现代化和国际化，出现了跨国的土木工程项目承包合同，使土木工程项目建设的资本国际化。作为土木工程项目建设活动的产品，如道路和桥梁、房屋、水电站、冶金及石油化工建设等，始终是在国际经济成分中占有重要地位的商品。这些工程项目需要巨额资金，规模宏伟，技术复杂，高科技管理，促使国际上的工程业主希望少冒风险，节约投资，聘用有项目监督管理经验的咨询工程师及专家搞工程项目全过程管理。在此历史背景和时代的客观需求之下，国际咨询工程师联合会就应运而生了。

FIDIC(Federation Internationale Des Ingenieurs Conseils)是国际咨询工程师联合会的简称。国际咨询工程师联合会 1913 年在英国成立，开始时仅有欧洲几个国家的咨询工程师协会为其成员，属于民间组织。最近已发展到七十多个会员国，原则上一个国家只允许一个全国性协会代表该国作为 FIDIC 的成员。中国工程咨询协会已于 1996 年 10 月代表中国加入国际咨询工程师联合会，并首次派代表参加了在南非开普敦召开的 1996 年 FIDIC 年会。FIDIC 代表了国际上大多数咨询工程师的技术水平，是国际间最具权威的咨询工程师组织。FIDIC 有地区性组织，还有专业委员会，现在其办公机构总部设在瑞士洛桑。

FIDIC《土木工程施工合同条件》于 1957 年首次出版。FIDIC 合同条件的第一版由于其封面为红色，很快以"红皮书"为众人所知。

1965 年修订后的第二版于 20 世纪 60 年代中期发行，但没有改变第一版中所包含的条件，只是在第一版的基础上增加了一个第三部分。

1977 年出版的第三版，对第二版作了全面的修订，同时还有一本与之配套的解释文件，题为《土木工程合同文件注释》。第三版仍保留三部分合同条件。我国鲁布革水电站、陕西的西安到三原高等级公路、京津塘高速公路项目都使用的是第三版的 FIDIC 合同条件。

第四版于 1987 年出版，并随后于 1988—1992 年对第四版又进行了进一步的修改，出版了修改后的第四版。第四版较第三版有了重大改进，进一步提高了 FIDIC 合同条件在国际工程承包界的威望、信誉和权力。

1999 年，FIDIC 继承以往合同条件的优点，并根据多年来在实践中取得的经验，征集了许

多专家学者和相关方面的意见和建议，对《土木工程施工合同条件》《电气和机械工程合同条件》《业主/咨询工程师标准服务协议书》进行了重写，正式出版了一套四本新的合同标准格式。

二、FIDIC的《土木工程施工合同条件》的内容构成

FIDIC合同条件适应于国内外公开招标的土木工程项目承包管理。FIDIC合同条件和第四版的内容构成包括：第一部分通用条件；第二部分专用条件；一套标准格式。下面对第一、第二部分予以简要介绍。

1. 通用条件

FIDIC的《土木工程施工合同条件》的第一部分，是通用条件，其中包括25个主题，共72条194款，通用条件包括了土木工程项目施工合同中的双方的权利、义务和责任，明确规定了执行工程时的法律、经济、技术各方面的内容与管理方法，以使工程项目顺利进展。

一般情况下，在国际土木工程项目的招标文件中，可直接将FIDIC的合同通用条件放入招标文件中，不需再从头去编合同通用条件。

2. 专用条件（或特殊应用条件）

FIDIC的《土木工程施工合同条件》的第二部分，是专用条件，共有73条。除第73条其他规定外，前面72条编号和通用条件的72条相对应，是对通用条件各相应条款的补充或进一步的明确化。由此可知，通用条件和专用条件是一个整体，相互补充完善而不可分割。第二部分专用条件的各条款也给出了不同的措辞，供编写具有工程项目合同专用条件时参考选择，以适应工程项目所在国的具体情况。对某些条款，提出了应注意的事项；对于一些特殊情况，还提出补充性的条款，如保密的要求。对联营体的责任划分及领头公司的权利义务作了相应规定等。

一般土木工程项目的合同专用条件，大都由工程项目的招标委员会或咨询公司根据工程所在国的情况，或项目自身的特性，对照第一部分合同通用条件，再具体编写。特别是感到通用条件使用哪些条款不适合的，就可在专用条件中指出并删去，换上本项目合适的内容。还有通用条件中一些条款写得不具体细致的，专用条件的对应条款可以进行补充与完善。因此，在阅读合同条件时，应仔细慎重地读懂合同专用条件的具体规定。从法律意义上讲，合同专用条件的法律地位高于合同通用条件。

三、FIDIC合同条件的基本特点和适用范围

1. FIDIC合同条件的基本特点

（1）国际性、通用性、权威性。FIDIC编制的合同条件是在总结国际工程合同管理各方面的经验教训的基础上制定的，并且不断地吸取各方意见加以修改完善。从1957年制定第一版以来，已经多次修订和增补；在起草第三版时，各大洲的承包人协会的代表曾参加起草工作；在第四版的编写工作中，欧洲国际承包人商会（EIC）和美国承包人总会（AGC）曾提出不少意见和建议；1999年出版的"新红皮书"更是在广泛采纳众多专家意见的基础上，全面修改了合同条件的结构和内容。由此可见，FIDIC的合同条件是在总结各个地区、国家的业主、咨询工程师和承包人各方的经验的基础上编制出来的，是国际上一个高水平的通用性的文件，既可用于国际工程，稍加修改后又可用于国内工程。我国有关部委编制的合同条件或协议书范本都将FIDIC合同条件作为重要的参考文本；一些国际金融组织的贷款项目和一些国家和地区的国际工程项目也都采用了FIDIC合同条件。

（2）公正合理、职责分明。合同条件的各项规定具体体现了业主、承包人的义务、权利和职

责以及工程师的职责和权限。因为FIDIC大量地听取了各方的意见和建议,所以其合同条件中的各项规定也体现了在业主和承包人之间风险合理分担的精神,并且在合同条件中倡导合同各方以坦诚合作的精神去完成工程。合同条件中对有关各方的职责既有明确的规定和要求,也有必要的限制,这一切对合同的实施都是非常重要的。

(3)程序严谨,易于操作。合同条件中对处理各种问题的程序都有严谨的规定,特别强调要及时处理和解决问题,以避免由于任一方拖拉而产生新的问题,另外还特别强调各种书面文件及证据的重要性。这些规定使各方均有规可循,并使条款中的规定易于操作和实施。

(4)通用条件和专用条件的有机结合。FIDIC合同条件一般都分为两个部分,第一部分是"通用条件",第二部分是"特殊应用条件",也可称为"专用条件"。

通用条件指对某一类工程都通用,如FIDIC《土木工程施工合同条件》对于各种类型的土木工程(如工业和民用房屋建筑、公路、桥梁、水利、港口、铁路等)均适用。

专用条件则是针对一个具体的工程项目,考虑到国家和地区的法律法规的不同,项目特点和业主对合同实施的不同要求,而对通用条件进行的具体化、修改和补充。FIDIC编制的各类合同条件的专用条件中,有许多建议性的措辞范例,业主与他聘用的咨询工程师有权决定采用这些措辞范例或另行编制自己认为合理的措辞来对通用条件进行修改和补充。在合同中,凡合同条件第二部分和第一部分不同之处均以第二部分为准。第二部分的条款号与第一部分相同。这样合同条件第一部分和第二部分共同构成一个完整的合同条件。

2. FIDIC合同条件的适用范围

FIDIC合同条件作为国际通用的合同条款被广泛使用。例如世界银行规定:凡是利用世界银行贷款兴建的工程项目,都必须采用国际性公开招标的方式,并必须采用FIDIC合同条款的第一部分通用条件;第二部分专用条件因涉及各国和工程项目的特点,可结合具体工程项目编写。FIDIC合同条件一般适用于大型土木工程项目,如道路、桥梁、水利工程等。另外,它更适用于新建工程项目,而不太适用于改建项目。

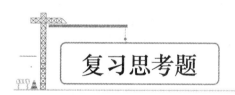

复习思考题

1. 什么是合同?构成合同的三大要素是什么?
2. 按计价的方式划分合同分为几种形式?
3. 工程分包有哪几种形式?其特点是什么?
4. 招投标文件范本中规定应办理保险的种类有哪几种?
5. 变更的内容包括哪些?
6. 什么是延期?延期申请与审批的程序是什么?
7. 什么是索赔?
8. 合同纠纷解决有哪几种方式?

第六章

公路工程施工安全监理

第一节 概 述

一、安全监理的概念

2002年我国正式颁布了《中华人民共和国安全生产法》,这是我国安全生产法规的第一部综合基本法律。国务院在2004年颁布了《建设工程安全生产管理条例》和《安全生产许可证条例》,2007年颁发《生产安全事故报告和调查处理条例》。交通运输部于2007年制定、实施了《公路水运工程安全生产监督管理办法》。随着法律、法规的完善,人们对安全生产重要性的认识提高,在公路工程施工各个环节中,安全生产的作用也越来越重要。

《建设工程安全生产管理条例》规定了工程建设参与各方责任主体的安全责任,明确规定了工程监理单位的安全责任,以及工程监理单位和监理工程师应对建设工程安全生产承担监理责任,赋予了工程监理单位一项新的工作内容,由此产生了安全监理工作,使安全监理成为工程监理重要的一部分。

公路施工安全监理是指工程监理单位受建设单位(或业主)的委托,依据国家有关的法律、法规和工程建设强制性标准及合同文件,对交通建设工程安全生产实施的监督检查。

安全监理是公路工程施工监理的重要组成部分,也是交通建设工程安全生产管理的重要保障。安全监理的实施,是提高施工现场安全管理水平的方法,也是建设管理体制改革中加强安全管理、控制重大伤亡事故的一种新模式。

二、安全监理的依据

1. 有关安全生产、劳动保护等的法律法规和标准规范

有关建设工程安全生产、劳动保护等的法律法规和标准规范包括:《中华人民共和国安全生产法》《中华人民共和国公路法》《中华人民共和国港口法》《建设工程安全生产管理条例》《中华人民共和国劳动法》《中华人民共和国环境保护法》《中华人民共和国消防法》等法律法规,《公路建设市场管理办法》《水运建设市场监督管理办法》《公路建设监督管理办法》等部门规章,以及地方性法规,也包括《工程建设标准强制性条文》《公路工程施工监理规范》《水运工程施工监理规范》及有关的工程安全技术标准、规范、规程等。

2. 建设工程批准文件

建设工程批准文件包括批准的可行性研究报告、建设项目选址意见书、建设用地规划许可证、建设工程规划许可证、施工许可证以及初步设计文件、施工图设计文件等。

3. 委托监理合同和有关的建设工程合同

工程监理单位应当根据两类合同进行安全监理,这两类合同包括:工程监理单位与建设单位签订的建设工程委托监理合同;建设单位与施工单位签订的有关建设工程合同。

三、安全监理的作用

公路工程安全监理在我国的施行才刚刚开始,其作用主要表现在以下四个方面。
(1)有利于防止或减少生产安全事故,保障人民群众生命和财产安全;
(2)有利于实现工程投资效益最大化;
(3)有利于规范工程建设参与各方主体的安全生产行为;
(4)有利于提高建设工程安全生产管理水平。

四、安全监理的原则

监理单位和监理工程师在实施安全监理,落实其安全责任过程中,必须坚持以下工作原则。

1. 贯彻"安全第一、预防为主、综合治理"的方针

监理工程师在工作中,要督促、帮助施工单位更新理念,强化安全意识和安全管理,认真贯彻"安全第一、预防为主、综合治理"的方针。把"安全"始终放在"第一"的位置,同时在审查施工方案或有关专项技术措施时要突出"安全第一"的方针,不得因可能发生事故的概率小而去冒险。在巡视检查、旁站时也应注意,一旦发现隐患就要求施工单位及时采取有效措施消除隐患,来达到预防的目的。

2. 贯彻"以人为本"的思想

以人为本,抓好安全生产是构建和谐社会、促进国民经济节约发展、清洁发展、安全发展、可持续发展的具体体现和基本保证。安全生产为了人,目的在于保障人的生命和健康;安全生产又必须依靠人,人是安全生产的实践主体。坚持以人为本的原则,首先要尽最大努力保护全体施工操作人员的生命安全与身心健康,我国所有的劳动安全法规均是以保护劳动者免受伤害为第一要务;其次,才是保护财产的安全,然后在安全生产中要特别注意发挥人的力量和作用来提高安全度;最后,还要注意消除人的不安全行为。

3. 在"质量、进度、成本"控制中落实生产安全

工程质量是监理工作永恒的主题,应该注意没有安全保障的项目根本没有质量可言,监理人员在进行方案审查、质量检查、工序验收等工作中,要首先注意安全状况,然后才是质量水平。

进度是监理工作的控制目标之一,进度的快慢与项目效益直接相关。但是只有解决了安全问题,质量才有保障,不返工才有进度。同时,应该注意安全费用应该纳入项目的成本之中。没有安全,便没有经济效益。

五、安全监理的职责

(1)审查承包人的安全保证体系和安全管理规章制度。
(2)审查承包人的施工组织设计和施工方案中的施工安全方案及安全技术措施。
(3)审查各类有关安全生产的文件。
(4)审查各分包单位的安全资质和有关证明文件。
(5)审查施工安全组织体系及安全管理人员的资格。

(6)审核新材料、新技术、新工艺、新结构的使用安全技术方案及安全措施。
(7)对承包人执行施工安全法律、法规和工程建设强制性标准的情况进行监督检查。
(8)对安全保证体系运转和安全技术措施落实情况进行检查。
(9)审核承包人提交的工序交接检查、分部分项工程安全检查报告。
(10)施工中发现不安全因素和安全事故隐患时,应指示承包人采取措施予以整改;如承包人未作整改,有权下令暂停施工;当发现存在重大安全隐患时,应立即下令承包人暂停施工,并及时报告业主;如有必要,应向有关主管部门报告。
(11)当发生施工安全事故时,应立即报告业主,并协助业主进行安全事故的调查处理工作。
(12)根据工程进度情况,对各工序、主要结构、关键部位的安全情况进行旁站、巡视,并做好记录。
(13)建立施工安全监理台账,按照法律法规和工程建设强制性标准实施监理,并对建设工程安全生产承担监理责任。

第二节　公路工程施工安全监理内容

通常情况把安全监理划分为招标阶段、施工准备阶段、施工阶段、交工验收阶段四个阶段,各阶段有不同的工作重心。

一、招标阶段安全监理的工作内容

(1)协助建设单位编制招标文件中相关安全生产的条款。
(2)审查施工单位的资质、安全生产许可证、三类人员(企业主要负责人、项目经理、专职安全管理员)的安全资格证书。
(3)审查投标文件中的施工生产安全的几个目标,包括:安全生产管理机构;安全生产管理网络;安全生产规章制度和操作规程;大、中型机械设备,安全设施和特殊工种清单;安全生产、文明施工的技术措施;安全费用的报价清单和使用计划;安全生产方面奖罚制度。
(4)协助建设单位拟定工程施工安全生产协议书,明确建设单位和施工单位的安全生产责任。

二、施工准备阶段安全监理的工作内容

工程开工前,监理工程师应严格审查承包人的各项安全保证方案,其工作重点包括:
(1)督促业主与承包人签订工程项目安全施工责任书,督促总包单位与分包单位签订工程项目安全施工责任书。
(2)审查总包、分包单位的安全生产许可证或专业主管部门颁发的安全生产资质。
(3)督促承包人建立安全生产管理体系、安全生产规章制度、安全生产应急预案、岗前培训考核制度。
(4)督促施工总承包单位对分包单位的安全生产工作统一领导、统一管理,提出明确的安全生产制度、管理措施,并认真实施监督检查。
(5)审查施工承包单位编制的施工组织设计中的安全技术措施或专项安全施工方案是否符合工程建设强制性标准。审核应包括以下内容:
1)安全管理、质量管理和安全保证体系的组织机构,包括项目经理、项目总工、专职安全

管理人员、特种作业人员配备的数量及安全资格培训持证上岗情况。

2）施工安全生产责任制、安全管理规章制度、安全操作规程的制定情况。

3）起重机械设备、施工机具、电器设备及其他特种设备等的设置是否符合规范要求，各种保险等安全装置是否齐全有效，并具备相应的生产（制造）许可证、产品合格证明及检定结果。

4）施工中采用的新技术、新工艺、新设备、新材料是否制定了相应的安全技术措施。

5）基坑支护、模板、脚手架工程、起重吊装工程和整体提升脚手架拆装等专项方案是否符合法律法规及强制性标准，是否按规定进行论证和办理批准手续。

6）施工现场临时用电方案的安全用电技术措施和电气防火措施。

7）施工企业安全事故应急救援预案的制定情况和项目针对重点部位和重点环节制定的监控措施和应急预案。

8）根据施工的不同阶段、环境、季节、气候的变化制定安全措施的情况。

9）施工总平面图是否合理，办公、宿舍、食堂等临时设施的设置以及施工现场场地、道路、排污、排水、防火措施是否符合有关安全技术标准规范和文明施工的要求。

10）制定的安全管理目标。

（6）督促承包人做好逐级安全技术交底工作和开展经常性的安全教育培训活动。主动介入承包人安全生产教育培训工作，帮助承包人提高全员安全意识和安全知识，并与此同时提高自身的安全素质和安全生产监理业务水平。参加承包人的技术交底会议，要求在技术交底时，必须同时进行安全交底。

（7）复查承包人的大型施工机械、安全设施验收手续，并签署意见。

三、施工阶段安全监理的工作内容

安全生产贯穿于工程施工的全过程，安全监理是对施工安全进行过程控制，应以预防为主，实施全员、全过程、全方位、全天候的"四全"动态管理。在工程施工过程中，监理工程师在巡视、旁站过程中应对施工生产安全情况、承包人安全保证体系运转情况进行检查，监督承包人按照工程建设强制性标准和专项安全施工方案组织施工，制止违规作业。具体应注意以下几个方面：

（1）组织、落实、督促承包人认真执行工地安全检查制度。监督承包人按照工程建设强制性标准和经审批的安全施工方案组织施工，制止违规施工作业。定期对承包人的安全生产管理机构、制度和设施的落实情况进行检查，包括：专职安全员人数、素质、布局是否合理；安全管理制度执行是否落实；安全警示牌及安全宣传是否齐全、完整；安全"三宝"及其他安全用品是否充足、够用等。

（2）在施工阶段实施监理过程中，发现有违规施工，应责令其改正；存在安全事故隐患的，应当要求承包人整改并检查整改结果，签署复查意见；情况严重的，应当要求承包人停止施工，并及时报告业主；承包人拒不整改或不停止施工的，应及时向安全监督部门报告。

（3）督促承包人做好洞口、临边、高处作业等危险部位的安全防护工作，并设置明确的安全警示标志。高速公路跨越铁路、国道、省道以及其他地方路的施工单位，应按照国家标准以及交通运输部和公安部的有关规定，做好安全警示和防护工作，督促承包人有效控制现场的废水、扬尘、噪声、振动、坠落物等，建立良好的工作环境；审查承包人使用的建筑起重机械，必须具有建设行政主管部门安全监督机构发放的"建筑起重机械设备备案牌"和法定检测机构发给的"检测合格标志"。

（4）督促承包人组织施工安全自查工作。要安排经常性和专项安全检查，定期作安全大检查。

（5）在定期召开的工地例会上，评述安全生产管理现状及存在的薄弱环节和问题，并提出意见和建议，把安全作为工地例会的主要内容之一，使预防落到实处。

（6）将高危作业、易发生安全事故的危险源和薄弱环节作为安全监控的重点，可采取旁站、巡视和平行检查等形式，加大检查监控力度。

（7）对危险性较大的分部、分项工程进行安全巡查检查，每天不少于一次，发现违规施工和存在安全事故隐患的，及时要求承包人整改，并检查整改结果，签署复查意见；承包人拒不整改或者不停止施工的，现场监理应及时向当地建设行政主管部门报告。分部、分项工程交工验收时，如安全事故的现场处理未完成，不得签发《中间交工证书》。

（8）要求承包人的特种作业人员必须按照《特种作业人员安全技术培训考核管理办法》的有关规定经专门的安全作业培训，取得特种作业操作资格证书，方可上岗作业。特种作业人员的证件须按时年审，过期无效，其证件应随本人工作关系转到该工程项目，并将原件（或复印件）存入安全生产档案。

（9）要求承包人应严格执行政府劳动部门有关劳务用工制度，严禁使用未成年人（18周岁以下）参加施工生产，要定期对参建员工进行身体检查，建立员工健康档案。

（10）生产、储存、使用危险品的车间、仓库，不得与员工宿舍在同一座建筑物内，并应当与员工宿舍保持适当的安全距离。生产经营场所和员工宿舍应设有符合紧急疏散要求、标志明显、保持畅通的出口；禁止封闭、堵塞生产经营场所或员工宿舍的出口，仓库应设置防火安全管理措施。

（11）工程沿线穿越江河的，各承包人应按规定向水利、航道、海事等部门报建，制定有关作业安全细则和确保通航措施，积极做好水上、水下施工安全，施工交通机动船只及驾驶员必须证件齐全，持证上岗。

（12）在仓库、宿舍、办公场所附近应设有灭火器，在重点防区还应有流动灭火设备；火灾高发季节或消防自然条件较差的工棚应设有消防水池、消防沙池，并要求每人经常自备一桶水。经批准设置的油库、炸药库应按公安消防部门要求，严格建立、健全储存、运输、领用、保管、使用的管理制度，并设有专人值班防护。

（13）高空作业施工安全监理重点应防止施工人员高空坠落，防止高空重物坠落击人。

1）墩身高空脚手架临空面，应布设安全护栏，保护工人安全。

2）夜间施工，必须有足够照明。

3）上高墩作业的工人，必须系带安全绳、穿防滑安全鞋。

4）在高墩台下的通道，应设安全棚，防止高空重物坠落，击伤过路人。

（14）水上施工安全监理重点应防止施工人员落水，防止支架失稳。

1）水上施工平台作业人员一律背穿统一颜色的救生衣，上下班高峰期间要有值班人员指挥交通船，不准超载，救生设备齐全。

2）危险性较大的区域作业人员，要求系带安全绳。

3）施工平台、支架、门架等设施，要符合安全要求，经过检查验收方可使用。

（15）土石方工程爆破施工安全监理重点应防止人身伤亡事故。

1）爆破工人一定要持证上岗。

2）雷管、炸药等爆破材料的保管与运送设专人负责，按公安部门有关规定办理。

3）石场放炮时，应在危险区边界设立警告标志，统一信号和警戒哨。

（16）车辆驾驶、起重、吊装等安全监理重点应防止出现突发事故。

1)严格执行持证上岗,定期检查审核。
2)加强机械设备的检查、维修、保养工作;不准带病作业。
3)严禁将车辆交给无证人员驾驶,严禁酒后开车,自觉遵章守则,确保国家财产和人民的生命安全。
4)推土机、压路机、挖掘机、装载机、起重机等在作业时,应设专人负责指挥,严禁违章操作;大型机械作业时,不准任何人在机械回旋范围内进行任何工作。
(17)电器作业施工安全监理重点应防止人身触电和发生火灾。
1)电器作业人员,如电工、电焊工、发电工、机工、开电梯工等,严格执行持证上岗,定期复审工作。
2)电器作业工人,必须按劳保规定或工种要求,穿戴好防护罩、绝缘鞋、手套等。
3)所有用电的工种在接电、用电时,均应由电工操作;禁止乱拉、乱接电线和用电设备。
4)严禁机电设备超负荷运转和违章作业。
(18)任何人发现任何事故,都有义务立即上报,并投入现场抢救。事故发生后,安全负责部门要迅速组织自救,根据事故大小逐级上报,及时判明情况,必要时报警,争取地方警方、消防队、医院等协助。事故抢救完毕后,要组织调查事故发生原因,坚决实行质量事故处理"四不放过"原则:事故原因没有查清不放过;事故责任者没有受到严肃处罚不放过;广大职工没有受到教育不放过;安全防范措施没有落实不放过。

施工阶段安全监理工作程序如图6-1所示。

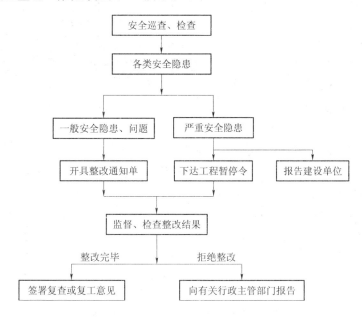

图6-1 施工阶段安全监理工作程序

四、交工验收阶段安全监理的工作内容

交工验收阶段安全监理工程师的主要工作内容包括:协助建设单位落实工程建设项目"三同时"的规定;审查安全设施等是否按设计要求与主体工程同时建成交付使用;承担交工验收至竣工验收阶段质量缺陷和问题修复施工作业安全管理责任。

1. 路面修复作业安全监理

(1)凡在公路上进行修复作业的人员必须穿着带有反光标志的橘红色工作装(套装),管理人员必须穿着带有反光标志的橘红色背心。

(2)公路路面修复作业,必须按作业控制区交通控制标准设置相关的渠化装置和标志,并指派专人负责维持交通。

(3)在高速公路和一级公路上修复作业时,应用车辆接送修复作业人员。修复作业人员不得在控制区外活动或将任何物体置于控制区以外。

(4)在山体滑坡、塌方、泥石流等路段修复作业时,应设专人观察险情。

(5)在高路堤、路肩、陡边坡等路段修复作业时,应采取防滑坠落措施,并注意防止危岩、浮石滚落。

(6)坑槽修补应当天完成;若不能完成,须布置修复作业控制区。

(7)当夜间进行修复作业时,应设置照明设施。照明必须满足作业要求,并覆盖整个工作区域。

(8)当进行修复作业时,应顺着交通流方向设置安全设施。当作业完成后,应逆着交通流方向撤除为修复作业而设置的有关安全设施,恢复正常交通。

2. 桥梁修复作业安全监理

(1)公路桥梁、涵洞现场要专门设置修复作业时的交通标志。桥面应按作业控制区布置要求设置相关的渠化装置和标志,并设专人负责维持交通。

(2)桥梁修复作业时,应首先要了解架设在桥面上下的各种管线,并应注意保护公用设施(煤气、水管、电缆、架空线等),必要时应与有关单位联系,取得配合。

(3)在桥梁栏杆外进行作业,须设置悬挂式吊篮等防护设施,作业人员须系安全带。

(4)桥墩、桥台修复时,应在上、下游航道两端设置安全设施,夜间须设置警示信号。必要时应与有关单位取得联系,相互配合。

3. 隧道修复作业安全监理

(1)应按作业控制区布置要求设置相关的渠化装置和标志,并设专人负责维持交通。在修复明洞和半山洞前,应及时清除山体边坡或洞顶危石。

(2)在隧道内进行登高堵漏作业或修复照明设施时,登高设施的周围应设醒目的安全设施。

(3)对隧道衬砌局部坍塌进行修复作业时,应采取措施保证人员安全。

(4)当实测的隧道内一氧化碳浓度或烟尘浓度高于规定的容许浓度时,作业人员应及时撤离,并开启通风设备进行通风。

(5)隧道内不准存放易燃易爆物品,严禁明火作业或取暖。

(6)作业宜选择在交通量较小时段进行。在进行作业前,应做好以下工作:

1)检测隧道内一氧化碳、烟雾等有害气体的浓度及能见度是否会影响施工安全。

2)检测隧道结构状况是否会影响作业安全;如有危险,应先处理后作业。

3)检查施工道信号灯是否准确、明显,施工标志设置是否规范。

4)对养护机械、台架应进行全面的安全检查,并应在机械上设置明显的反光标志,在台架周围设置防眩灯,以反映作业现场的轮廓。

(7)在隧道内进行作业时,应遵守以下规定:

1)修复作业控制区经划定后不得随意变更。

2)作业人员不得在工作区外活动或将任何施工机具、材料置于工作区以外。

3)施工路段内的照明应满足要求。

(8)电力设施等有特别要求的维护,应按有关部门的安全操作规程执行。

(9)隧道内发生交通事故时,应通知并配合交通安全管理部门到现场处理交通事故。

(10)事故发生后应尽快清理现场,排除路障,恢复隧道正常行车,并登记相关损失,应认真分析事故原因,恢复或改善隧道的防灾能力。

4. 道路、桥梁检测作业安全监理

(1)严禁在能见度差(如夜晚、大雾天)的条件进行作业。

(2)道路、桥梁检测车在高速公路、一级公路进行道路、桥梁性能检测时,凡行进速度低于 50 km/h 时,均应按临时定点或移动修复作业控制区布置,应在检测设备尾部安装发光可变标志牌,或按照规定设置安全警戒区。

五、建立施工安全监理资料及台账

各级监理机构应建立施工安全监理资料及台账,每次对施工安全检查的情况、发现的问题、监理的指令及承包人处理的措施和结果,均应记录在规定表格及台账中。具体记录的内容如下:

(1)施工组织设计中的安全技术措施或者专项安全施工方案报审使用的《施工组织设计(方案)报审表》。

(2)分包单位资质审查使用的《分包单位资格报审表》。

(3)施工机械设备、施工机具报审使用的《主要工程设备选型报审表》。

(4)对质量安全隐患下发的监理通知单和整改回复单使用的《监理工程师通知单》和《整改复查报审表》。

(5)对易发生事故部位的关键环节现场检查记录使用的《旁站监理记录表》。

(6)对于安全事故处理使用的《工程质量问题(事故报告单)》和《工程质量问题(事故)处理方案报审表》。

(7)情况严重的,要求承包人停工和复工时使用的《工程暂停令》和《复工申请表》。

(8)总监理工程师和驻地监理工程师应定期检查和抽查本级施工安全监理台账的记录情况。

(9)上一级负责施工安全监理的监理工程师应定期检查和抽查下级监理机构施工安全监理台账的记录情况。

(10)监理人员在监理日记中应记录施工现场安全生产和安全监理工作情况,记录发现的安全施工问题和处理措施,总监应定期审阅。

(11)项目监理机构编写《监理月报》时应增加安全监理的内容,对当月施工现场的安全施工状况和安全监理工作做出评述,报业主和监理单位。

(12)提倡使用音像资料记录施工现场安全生产重要情况和施工安全隐患,并摘要载入监理月报。

(13)安全监理资料必须真实、完整。

工程实例

湖南省凤凰县堤溪沱江大桥坍塌事故

1. 事故简介

2007年8月13日,湖南省凤凰县堤溪沱江大桥在施工过程中发生坍塌事故,造成64人死亡、4人重伤、18人轻伤,直接经济损失3 974.7万元。

2. 事故发生经过

事发当日,堤溪沱江大桥施工现场7支施工队、152名施工人员正在进行1~3号孔主拱圈支架拆除和桥面砌石、填平等作业。施工过程中,随着拱上的荷载不断增加,1号孔受力较大的多个断面逐渐接近和达到极限强度,出现开裂、掉渣,接着掉下石块。最先达到完全破坏状态的0号桥台侧2号腹拱下方的主拱断面裂缝不断张大下沉,下沉量最大的断面右侧拱段(1号墩侧)带着2号横墙向0号台侧倾倒,通过2号腹拱挤压1号腹拱,因1号腹拱为三铰拱,承受挤压能力最低而迅速破坏下塌。受连拱效应影响,整个大桥迅速向0号台方向坍塌。坍塌过程持续了大约30 s。

3. 事故原因分析

(1)技术方面。由于大桥主拱圈砌筑材料未满足规范和设计要求,拱桥上部构造施工工序不合理,主拱圈砌筑质量差,降低了拱圈砌体的整体性和强度,随着拱上施工荷载的不断增加,造成1号孔主拱圈靠近0号桥台一侧3~4 m宽度范围,即2号腹拱下的拱脚区段,砌体强度达到破坏极限而崩塌。受连拱效应影响,整个大桥迅速坍塌。

(2)管理方面。

1)建设单位严重违反建设工程管理的有关规定,项目管理混乱。一是对发现的施工质量不符合规范、施工材料不符合要求等问题,未认真督促整改;二是未经设计单位同意,擅自与施工单位变更原主拱圈设计施工方案,且盲目倒排工期赶进度、越权指挥施工;三是未能加强对工程施工、监理、安全等环节的监督检查,对检查中发现的施工人员未经培训、监理人员资格不合要求等问题未督促整改;四是企业主管部门和主要领导不能正确履行职责,疏于监督管理,未能及时发现和督促整改工程存在的重大质量和安全隐患。

2)施工单位严重违反有关桥梁建设的法律、法规及技术标准,施工质量控制不力,现场管理混乱。一是项目经理部未经设计单位同意,擅自与业主单位商议变更原主拱圈施工方案,并且未严格按照设计要求的主拱圈砌筑方式进行施工;二是项目经理部未配备专职质量监督员和安全员,未认真落实整改监理单位多次指出的严重工程质量和安全生产隐患;主拱圈施工不符合设计和规范要求的质量问题突出,其施工各环在不同温度无序合龙,造成拱圈内产生附加的永存温度应力,削弱了拱圈强度;三是项目经理部为抢工期,连续施工主拱圈、横墙、腹拱、侧墙,在主拱圈未达到设计强度的情况下就开始落架施工作业,降低了砌体的整体性和强度;四是项目经理部的直属上级单位未按规定履行质量和安全管理职责。

3)监理单位未能依法履行工程监理职责。一是现场监理对施工单位擅自变更原主拱圈施工方案,未予以坚决制止。在主拱圈施工关键阶段,监理人员投入不足,有关监理人员对发现施工质量问题督促整改不力,不仅未向有关主管部门报告,还在主拱圈砌筑完成但拱圈强度资料尚未测出的情况下,即在验收砌体检查表、检查申请批复单、施工过程质检记录表上签字验收合格;二是对现场监理管理不力。派驻现场的技术人员不足,半数监理人员不具备执业资格。对驻场监理人员频繁更换,不能保证大桥监理工作的连续性。

4)勘察设计单位工作不到位。一是违规将地质勘察项目分包给个人;二是前期地质勘察工作不细,设计深度不够;三是施工现场设计服务不到位,设计交底不够。

5)有关质量监督部门对工程的质量监管严重失职,指导不力。当地质量监督部门未制订质监计划,未落实质量责任人,对施工方、监理方从业人员培训和上岗资格情况监督检查不力;对发现的重大质量和安全隐患,未依法责令停工整改,也未向有关主管部门报告;省质量监督部门对当地质监部门业务工作监督指导不力,对工程建设中存在的管理混乱、施工质量差、存有安全隐患等问题失察。

6)州、县两级政府和有关部门及省有关部门对工程建设立项审批、招标投标、质量和安全生产等方面的工作监管不力,盲目赶工期,对下属相关单位要求不严,管理不到位。

4. 事故的预防对策

(1)工程建设参建各方应认真贯彻落实国家和交通运输部的相关法律、法规,严格执行质量规程、规范和标准,认真落实建设各方安全生产主体责任,加强安全和质量教育培训等基础工作,加强隐患排查和日常监管,强化责任追究,建立事故防范长效机制,控制和减少伤亡事故的发生。

(2)建设单位作为建设工程主体之一,应严格履行安全生产主体责任。

(3)施工单位要强化施工技术管理,严格按照施工规范和设计要求进行施工。

(4)监理单位要加强对原材料质量、施工关键环节、关键工序的质量控制,切实提高监理人员的业务素质,认真履行监理职责。

(5)设计单位要认真执行勘察设计规程和有关标准规范,加强设计后续服务和现场技术指导。

(6)各级政府和主管部门要坚持"安全发展"的原则,依法履行职责,加强对工程招标投标的管理,规范市场秩序,强化对重大基础设施的隐患排查和专项治理,强化日常安全监管。

5. 事故的责任

这是一起由于擅自变更施工方案而引发的安全生产责任事故。这起事故的发生,暴露了该项目的建设、施工、监理单位等相关责任主体不认真履行相关的安全责任和义务,没有按照国家法律、法规和工程建设的质量安全标准、规范、规程等进行建设施工。企业负责人和相关人员法治意识淡薄,安全生产责任制不落实。

根据事故调查和责任认定,对有关责任方作出以下处理:建设单位工程部长、施工单位项目经理、标段承包人等24名责任人移交司法机关依法追究刑事责任;施工单位董事长、建设单位负责人、监理单位总工程师等33名责任人受到相应的党纪、政纪处分;建设、施工、监理等单位分别受到罚款、吊销安全生产许可证、暂扣工程监理证书等行政处罚;责成省政府向国务院作出深刻检查。

1. 公路施工安全监理的依据是什么?
2. 公路施工安全监理的作用是什么?
3. 公路施工安全监理的原则是什么?
4. 公路施工安全监理的职责是什么?
5. 公路施工安全监理可划分为几个阶段?
6. 高空作业施工安全监理重点是什么?
7. 水上作业施工安全监理重点是什么?
8. 路面修复作业安全监理工作内容是什么?
9. 桥梁修复作业安全监理工作内容是什么?
10. 隧道修复作业安全监理工作内容是什么?

第七章

公路工程施工环境保护监理

第一节 概　　述

近现代的传统工业文明，在极大地提高了人类物质生活水平的同时，也以惊人的速度消耗自然资源，排放废弃物，改变地球生态系统，造成日益严重的环境危机，例如，酸雨、温室效应、臭氧层破坏、水土流失、土壤沙化、森林资源减少、物种灭绝等问题已经开始威胁人类的生存与发展。1992年6月在巴西里约热内卢召开的联合国环境与发展大会提出了"可持续发展"的概念，成为全球环境保护的战略目标。

1979年《中华人民共和国环境保护法（试行）》的正式颁布，标志着我国环境保护工作步入了法制轨道。目前，我国已颁布了几十部环境方面的法律、法规，形成了比较完善的法律、规章体系。另外，我国已制定数百个环境标准，这些标准为环境保护法的实施提供了数量化的依据。环境法律、法规及制度的颁布，使我国的环境保护事业走上了"有章可循，有法可依"的道路，为我国环境保护的进一步发展提供了保障。至2000年，我国全部省、市、自治区，绝大部分县、区及有关部、委、局都成立了环境保护机构，一些企业也成立了环境保护的相应机构，负责本企业环境保护工作；老百姓也开始关注环境问题，环境意识逐步提高，环境保护政策逐渐深入人心。另外，与环境保护相关的产业也渐渐发展起来，环保产业的从业人员达到了较大的规模。

交通建设环境保护主要包括道路、桥涵、隧道、港口、码头、航道、船闸、客运场站及相关设施施工建设养护的环境保护和水土保持工作。交通环保从以"三废"治理为主，逐步在港口、船舶、公路建设和运营中进行全面的环保管理，到现在已基本形成了较为完善的机构体系、法规标准体系、环境监测和环保科研体系等。交通环保在加强法制建设和组织机构建设的基础上，认真贯彻落实国家有关环境保护方面的方针、政策、法律法规，坚持"预防为主，管治结合，以管促治，谁污染谁治理，谁开发谁保护"的原则，坚持环境影响评价及环境保护"三同时"制度，做到经济效益、社会效益、环境效益相统一。

经过几十年的努力，在国家有关环保法规标准的基础上，交通运输部先后制定了《交通行业环境保护管理规定》《交通部环境监测工作条例》《公路建设项目环境影响评价规范》《公路环境保护设计规范》《港口建设项目环境影响评价规范》《港口工程环境保护设计规范》等一系列交通环保法规及规范。在交通运输部颁发的现行数十项公路、水运工程技术标准规范中，《公路工程技术标准》《公路路基设计规范》《公路路基施工技术规范》《公路隧道设计规范》《公路路线设计规范》《公路工程标准施工招标文件》《水运工程节能设计规范》《河港工程总体设计规范》等标准规范中都有专门条款规定环境保护工作内容。交通运输部根据国家环境保护新的法规制度，不断对本行业环境保护法规标准进行修订改进和补充完善。

2004年，交通运输部下发了《关于开展交通工程环境监理工作的通知》，交通工程的环境保护监理工作进入实质性阶段。为开展好这项工作，交通运输部(环保办)制定了《开展交通工程环境监理工作实施方案》，进一步规范和落实了公路工程环境保护监理。2007年，交通运输部质监总站又发布了《关于在公路水运工程建设监理中增加施工安全监理和施工环保监理内容的通知》(交质监发〔2007〕158号)，该通知明确规定："在现有公路、水运工程监理组织体系框架下，将施工安全、环保融入监理职责当中，不改变现有的监理管理体制。监理人员要按照法律法规规定，依据有关规范，信守监理合同，切实履行好施工安全和环保监理职责。"同年12月，原国家环保总局、交通运输部和国家发改委联合发布了《关于加强公路规划和建设环境影响评价工作的通知》(环发〔2007〕184号)，再次明确规定："将工程环境监理纳入工程监理，定期向环保、交通主管部门提交工程环境监理报告。"

一、施工环境保护监理的概念与任务

施工环境保护监理，是指具有相应资质的监理单位受建设单位的委托，依法承担其建设项目施工期间的环境监督管理工作，代表业主对承包人在施工活动中污染防治和生态保护与恢复等情况进行监督管理，确保各项环保措施落实的专业化服务活动。

交通建设工程施工环境保护监理是根据《中华人民共和国环境保护法》及相关法律法规，针对施工过程环境保护的全方位、全过程的监理，一般分为环境达标监理和环保工程监理两类。环境达标监理的主要任务是对工程建设过程中，污染环境、破坏生态的行为进行监督管理，防止或减少施工过程污染物排放和生态破坏，实现污染物达标排放或符合生态保护要求，如噪声、废气、污水、固废等污染物排放达标，水土流失、生态恢复、自然保护区、水源区和风景名胜区保护等符合要求；环保工程监理的主要任务是对工程的环保配套设施进行施工监理，落实项目环境影响评价文件中的环保设施要求，确保"三同时"的实施，如临时用地复垦、水土保持、景观绿化等生态工程、路桥面雨水径流收集、服务区污水处理、声屏障、消烟除尘设施等。

施工环境保护监理的主要任务有四个方面：一是主体工程施工过程中的噪声(振动)、废气、污水、固体废弃物等排放达到国家相应标准；二是生态环境保护、水土保持等措施符合建设项目环境影响评价文件和水土保持方案的要求；三是声屏障、绿化、污水处理等环保工程设施施工符合相应规范和合同规定；四是施工期不发生重大环境污染和生态破坏事件。

二、公路施工对环境的影响因素

环境保护已列入我国的基本国策之中。环境保护涉及范围广，根据可持续发展的理论，项目地区环境因素包括：自然环境、生态环境、社会环境和人民生活环境。公路施工对环境的影响因素主要有以下几点：

(1)对生态环境的主要影响因素：水土流失、植被破坏。

(2)对声环境的主要影响因素：夜间施工机械噪声。

(3)对水环境的主要影响因素：挖泥、取砂、材料冲洗引起水质混浊；施工机械的含油污水及油料泄漏造成油污染；施工人员的生活污水、垃圾直接排入水体；沥青、油料、化学品等因保管不善进入水体。

(4)对大气环境的主要影响因素：灰土拌和、扬尘、沥青烟、废气。

(5)对社会经济的主要影响因素：临时占地及施工作业对周边农田的损坏，对沿线河道、人工渠道的施工干扰；加重了地区道路的负荷。

公路施工监理过程中，应着重检查、控制施工对生态环境、水环境、大气环境的影响。

三、公路施工环境保护监理的原则与依据

作为施工监理的一部分，从事施工环境保护监理活动同样应当遵循"严格监理、优质服务、公正科学、廉洁自律"的监理原则，坚持守法、诚信、公正、科学的准则。把握好施工环境保护监理和建设单位的环境保护管理、政府部门的环境监督执法之间的区别和联系，为做好公路水运工程施工环境保护工作提供技术服务。

施工环境保护监理工作是公路工程监理工作内容的重要组成部分，监理工程师不仅要具备公路工程的专业技术知识，还应熟悉环境保护的法律、法规等有关规定，以此作为环境保护监理工作的依据。

1. 国家有关的法律、法规

如《中华人民共和国环境保护法》《中华人民共和国水土保持法》《中华人民共和国文物保护法》《中华人民共和国公路法》《中华人民共和国土地管理法》《中华人民共和国森林法》《中华人民共和国草原法》等。

2. 国家有关的条例、办法、规定、通知

如《建设项目环境保护管理条例》《建设项目竣工环境保护验收管理办法》《交通行业环境保护管理规定》《交通部环境监测工作条例》《关于开展交通工程环境监理工作的通知》《关于在公路水运工程建设监理中增加施工安全和施工环保监理内容的通知》等。

3. 地方性法规、文件

迄今为止，全国多个省份（市、自治区）颁布了地方环境保护法规。这些法规是对国家环境保护法律法规的补充和完善，具有较强的针对性和可操作性，同样是施工环境保护监理的依据。

4. 国家环境标准

国家环境标准中的环境质量标准和污染物排放等标准为强制性标准。

5. 公路工程规范

《公路工程施工监理规范》（JTG G10—2016）、《公路工程技术标准》（JTG B01—2014）、《公路路基设计规范》（JTG D30—2015）、《公路隧道设计规范 第一册 土建工程》（JTG 3370.1—2018）、《公路路线设计规范》（JTG D20—2017）等包括专门的环境保护工作内容。

6. 环境影响评价和水土保持报告及批复、环境行动计划等

建设项目的环境影响评价和水土保持报告及其批复，是施工环境保护监理工作最重要的依据之一。其中，针对施工期提出的环境保护重点区域、污染防治措施、水土保持措施，不仅是施工环境保护监理工作最重要的依据之一，而且是施工环境保护监理工作关注的重点，也是必须达到的底线。另外，《地质灾害危险性评估报告》《地震安全性评估报告》《征占用林地调查及林木采伐设计》《文物考古调查勘探评价》等也是环境保护监理工作的依据。

对于利用世界银行或亚洲开发银行贷款修建的交通建设项目，还应编制环境行动计划，这也是此类工程施工过程环境保护监理工作的依据之一。

7. 工程设计文件

公路建设的设计阶段，往往已经考虑了一些重大的环境保护问题，并在设计文件中有所反映，如水土保持措施、绿化等，可以作为环境保护监理工作的依据。

8. 监理合同、施工合同以及有关补充协议

建设单位委托开展施工过程环境保护监理的合同，以及有关的补充协议，都明确规定了环境保护监理单位的权利、责任和义务，是监理单位开展工作的直接依据。

9. 施工过程的会议纪要、文件

在施工过程中，根据实际情况形成的有关环保问题的会议纪要、文件，可以作为环境保护监理的依据。

四、公路施工环境保护监理的职责

(1)审查承包人编制的施工环境保护方案和技术措施。

(2)审查承包人的环保管理组织体系及管理人员的资格。

(3)审查新材料、新工艺、新技术、新结构使用的环保措施。

(4)对承包人执行环境保护法律、法规的情况，以及环保体系运转情况和环保措施落实情况进行监督检查。

(5)审核承包人提交的工序交接及分部分项工程环保检查报告。

(6)监督承包人严格按批准的弃渣规划有序地堆放、处理和利用废渣，防止任意弃渣造成的环境污染。

(7)监督承包人严格执行有关规定，加强对噪声、粉尘、废气、废水、废油的控制，并按有关规定及合同约定进行处理。

(8)要求承包人保持施工区和生活区的环境卫生，及时清除垃圾和废弃物，并运至指定地点进行处理。进入现场的材料、设备应有序堆放。

(9)施工中出现违反有关环保规定或未按合同要求落实环保措施的情况，应书面指令承包人整改；情况严重时，应立即下令承包人暂停施工，并及时报告业主。

(10)根据施工安排及工程进度情况，对施工现场的环保情况进行巡视检查，并做好记录。

(11)若监理合同约定了环境监测事项，应依据合同进行相应的环境监测，以监测数据指导环保监理工作。对于监测结果超标的情况，应要求并监督承包人认真分析原因，有针对性地调整施工行为，甚至采取或调整必要的环境保护措施。

(12)工程完工后，应监督承包人按合同约定拆除施工临时设施，清理场地，做好环境恢复工作。

五、公路施工环境保护监理的工作程序

施工环境保护监理一般应按照下列工作程序进行(图7-1)：

(1)依据监理合同、设计文件、环评报告与水土保持方案及批复，施工合同、施工组织设计等编制施工环境保护监理计划(规划)。

(2)按照施工环境保护监理计划(规划)、工程建设进度、各项环保对策措施编制施工环境保护监理实施细则。

(3)依据编制的施工环境保护监理计划(规划)和实施细则，开展施工期环境保护监理，检查承包人制订的环境保护措施的落实情况，进行验收、计量与支付。

(4)工程交工阶段编写施工环境保护监理总结报告，整理监理档案资料，提交建设单位。

(5)参与工程竣工环境保护验收和水土保持验收。

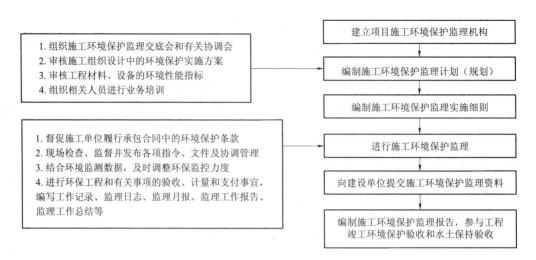

图 7-1 施工环境保护监理的工作程序

六、公路施工环境保护监理的措施

监理工程师应按照事前指导、过程控制检查和施工验收三个环节，对施工全过程进行严格把关，有效地控制施工对环境的影响。

1. 施工前期的控制

(1)严格审批施工组织设计。施工组织设计对工程顺利进行有重要意义，监理工程师应认真审核，提出改进意见，环境保护措施不充分的不允许开工。

(2)检查承包人的环保人员及质检人员是否已进行了环保教育。特别是环保管理体系是否健全、有效，环保人员是否已到位，环保应急预案是否合理、可行。

(3)检查、督促承包人的各项开工准备工作，如临时用地征地情况、临时排水设施等，各项检查合格后方允许承包人开工。

(4)对全线设计的取土、弃土场进行实地踏勘，做到心中有数，提出切实有效的控制措施；对变更的取土、弃土场，除了实地调研外，在承包人上报征地报告时，即要求其提出环保措施。监理工程师认为方案可行后，方可批准征地。

2. 施工过程中的控制

(1)规范承包人操作，合理指导施工。监理工程师只有坚守岗位，认真负责地履行职责，才能督促承包人严格执行工程承包合同中有关环境保护的条款和国家环境保护的有关法律法规，才能规范管理。

(2)加强对承包人的监督管理，以便在施工过程中，能保护施工现场周围的环境，防止对自然环境造成不应有的破坏，防止和减轻粉尘、噪声等对周围环境的污染和危害。如发现施工中出现违反有关环保规定的情况，监理工程师应要求承包人整改；情况严重的，应签发《工程暂停令》要求承包人暂时停工，并及时报告业主。

(3)施工中发现文物时，监理工程师应要求承包人依法保护现场，并报告有关部门和业主，以免文物丢失和破坏。

(4)监理工程师应要求承包人依法取得砍伐许可后，方可按砍伐许可的面积、株数、树种进行砍伐。

(5)经常检查承包人环境保护工作的进度和质量，及时纠偏，对达不到合同要求或不符合规范要求的项目不予计量。

3. 施工后期的控制

(1)督促承包人整理有关环境保护的合同条件和技术档案资料。

(2)督促承包人完善有关项目的环境保护工作。

七、公路施工环境保护监理的工作方式

监理工程师一般应常驻工地,对施工活动的环保工作进行动态管理。工作方式以巡视为主,根据施工区污染源分布情况,监理工程师定期进行巡视。对特别关心的节点可以进行旁站监理,必要时还可以进行环境监测。巡视和旁站监理的情况,均应予以详细记录。

监理过程中如发现环境污染和生态破坏等情况,监理工程师应立即通知承包人限期整改。一般性或操作性的问题,可以采取口头通知形式。口头通知无效或有污染隐患时,应发出书面通知,要求承包人整改,并根据承包人的书面回复检查整改结果。对严重的问题,还应同时向业主汇报。如整改情况不理想,可以发布停工指令。

八、环境污染和生态破坏事故处理

当工程施工过程中出现重大污染事故时,按如下程序处理:

(1)承包人在发生事故后,除在规定时间口头报告监理工程师外,应尽快提出书面报告事故初步调查结果,报告应初步反映该工程名称、部位、污染事故原因、应急环保措施等。

(2)立即汇报业主,及时向当地汇报,同时书面通知承包人暂停该工程的施工,并根据环保主管部门有关意见,采取有效的环保措施。

(3)监理工程师和承包人对污染事故继续深入调查,并和有关方面商讨后,提出事故处理的初步方案后报业主,交环保主管部门研究处理。

(4)督促承包人做好善后工作。

第二节　施工准备阶段的环境保护监理

一、施工准备阶段的环境保护监理的工作内容

(1)熟悉工程资料,掌握工程整体情况,包括工程环境影响区域。

监理工程师还应对照设计文件、环境影响评价文件和水土保持方案文件,了解工程附近环境保护目标和敏感点的分布情况,对施工期的环境保护监理工作重点做到心中有数。

(2)编制施工环境保护监理计划。

(3)根据施工环境保护监理计划,编制各单位工程的环境保护监理实施细则。

(4)根据工程情况,配置满足工程需要的环境监测设备和仪器。

(5)建立环保工作网络,要求施工单位建立环境保护管理体系。

(6)审查承包人编制的施工组织设计,主要审查施工污染防治方案,了解污染物的排放环节,排放的主要污染物、采用的治理措施、污染物的最终处置方法和去向;对不符合工程环保要求的环节内容提出改正要求,对遗漏的环节和内容要求增补。

(7)参加第一次工地会议,对施工单位进行环境保护交底。

二、施工准备阶段的环境保护监理要点

(一)施工临时用地对环境的影响及环境保护监理要点

1. 对生态敏感点的环境保护监理要点

生态敏感点包括：特殊生态系统、特殊生境和珍稀濒危动植物等；公园、绿地、风景名胜区等城市生态环境；水源地、水源林等城市或区域生命保障系统；基本农田、高产良田、特产地、城市菜篮子工程、果木园、种子基地等生存资源；湿地、河口、海湾、红树林、滩涂、水生物产卵地、繁殖场等；各种自然的和人文遗迹等自然与文化保护目标；具有潜在旅游价值或科学美学价值的自然景观；脆弱生态系统或各种自然灾害防治区域或目标等。

为避免因选址不慎造成的生态影响，基本上应采取避让的措施。环保监理人员应做好实地踏勘，对项目所在区域可能涉及的生态敏感点进行识别和确认，告知建设方，以尽量避让。同时，应通过设置提示牌等宣传方式提醒建设方以及施工人员，防止人为干扰。

2. 对土地利用的环境保护监理要点

施工区域邻近城镇或农村的居民点时，应尽可能租用当地的民居作为施工生活区。若无现成的房屋可以租用，应尽可能避开农、林等生产用地。对临时借地范围要有明确的边界，具体应按照临时用地审批文件规定的内容和要求，并结合现场的实际情况划定，以便控制对临时借地外围土地的不合理占用。对占用的农、林等生产用地，在施工结束后，必须恢复原有的土地利用功能。

对于施工营地边界上可能出现的土质开挖面，应有临时防护设施；在条件允许的地区，宜采用生态防护措施。可在开挖的同时进行复绿，选择的植物类型应当是抗逆性强且多年生的乡土物种。若错过了当年的植物萌发和栽培季节，应在来年进行复绿。在复绿前的土壤裸露期间，宜采用人工遮挡物对土壤裸露面进行遮盖，以防止土壤的自然侵蚀。在气候条件恶劣地区，应有防止土壤侵蚀的工程防护措施，以防止土壤的自然侵蚀。

3. 对社会环境的环境保护监理要点

施工产生的扬尘、噪声、振动等会对村镇、学校和人们的交通产生一定的影响，监理人员应以书面形式告知建设方、承包单位应关注的社会区域，以及相应的防治扬尘和噪声、振动的措施，并通过巡视进行日常的监督和管理。

4. 对陆生生物的环境保护监理要点

施工的强光照射、噪声会干扰植被和动物的生活节律，严重时会导致植物的死亡以及动物生理紊乱而影响其种群繁衍。扬尘可能使果木庄稼蒙尘，花不受粉，穗不结实，农业减产。因此，应在光照强度和照射角度上尽量考虑避免对动植物的影响。对于植物的砍伐，应在林业部门的指导下进行，并严格按照设计要求控制砍伐数量和面积。对于临时发现的古树名木，不得随意砍伐，应调整施工临时用地选址或就地保护。

5. 对水生生态系统的环境保护监理要点

河道开挖会引起水体混浊，破坏两栖动物生境，破坏湿生植物群落。桩基工程产生的漏油及泥浆水影响水体水质，噪声和振动干扰水生动物，影响洄游性鱼类正常洄游。

监理人员应了解施工区域周边水生动植物的分布情况，了解洄游性鱼类的种类和洄游通道、季节。对于不可避免的河道及河岸开挖工程，应明确并严格控制开挖界限，将受影响的两栖动物生境控制在最小范围。

6. 对表层土壤的环境保护监理要点

地表清理及土方工程将对沿线植被及动物栖息地造成永久性的破坏；此外，表层土壤的剥离容易造成土壤结构的破坏和肥力的下降。

监理人员应明确清理及开挖对象和范围，要求建设方不应仅考虑方便施工而任意破坏施工区域外围的植被。对于剥离的表层土，可用于其他地面的土地改良，也可用于沿线受破坏土地的恢复，并应设置专门的场地用于堆置和保存，同时做好相应的排水设施。

(二)临时施工道路对环境的影响及环境保护监理要点

临时施工道路对周围环境的潜在影响主要是对土地利用、水土流失及扬尘等的影响，例如临时施工道路的开辟和修筑以及运输车辆的行动会破坏地表植被，包括耕地、用地、林地以及牧草地等。

(1)规划好临时施工道路的路线走向，以减少植被破坏为首要原则，尽量利用现有道路；若无现成道路可利用，则应严格控制施工道路修筑边界，路线走向必须绕开各种生态敏感点(区)。

(2)对于施工道路边界上可能出现的土质裸露边坡，应有临时防护设施；在条件允许的地区，宜采用生态防护措施，可在施工道路修建的同时进行复绿；在气候条件恶劣地区，应有防止土壤侵蚀的工程防护措施，以防止土壤的自然侵蚀。

(3)施工便道属临时性质，载货汽车来往频繁，容易损坏，应及时修补保持平整，设立施工道路养护、维修专职人员，随时保持运行状态良好，减少扬尘污染。

(4)运输车辆行驶产生的扬尘影响植物(作物)正常的繁殖和发育，因此应采取路面硬化处理、定期清扫、洒水等措施减少扬尘。对施工车辆要求限速行驶，在主要环境敏感点附近，行驶时速宜控制在 15 km/h 以内。施工废气、粉尘排放，应当符合国家规定的《环境空气质量标准》(GB 3095—2012)。

(5)施工噪声应当符合国家规定的施工场界排放标准[该阶段施工场界噪声的限值为昼间 75 dB(A)，夜间 55 dB(A)]。居民区附近禁止施工便道的作业，必要时应报当地环保部门批准，并公告居民，才能夜间作业。

(6)施工结束后，必须恢复临时占用土地原有的土地利用功能。对现场初始的地形地貌、地表植被等自然特征，应有客观的文字描述和完整的影像记录，以作为将来进行恢复的依据和参考。

(三)临时材料堆放对环境的影响及环境保护监理要点

临时材料堆放场的环境潜在影响是对土地利用的影响，为符合材料的堆置要求，料场的选址多位于地势较平坦的地域，通常涉及耕地、园地、林地、牧草地或邻近这些用地。另外，物料的散失和飘散污染也会影响环境。

(1)对临时占地范围要有明确的边界，具体应按照临时用地审批文件规定的内容和要求，并结合现场的实际情况划定。

(2)水泥、石灰、矿粉等堆置和洒落会通过改变土壤的理化性质，破坏土壤的结构以及土壤微生物的理化环境，从而降低土壤肥力。因此，水泥、石灰、矿粉要在指定地点堆置，并且应采取密封存放的方式，控制其扬尘；存放点地面应做硬化处理，硬化处理前应剥离地表熟土，并集中保存。施工结束后，应去除硬化地面，将保存的熟土回填，并恢复初始地表植被。对于堆置点附近可能被污染的土壤应进行改良，恢复其肥力。

(3)材料仓库和临时材料堆放场要防止物料散漏污染。仓库四周应有疏水沟系，防止雨水浸湿，水流引起物料流失。

(4)沥青、油料、化学物品等不宜堆放在民用水井及河流湖泊附近,并采取措施,防止雨水冲刷进入水体。

(5)水泥和混凝土运输应采用密封罐车;采用敞篷车运输时,应将车上物料用篷布遮盖严密。

(6)多风天气(或大风来临前)应注意对物料加以覆盖,减少扬尘。

(7)石灰石、电石、雷管、炸药不得露天堆放,炸药应有专门的仓库。

(四)拌合站和预制场对环境的影响及环境保护监理要点

拌合站和预制场潜在环境影响见表7-1。

表7-1 拌合站和预制场潜在环境影响

序号	活动内容	潜在影响
1	拌合站、砂石场、轧石场	1.扬尘;2.废水;3.噪声;4.固体废弃物
2	预制场	1.废水;2.噪声;3.固体废弃物

(1)稳定土拌合站、水泥混凝土拌合站、沥青混凝土拌合站等各种拌合站以及砂石场、轧石场等不得设在饮用水源地保护区内。对临时借地范围要有明确的边界,以便控制对临时借地外围土地的不合理占用。

若对农、林等生产用地的占用无法避免,至少要避免对生态敏感点(区)的影响,且在施工结束后,必须恢复原有的土地利用功能。

周围应有良好的排水系统,设置隔离栅、沉淀池。

(2)场地平整将对沿线植被及动物栖息地造成永久性的破坏。另外,表层土壤的剥离容易造成土壤结构的破坏和肥力的下降。对于剥离和开挖的土壤,应予以保存,既可用于其他地面的土地改良,也可用于沿线受破坏土地的恢复,在土壤的再利用之前,应有专门的场地用于堆置和保存。

(3)拌合站和预制场地向周围环境排放噪声应当符合施工场界排放标准[该阶段施工场界噪声限值为昼间70 dB(A),夜间55 dB(A)]。拌合楼的声源位置较高,声级又强,一般屏障等治理措施很难达标,简易可行的办法就是远离,因此,对拌合站的选址应严格把关。拌合站、预制场、砂石场及轧石场距离学校、医院、疗养院、城乡居民区和有特殊要求的地区不宜小于300 m,同时避免对环境敏感点的粉尘和噪声影响。

(4)大型拌合站(预制场)应配有除尘装置;砂石料场应及时洒水;砂石装卸时应尽量降低落差。施工人员应配有防尘用具,以保护工人健康。小型临时拌合站应离敏感点大于100 m,并应尽量避开下风向着有人群的地段。

(5)砂石料冲洗废水悬浮物含量大,需建沉淀池,将悬浮物进行沉淀后排放。部分废水澄清后,可用于建筑工地洒水防尘。

(6)混凝土搅拌车应定点清洗,设置临时沉淀池对清洗水沉淀处理后方能外排。有条件者,也可采取废水回收处理后循环使用。

(7)混凝土养护可以直接用薄膜或塑料溶剂喷刷在混凝土表面,待溶液挥发后,与混凝土表面结合成一层塑料薄膜,使混凝土与空气隔离。

(8)夜间施工时,强光照射会干扰植被和动物的生活节律,严重时会导致植物的死亡以及动物生理紊乱而影响其种群繁衍。在附近有保护物种的情况下,应缩短夜间施工时间;必要时,在施工区域周围设置高于光源的挡光墙。

(9)在堆土场、灰土拌合站的周围设土工布围栏,既防止泥土、灰料等进入水体、农田,雨期又可拦截泥沙。土工布围栏的做法是,用宽 65 cm 的土工布,每 3 m 设置直径≥5 cm 的立柱,土工布固定在立柱上,并将 15 cm 压埋在地下。

(五)取、弃土场对环境的影响及环境保护监理要点

取土场(采石场)的选址及开挖面的选择直接关系到当地水土保持及自然景观的完整性。建设所需土石材料应采取集中料场取料,切忌随意布置小料场,造成山坡遍体鳞伤,对山坡及其植被肆意破坏,既影响环境面貌,也容易产生塌方滑坡。取土场(采石场)的开挖面设置应慎重,以避免产生色差,破坏山体轮廓线,造成视觉污染。对于砂石料冲洗废水,应明确要求建设方设置沉淀池,废水必须进行沉淀后排放。

弃土(渣)场若选址不合理,则有可能导致河道淤塞而阻碍行洪、滑坡、地基下陷,压埋植被以及损毁耕地、园地、林地、牧草地等土地,并破坏景观。环评和水保报告书对弃土(渣)场的选址合理性有明确的论述,应现场进行认定,并根据工程设计图纸明确弃土(渣)场的范围。弃土(渣)应在指定范围内严格按照设计技术要求进行堆置。

若采用商品石料,应在采购合同中提出对临时料场的环保要求。

取土区、弃土场禁止选用森林、草地和湿地,应按照设计或有关文件规定的界限和要求施工,绝不能任意选址或扩大范围。

(六)生活、办公区及工地试验室对环境的影响及环境保护监理要点

生活、办公区及工地试验室对环境的影响,见表 7-2 和表 7-3。

表 7-2 生活、办公区对环境的影响

项目	序号	活动内容	潜在影响
食堂	1	油锅炉	1. 漏油;2. 噪声;3. 油烟
	2	油烟机	1. 油烟;2. 噪声
	3	排污	1. 污水;2. 废物
	4	冰箱	有害气体
办公室	1	办公用品废弃	废物
	2	空调	1. 有害气体;2. 噪声;3. 热风
宿舍	1	生活垃圾	1. 废物;2. 有害气体;3. 电池
	2	生活用水	污水
	3	厕所	1. 水污染;2. 土壤污染
停车场	1	车辆	1. 有害气体;2. 污水;3. 噪声
供电设施	1	发电机	1. 噪声;2. 燃油废气

表 7-3 工地试验室对环境的影响

序号	活动内容	潜在影响
1	沥青加热;沥青蜡含量试验;乳化沥青蒸发残留物含量试验	1. 蒸发气体排放;2. 废沥青;3. 废液体外加剂;4. 石油醚等化学物

续表

序号	活动内容	潜在影响
2	沥青混合料沥青抽提；沥青闪点试验；沥青混合料车辙试件成型	1.三氯乙烯；2.松节油挥发；3.煤气；4.蒸发气体；5.沥青气体；6.废弃物
3	化学危险药品	1.强酸、强碱腐蚀；2.易燃；3.化学废液；4.遗失
4	材料抗压试验；材料抗拉试验；材料混合料击实	1.压力机排放噪声；2.电动油泵产生噪声；3.击实仪产生噪声
5	水泥混凝土试件制作；水泥试件制作；试件养护；试样切割	1.振动台产生噪声；2.智能养护室控制仪产生噪声；3.切割机产生噪声；4.废弃物；5.粉尘；6.废水
6	混凝土取芯	1.取芯机产生噪声；2.废弃物
7	集料筛分；集料磨耗试验；沥青混合料飞散试验	1.摇筛机产生噪声；2.磨耗机产生噪声；3.废弃物；4.集料粉尘
8	集料磨光值试验	1.加速磨光机产生噪声；2.废弃物
9	密度试验	放射源

1. 妥善处理生活垃圾

监理人员应明确要求在每个施工营地设置垃圾箱和垃圾临时堆放点，并有专人负责清理且集中处理垃圾。

生活垃圾堆放点应选择30 m范围内无生活用水和渔用水体的地方。不得向垃圾点内排放生活污水。垃圾箱和垃圾临时堆放点地面应做硬化处理，周边应保持清洁，并做到每日清运。

生活垃圾应分类收集，电池必须由相关单位回收处理。对于生活垃圾的处置，可与当地环卫部门联系，纳入当地生活垃圾收集处理系统；在偏远地区，可考虑就近填埋，一般情况下，应将营地内的生活垃圾集中收集后，运至附近的弃渣场填埋。

为防止生活垃圾的二次污染，垃圾箱和垃圾运输车均应采用封闭式。

2. 修建临时性污水处理设施

为收集与处理由临时驻地的住房、办公室、其他建筑物和流动性设施排放的污水，应要求建设方在合适的地点修建容量适当的临时污水处理池，建有化粪池或其他能满足要求的系统，并予以管理、维护。

监理人员应熟悉工程环境影响报告书，同时结合实地踏勘，对项目所在区域所涉及水域的保护目标和保护范围进行识别和确认，并明确告知建设方，污水不得排入Ⅰ类、Ⅱ类水域；排入其他水域时，必须符合相应的水质标准，不符合时要进行水质处理，如油污水应进行隔油处理。

3. 噪声控制

生活区对环境影响最大的噪声源是备用的柴油发电机，应放置在室内，加强门窗隔声，并在进风口、出风口安装消声器。试验室各种机械设备，如切割机、取芯机、磨光机等噪声源产生的噪声，也会对周边环境产生明显的影响，也应采取隔声、消声、减振等措施。

应将生活、办公及试验区设置在离开噪声敏感点（如居民点、学校等）200 m以外的区域。

较大的通风管道应安装消声器或采取管壁阻尼减振；管道穿墙（或支撑）处应采用避振喉（或避振吊钩）。

在日常巡视过程中，监理人员应配置噪声仪，在场界四周进行即时监测，噪声标准参照昼间70 dB(A)、夜间55 dB(A)执行。

4. 厨房油烟处理

厨房应设置排风系统。如果厨房附近有居民，应采取的措施有：较大的通风管道应安装消声器或采取管壁阻尼减振；管道穿墙（或支撑）处应采用避振喉（或避振吊钩）；加装油烟净化器净化油烟，并以高于周围建筑的高度排放；油烟净化器应安装在室内。

5. 放射源管理

放射源的服役、退役管理必须严格执行《中华人民共和国放射性污染防治法》，建立严格的审管体系，明确分工，互相配合，使放射性污染始终处于有效控制状态下。有放射源装置的场所应当设置明显的放射性污染标识和中文警示说明。使用单位应编制应急计划，设立应急机构，建立必要的反馈制度和事故（或事件）报告制度。

对废弃的放射源，应加强管理，避免停用放射源或废弃密封放射源由于管理不当而导致被盗或丢失。废弃放射源应委托国家批准的专业处置单位妥善处理。原废弃放射源储存场所必须进行必要的处理（包括墙体、裸露泥土等），并根据需要设置永久性标志。

第三节　施工阶段的环境保护监理

一、路基工程施工环境保护监理

1. 路基工程施工环境保护监理工作内容

（1）监理工程师应在路基工程开工前审批施工单位编制的施工方案，对其环保措施提出审查意见。

（2）监理工程师应确定本阶段环保监理的巡视、旁站计划，对施工单位环保措施的执行效果进行检查。

（3）地表清理遇到古树名木或珍稀植物，采取移植等异地保护措施时，监理工程师应审查其移植方案，并对移植过程全程旁站监理。

（4）监理工程师应严格控制路基开挖在用地范围内进行，做到边开挖、边平整，及时进行绿化，同时配合挡土墙、边坡防护的修筑。开挖出的土石方要尽可能加以利用。弃土弃渣应送至经监理工程师同意的地点堆放。

（5）对施工过程中不符合环保要求的行为，监理工程师可以发出监理指令，责令改正，情况严重时可发出暂时停工令。施工单位无正当理由拒绝整改的，监理工程师可以对该部分工程量拒绝支付。

（6）施工过程中，监理工程师应关注扬尘、噪声、废水悬浮物、石油类等环境监测指标，必要时可根据需要进行现场监测。

2. 路基工程施工环境保护监理要点

（1）地表清理及结构物拆除环境保护监理要点。地表清理会造成水土流失，也可能引发一系列生态平衡失调，如植被丢失、景观破坏等。地表清理及结构物拆除施工对环境的影响见表7-4。

表7-4　地表清理及结构物拆除施工对环境的影响

序号	活动内容	潜在影响
1	清除草丛、树木等植被	1. 生态破坏；2. 水土流失

续表

序号	活动内容	潜在影响
2	清淤	水土流失
3	结构物拆除	1. 扬尘；2. 噪声；3. 景观损害
4	地内积水处理	1. 水污染；2. 病媒传播
5	废弃物处理	1. 废弃物流失；2. 病媒传播

对于古树名木等有保存价值的植物，应事先联系当地林业部门，采取移植等异地保护的方法加以保护。树根挖除深度以正好挖出为宜。清除物中的树木、农作物、杂草，除部分可作为肥料外，应尽快运至经审批的水土保持方案所确定的弃土（渣）场，不得随意丢弃。路基用地范围内的旧桥梁、旧涵洞、旧路面和其他障碍物，在拆除前应对被拆体充分洒水，保持湿润并对正常排水做出妥善安排。拆除的废弃物应及时清运，以防造成二次污染。

2) 路基开挖环境保护监理要点。路基开挖施工对环境的影响见表7-5。

表7-5 路基开挖施工对环境的影响

序号	活动内容	潜在影响
1	土石方开挖	1. 生态破坏；2. 水土流失；3. 噪声；4. 扬尘；5. 景观损害
2	挖掘机、装载机等作业	1. 噪声；2. 漏油；3. 扬尘；4. 有害气体
3	土石方运输	1. 沿路洒落；2. 随意丢弃
4	运输车辆	1. 噪声；2. 尾气；3. 扬尘

路基土石方开挖范围严格控制在施工红线范围内，开挖应自上而下进行，不得乱挖和超挖。对于开挖的土石方应合理地调配。特别是土质较设计松散或大雨后可能坍塌时，应考虑修建石砌护坡，在边坡上植草皮或砌筑挡土墙。挖方、填方工程量过大的路段应避免雨期施工，尽可能安排在11月至次年4月期间，避免雨期施工带来的严重水土流失。

弃方应运至指定的弃土堆，弃土堆应堆置整齐、稳定，排水通畅，避免对周围的建筑物、排水及其他任何设施产生干扰和破坏，避免造成环境污染。

对于开挖石方应尽量避免爆破施工，爆破时应采取措施控制噪声和粉尘，防止对人、畜、建筑物等造成危害，禁止夜间爆破。

（3）路基填筑环境保护监理要点。路基填筑施工对环境的影响见表7-6。

表7-6 路基填筑施工对环境的影响

序号	活动内容	潜在影响
1	借方作业	1. 噪声；2. 漏油；3. 扬尘；4. 有害气体
2	土石方运输	1. 沿路撒落；2. 随意丢弃
3	运输车辆	1. 噪声；2. 尾气；3. 扬尘
4	压路机、夯实机械等	1. 噪声；2. 漏油；3. 有害气体
5	履带式设备行驶	道路和场地破坏
6	施工设备、车辆等维修保养	1. 机油洒弃；2. 零配件丢弃；3. 包装物丢弃
7	土工格栅等铺设	边料丢弃

填筑路基时，应分层碾压并分层检查压实度，保证适当的排水横坡，边坡防护修筑前应挖设临时急流槽并用塑料布铺底，雨期时用沙袋或草席压住坡面进行暂时防护，防止护坡面的水土流失。施工中产生的振动和噪声应符合国家规定，避免对人民群众的生产、生活造成影响。通行道路和施工路段应适时洒水，避免扬尘污染周边空气环境。应严防施工机械跑、滴、漏油等现象对土壤和水环境的污染。运料车辆应加盖篷布。对于路基土方雨期施工应做到随取、随运、随铺、随压，以减少雨水冲刷。

(4)特殊路基处理环境保护监理要点。湿地沼泽区施工环保的重点是保持湿地沼泽水系的畅通，避免因公路施工造成水系阻断，保证湿地生态环境连通和完整。软基处理施工对环境的影响见表 7-7。

表 7-7　软基处理施工对环境的影响

序号	活动内容		潜在影响
1	砂砾垫层		1. 生态破坏；2. 水土流失
2	软土浅层处治		1. 生态破坏；2. 水土流失
3	轻质路堤和加筋路堤		1. 扬尘；2. 边料丢弃
4	反压护道		1. 生态破坏；2. 水土流失
5	预压	超载预压和等载预压	1. 生态破坏；2. 水土流失
		真空预压	1. 生态破坏；2. 噪声；3. 边料丢弃
6	竖向排水体	砂井	1. 生态破坏；2. 噪声；3. 沿途撒落
		袋装砂井	1. 扬尘；2. 噪声
		塑料排水板	1. 噪声；2. 边料丢弃
7	粒料桩		1. 扬尘；2. 噪声；3. 振动
8	加固土桩		1. 扬尘；2. 噪声；3. 水泥浆污染水体
9	强夯法		1. 噪声；2. 振动
10	薄壁混凝土管桩		1. 噪声；2. 振动；3. 漏油

软土路基施工时应先挖临时的沟渠，排除地面水，挖出的淤泥应运至指定弃土场，选用透水性好的材料回填并及时清理现场剩余材料。

二、路面工程施工环境保护监理

1. 路面工程施工环境保护监理工作内容

(1)监理工程师应在路面工程开工前审批施工单位编制的施工方案，对其环保措施提出审查意见。尤其是对稳定土拌合站和沥青拌合站选址方案的审批，应要求沥青拌合站布置在远离人群活动的地点，并按要求配置除尘设备。同时，认真审批沥青混合料废料的处置办法以及沥青烟气防污染措施。

(2)监理工程师应确定本阶段环保监理的巡视、旁站计划，对施工单位环保措施的执行效果进行检查。

(3)监理工程师对施工过程中不符合环保要求的行为可以发出监理指令，责令改正，情况严重时可发出暂时停工令。施工单位无正当理由拒绝整改的，监理工程师可以对该部分工程量拒绝支付。

(4)监理工程师在施工过程中应关注扬尘、噪声、废水悬浮物、石油类等环境监测指标,必要时可根据需要进行现场监测。

2. 路面基层施工环境保护监理要点

路面基层施工对环境的影响见表7-8。

表7-8　路面基层施工对环境的影响

序号	活动内容	潜在影响
1	拌合站场地平整	1. 植被破坏;2. 水土流失
2	拌合站搬运、安装、维修	1. 扬尘;2. 噪声
3	拌合站运行	1. 噪声;2. 水泥、沥青等泄漏污染土壤;3. 清洗废水排放;4. 有害气体;5. 扬尘
4	混合料运输	沿路撒落
5	场地粗集料、砂堆放	扬尘
6	石灰、矿粉	1. 撒落污染空气;2. 土壤污染
7	破碎机、振动筛等	1. 噪声;2. 扬尘;3. 振动
8	各类运输车辆	1. 噪声;2. 扬尘;3. 有害气体;4. 漏油
9	路面摊铺、压实设备运行	1. 噪声;2. 有害气体;3. 漏油;4. 扬尘
10	夜间拌合站强光照明	强光污染

(1)混合料拌和与运输。

1)水泥稳定混合料或二灰稳定混合料的拌和应采用厂拌法。

2)对装载机和运输车辆装卸料、运输产生的扬尘,可在现场设置喷水装置洒水,并增加洒水频率来控制无组织排放的扬尘,使扬尘减至最低限度。石灰、粉煤灰应有防尘防雨设施。散装水泥出料口应有围护措施,以减少扬尘产生。混合料应由封闭型载货汽车进行装载运输,并严格按照指定路线行驶。运输易引起扬尘的材料时,车辆应用篷布等进行遮盖。

3)运输路线经过居民区、学校等敏感地区时,应注意调整作业时间,避免交通噪声干扰人们生活。

(2)初期养护。应采用土工布或塑料薄膜对基层进行覆盖养护,减少水分蒸发。养护应控制水量,避免溢出。在养护结束后,覆盖物应定点堆存。

(3)噪声控制。该阶段施工场界噪声限值为昼间 70 dB(A),夜间 55 dB(A)。当环境敏感点噪声不能达标时,应采取控制作业时间等措施,保证居民的夜间休息。

3. 沥青混凝土路面施工环境保护监理要点

沥青混凝土路面施工对环境的影响见表7-9。

表7-9　沥青混凝土路面施工对环境的影响

序号	活动内容	潜在影响
1	沥青拌合站场地平整	1. 植被破坏;2. 水土流失
2	沥青拌合站搬运、安装、维修	1. 扬尘;2. 噪声
3	沥青拌合站运行	1. 噪声;2. 烘干筒热辐射;3. 废尘、回收粉的排出污染环境;4. 沥青挥发,泄漏有害气体;5. 油料燃烧排出有害气体;6. 排尘不净污染环境

续表

序号	活动内容	潜在影响
4	场地集料、石屑、砂等堆放	扬尘
5	石灰、矿粉	1. 撒落污染空气；2. 土壤污染
6	沥青废料	固体废弃物
7	沥青混合料运输	沿路撒落
8	破碎机、振动筛等	1. 噪声；2. 扬尘
9	各类运输车辆	1. 噪声；2. 扬尘；3. 有害气体；4. 漏油
10	夜间拌合站强光照明	强光污染
11	路面摊铺、压实设备运行	1. 噪声；2. 有害气体；3. 漏油；4. 扬尘

(1)混合料的拌和。

1)要充分考虑沥青烟气中强致癌物质的有毒有害性，结合项目环境影响评价报告书中关于沥青拌合站的影响分析和选址意见，在其下风向重点考虑避开人类活动密集区、养殖场及敏感植物群落。

2)沥青拌和设备、沥青、导热油和燃油的储存罐及连接管道应确保密封，防止泄漏。应配置干砂、足够的灭火器，以便发生意外时应急处理。应配置除尘器以及沥青烟气处理装置，设备污染物排放应符合沥青工业污染物排放标准的规定。沥青混凝土的采购合同中应明确对供货单位的环保要求。

3)拌合楼除尘系统每天将产生大量回收粉尘，经试验室试验分析，若塑性指数等指标符合沥青路面施工技术规范相关要求，应尽量回收利用；若不能使用时，应制定相应处理措施，不得随意倾倒。

(2)混合料的运输。混合料应按指定路线运输，运输路线经过居民区、学校等环境敏感点时，应注意调整作业时间，避免交通噪声干扰人们生活。

(3)沥青混合料摊铺和碾压。沥青混合料摊铺和碾压的机械应保证正常使用，噪声控制应执行建筑施工场界噪声限值标准。摊铺作业时会产生沥青烟气等有害、有毒气体，施工单位必须为作业人员提供有效的劳动保护用品，以保证施工人员的健康。

(4)沥青洒布。

1)沥青洒布时，应确保设备完好，事先周密计划，尽可能缩短时间，减轻对周围人群及施工人员的健康影响。

2)位于沥青洒布处置区周边的土壤表面应铺设临时覆盖物加以保护。对于沥青可能溅到的植物，应有临时覆盖物加以包裹或遮挡。洒落的沥青应进行收集并运至指定的弃渣场。

(5)废弃料。拌合楼调试、生产过程中以及摊铺施工剩余的废弃料，必须及时加以收集并运至指定的弃渣场集中填埋处理。首先挖坑后进行防渗处理，再将沥青废渣倒入填埋，顶面覆土厚度至少1 m，并竖立永久性沥青废弃料填埋标志。废弃料填埋应注意避免污染水源、阻塞河流或泄洪系统。如废弃料无法及时处理或运走，则必须设法防止散失，避免随意弃置，造成土壤污染或植被破坏。

(6)噪声控制。该阶段施工场界噪声限值为昼间70 dB(A)，夜间55 dB(A)。

三、桥涵工程施工环境保护监理

1. 桥涵工程施工环境保护监理工作内容

(1)监理工程师应在桥涵工程开工前审批施工方案中的环保措施。要求施工单位对基础开挖、围堰、钻孔桩施工过程,采取周密的水环境保护措施,必要时监测水环境指标。

(2)监理工程师根据工程情况,确定本阶段环保监理的巡视、旁站计划,对施工单位环保措施的执行效果进行检查。

(3)监理工程师对基坑开挖的弃土堆放,钻孔桩泥浆水的排放要进行旁站并进行监督。

(4)需要围堰施工的,应事先取得当地水利部门的许可,手续完备并经监理工程师审查后才能施工。

(5)对施工过程中不符合环保要求的行为,监理工程师可以发出监理指令,责令改正。情况严重时可发出暂时停工令,以及拒绝支付相关工程款项。

2. 桥涵工程施工环境保护监理要点

桥涵工程施工对环境的影响见表7-10。

表7-10 桥涵工程施工对环境的影响

序号	活动内容	潜在影响
1	基坑开挖	1. 生态破坏;2. 污水排放、淤泥堆积、围堰作业等污染环境;3. 水土流失
2	钻孔机和打桩机作业	1. 噪声;2. 漏油;3. 钻孔作业时排放污水;4. 桩基对河床的破坏;5. 泥浆外泄对土壤和河道水质的污染;6. 振动
3	机械维修养护和进出场运输	1. 打桩机械维修养护时,机油、废油洒漏和废配件丢弃;2. 进出场运输时机油泄漏和粉尘撒落
4	水泥混凝土拌和与浇筑	1. 水泥浆搅拌和输送噪声;2. 水泥倾倒、拆袋有扬尘污染;3. 振捣器振捣噪声;4. 商品混凝土运输、泵送噪声;5. 振捣器维修滴油、配件丢弃;6. 浇筑时混凝土落于河道,污染河水
5	钢筋作业	1. 装卸搬运噪声、扬尘;2. 锈蚀产生锈水;3. 钢筋焊接产生废气和废渣;4. 焊接产生电火花、电弧光;5. 钢筋切断机、弯曲机使用产生机械噪声;6. 零星废钢筋等的废弃
6	钢模板	1. 搬动、搭拆噪声;2. 打磨噪声;3. 脱模剂(油)污染;4. 腐蚀产生锈水
7	钻孔平台搭设	使用后的处置
8	机械设备作业与维修	1. 漏油污染;2. 废配件丢弃
9	各类运输车辆	1. 噪声;2. 扬尘;3. 有害气体;4. 漏油
10	钢管支架作业	1. 装卸噪声、扬尘、防锈漆振落;2. 搬运噪声;3. 支模架搭拆噪声、扬尘;4. 钢模钢管扣件遇水腐蚀产生锈水;5. 零星扣件散落
11	工程船舶作业	1. 船舶生活废物;2. 抛锚、起锚的噪声;3. 主辅机运行时噪声、有害气体;4. 油料泄漏,污染水源

(1)明挖基础。明挖基础施工过程中,应核对地质水文资料;若得知基础地基下有涌泉、流沙、溶洞等地质情况时,施工单位应考虑有关准备措施。

1)围堰。围堰施工应考虑流速增大对河床集中冲刷、通航及导流的影响。

①明确围堰用的土袋、板桩或套箱的数量,对围堰材料进行编号,保证施工前后数量一致,

避免遗留在水体中，阻碍行洪或航运。

②施工现场材料应堆放整齐、有序。废弃的包装材料应每日清理收集。

③施工结束后，废弃的材料应及时运送至弃渣场。

2)基坑开挖。

①基坑开挖应严格控制开挖范围，不得任意扩大。

②保护地表水体，开挖的工程弃方不能随意丢弃于河流中或岸边，应暂时堆放在距离水体较远的地带，防止冲刷或塌落进入水体。

③基坑开挖出的土体、岩体、泥炭等，应集中后运送至弃渣场，其中对于湿度较大的泥炭或底泥，应先运至低洼地进行自然吹干，待吹干后再行运输；对于有机质含量较高的底泥和泥炭等，经自然吹干后，也可运至需要的单位进行土壤育肥。

④旱桥桥墩基础开挖的土石方集中堆放，周边用临时设施拦阻。待桥墩基础浇筑完成后回填，剩余部分可用于附近低洼地的整平，多余土石方一律运至弃土(渣)场。

⑤旱桥施工中只允许砍伐墩、台永久施工部分的植被，桥跨范围的植被不得砍伐、清除，尽可能保留桥跨部分的原生植被，减少桥梁墩、台施工对地表原生植被的破坏。

(2)钻孔灌注桩基础。

1)可在现场选择或开挖一低畦地作泥浆沉淀池，用于储存将来使用后废弃的泥浆。不得将泥浆直接排入河水或河道中，经沉淀后排放，减小悬浮固体的排放量。

2)泥浆池周围应设置良好的排水系统，以免雨水过大而造成泥浆外溢，破坏当地环境。

3)废弃的钻孔泥浆以及其他废弃物，应运至事先准备的沉淀池临时储存。待吹干后，运往指定的弃渣场进行永久处置。

4)在水上钻孔时，一般应采取平台施工。应在平台上焊挂钢箱作为泥浆池，应配备专用的泥浆船，用作造浆循环池及废弃泥浆的运输。

5)应对施工机械及船只进行严格检查，防止油料泄漏，严禁将废油、施工垃圾等随意抛入水体。

6)灌注混凝土时，溢出的泥浆应引流至事先准备的适当地点处理，待吹干后，运往弃渣场，以防止污染环境或堵塞河道和交通。

(3)沉入桩。沉入桩一般用于特大桥梁的水中部分，沉桩施工对环境的影响主要是船只和打桩机械的油料泄漏、废油处理以及噪声影响。应严格进行机械维护，严禁将废油、施工垃圾等随意抛入水体。

(4)沉井基础。浮式沉井应随时观测由于沉井下沉的阻水和压缩流水断面引起流速增大而造成的河床局部冲刷。沉井正常下沉除土，应由船运到指定堆放地点，不得卸至井外占用河道。采用吸泥吹砂等方法下沉时，吸出的泥浆应进行过滤、沉淀，不得直接排入河流中。

(5)桥梁下部构造。

1)钢筋焊接产生的废弃物如电焊渣、废弃的焊材、钢筋边角料，应收集处理。

2)混凝土浇筑时应做好防护设施，防止混凝土散落入周边水体。

3)护岸开挖时，应按照设计图纸严格控制开挖界限，不得任意扩大开挖范围，将两栖动物生境的受影响范围控制在最小限度。

4)桥梁墩台修筑完毕，及时清除围堰等临时工程的堆积物，并将施工中产生的废浆、弃土和废弃物及时运至弃土场，恢复河道畅通。

(6)混凝土等的搅拌、运输和养护。

1)商品混凝土，采用罐车运输；场界设置临时隔声维护；作业时间避开下风向 100 m 内人群密集的敏感目标。

2)混凝土搅拌车应定点清洗，设置临时沉淀池，清洗水经沉淀处理后方能外排。有条件者，也可采取废水回收处理后循环使用。

3)混凝土搅拌站不得设在饮用水源地保护区内，搅拌站的排水、混凝土养护水等含有害物质的废水不得排入地表水Ⅰ~Ⅲ类水源地保护区或其他禁止排入的区域。

(7)生态保护。

1)注意对湿地和滩涂的保护，避免在湿地和滩涂设置临时料场、便道和厕所等。限制施工设备和人员不必要地进入湿地，禁止猎取野生保护动物。

2)在渔区或鱼类洄游河道施工，应尽可能避开鱼类繁殖期。无法避免时，应留下洄游通道。

3)涵洞出路基后与附近河道、沟渠顺连，防止冲刷下游农田、道路等，并及时沟通河道和沟渠，确保汛期及时排洪、排涝。

4)桥涵桩基础工程应注意施工季节的选择，尽量避免在汛期、丰水期施工。

(8)水环境和噪声影响。

1)施工期污水不得排入《地表水环境质量标准》(GB 3838—2002)中所规定的Ⅰ~Ⅲ类水域。排入其他水域时，必须符合相应的水质标准，不符合时要进行水质处理。

2)对桥梁施工机械、船只应定期进行检查、维修，船机部门设专人严密监管油料的使用和船机设备的运行，以避免施工中发生燃油泄漏，对水质和水生生态造成影响。防止油料泄漏，严禁将废油、施工垃圾等随意抛入水体内。应对各种收集设备内的污(水)染物进行清理，并集中运至陆上施工点设置的集中污水、污染物处置点进行处理。

3)施工营地应尽量远离沿线河流水系。施工人员的就餐和洗涤应采用集中统一形式进行管理。不能随意向沿线河流倾倒、排放各种生活污水。生活垃圾装入垃圾桶定时清运，或设垃圾坑发酵后用于肥田。垃圾坑施工结束后用土掩埋，破坏地表植被的，要恢复植被。

4)桥梁打桩噪声的场界限值为昼间85 dB(A)，夜间禁止打桩。其他阶段噪声限值仍为昼间70 dB(A)，夜间55 dB(A)。

四、隧道工程施工环境保护监理

1. 隧道工程施工环境保护监理工作内容

(1)监理工程师应在隧道工程开工前审批施工方案的环保措施，特别注意对当地生态环境的保护，落实好珍稀物种保护、弃渣和废水处理以及施工现场劳动防护等措施。

(2)监理工程师根据工程情况，确定本阶段环保监理的巡视、旁站计划，对施工单位环保措施的执行效果进行复核，对扬尘、悬浮物、噪声环境监测指标，必要时可进行施工现场监测。

(3)监理工程师应要求渣石纵向调运，尽可能加以利用，不能随便堆放。对洞口临时堆放弃渣或就近设置轧石场的方案，应要求施工单位同时提出环保措施和环境恢复方案。

(4)对爆破方案的审查，监理工程师应明确提出防治噪声和扬尘的要求。在距离居住区较近的地区施工，还应要求施工单位注意防止振动造成影响。

(5)施工区域如果发现国家保护的珍稀物种，监理工程师应全过程参与物种保护，做好过程的监督。

(6)对施工过程中不符合环保要求的行为，监理工程师可以发出监理指令，责令改正。情况严重时可发出暂时停工令。施工单位无正当理由拒绝整改的，监理工程师可以对该部分工程量拒绝支付。

2. 隧道工程施工环境保护监理要点

隧道工程施工对环境的影响见表7-11。

表 7-11　隧道工程施工对环境的影响

序号	活动内容	潜在影响
1	隧道开挖	1. 噪声；2. 扬尘；3. 生态破坏；4. 废弃物处置；5. 有害气体；6. 弃渣
2	废渣料装卸、运输	同路基工程
3	隧道支护、衬砌	1. 噪声；2. 有害气体
4	防水排水	同排水工程
5	路基路面	同路面工程

（1）洞口工程。

1）洞门开挖前应先在开挖面上修建截水沟，以防止水土流失，并尽可能避开雨期施工。洞口尽量减小开挖面积，洞顶采取护挡结构，以保护自然坡面。

2）洞门开挖前的地表清理工作同"路基开挖"。

3）隧道施工时应注意保护隧道口的自然植被，施工后清理废弃物，尽量减少人为活动的痕迹，尽早恢复自然景观。洞口结构形式及附属设施应与当地景致相协调。

（2）洞身工程。

1）选择低噪声设备机械进场施工，空压机、发电机等的基础要埋入半地下，并铺砂石垫层，以减轻噪声和振动。

2）设置隔声屏或利用绿化带减少噪声传播。合理安排机械作业时间，减少同时作业的机械台数。对产生噪声大的作业，不安排在夜间或节假日。

3）施工前详细勘察水文地质情况，包括地下水的分布、类型、储存、补给、径流和排泄条件等，根据勘察结果，研究合理方法，谨慎进行开挖作业。隧道施工时可能造成地下水变化，导致顶部生态变化和破坏当地村民水源。

4）凿岩施工应采用湿法钻孔。严禁干孔施钻，改进爆破方法，采取松动爆破、无声振动等技术，以减少施工粉尘。采用光面爆破技术，通过试验，选择炸药品种，调整用药量，减少一次齐发的药量，以期达到减小爆破振动，减小对周围岩体的振动。隧道内通风量必须保证能够有效地通风除尘并置换新鲜空气进入作业面。

5）煤系地层中存在瓦斯，溢出易导致人员窒息或燃烧爆炸，作业面应有瓦斯监测报警装置，以防瓦斯浓度超过警戒浓度，危及施工人员生命及造成安全生产事故。

6）渣石应充分纵向调运利用，不能随便堆放，严禁向河谷倾倒弃渣，以免阻塞河谷，造成水土流失或占用当地农田。废渣应设合理的弃渣场，根据山谷的特点，按照设计要求堆放整齐，分层碾压，并确保能防止两岸及下游出现各种水害，修建必要的排水管、盲沟、截水沟等设施，加固弃渣堆坡脚，以确保弃渣的稳定，防止发生人为的灾害；有条件时，可在弃渣上覆盖 30 cm 以上厚度的耕植土，改土造地或种植绿化。

7）酸性岩区和沉积岩体含有较高剂量的放射性元素氢、钍、镭，对环境产生不利影响，应经严格测定后，依据含量或浓度确定处置措施。

8）在防渗漏和加固地层所采用的化学浆料，尽量选用毒性小、污染少的注浆材料，尽量减少配制浆液过程的洒漏和注浆过程漏浆，对进入排水系统中的有害物质净化处理，避免浆液流入地面水系和人畜饮用水水源。

9）浅埋隧道施工时，为防止开挖施工引起地表水漏失和地层下陷，可结合地下水水位涨落及水力坡度的变化情况，对地面下沉与掘进及衬砌衔接关系的观测，可采取超前支护方法，实施预注浆措施，对洞身周围岩体进行加固，有条件时应选择盾构法或浆砌法施工。

10)当隧道穿过与地表水连通的破碎带时,为防止突发性的泥石涌入和漏失地表水,可根据探水孔流出的水量、水压变化,采取洞内超前帷幕注浆措施,以加固破碎带和封堵水路。

11)如预计隧道会与地下水径流相遇,应尽早采取拦堵截保护措施,以减少水源高程损失。如一旦出现水源经隧道漏失情况,可利用地形地质等有利条件设置蓄水池,将未经污染的水流经过沟、槽或专设管路提升,引入蓄水池供给用户。

12)对于地层发育良好、层序完整、界线清楚、化石丰富、地层在古生物研究有研究价值的地段,应采取有效措施进行保护,并报告业主和文物保护单位。

13)对优质石渣可加以利用,如防护用的片石、路基填料、路面集料和混凝土集料可分类堆放,以便充分利用。有条件时也可利用荒沟,在其中筑坝填入废渣,变荒沟成良田,增加耕地。路边临时堆放的零星废渣,在公路封闭前应全部清理完毕,以免公路全封闭后难以清理。隧道装饰材料的余料应专门回收,不得随意丢弃。

14)隧道建设中所需的石料,在选料时应远离隧道,采取集中料场取料,切忌随意布置小料场。对山坡及其植被肆意破坏,既影响环境面貌,也容易产生坍方滑坡。若采用商品石料,应在采购合同中提出对临时料场的环保要求。

15)弃渣场应根据设计或水保文件明确选址范围。

(3)废水处理。

1)对隧道涌水量大的地段,设截水管由衬砌背后引出,并导入蓄水池,避免与洞内施工污水汇合外排,可减少污水处理量,并可充分利用水资源,充实施工用水。

2)利用洞外自然沟壑地形,设置渗水处理设施。对地形条件十分困难的地区,采用平流斜板一级处理池。

3)混凝土搅拌站不得设在饮用水源地保护区内或其他禁止排入的区域。搅拌站的排水、混凝土养护水等含有害物质的废水,不得排入地表水Ⅰ~Ⅲ类水源地保护区。

4)施工废水经过沉淀等处理后方可排放,废水不得排入《地表水环境质量标准》(GB 3838—2002)中所规定的Ⅰ~Ⅲ类水域。排入其他水域时,必须符合相应的水质标准;不符合时要进行水质处理,并注意排放过程不应对田地、坡脚造成水毁。

(4)通风与防尘。

1)隧道施工坑道内氧气含量、有害气体浓度应符合国家卫生标准。坑道内气温不宜高于28 ℃,噪声不宜大于85 dB(A)。

2)承包人应将施工期间通风设计方案提交监理工程师批准,并须为每座隧道的掘进提供已批准的通风设施。风速和风量要求:全断面开挖(包括竖井)时应不小于0.15 m/s,坑道内应不小于0.25 m/s,但均不得大于6 m/s。供风量应保证每人供应新鲜空气不小于3 m³/min。

3)压入式进风管口或吸出式出风管口应设在洞外适当位置,并做成烟囱式,防止污染空气再回流入洞内。压入式通风管的出风口距工作面不宜大于15 m,吸出式通风管吸风口不宜大于5 m。采用混合式通风时,当一组风机向前移动,另一组风机的管路即相应接长,始终保持两组管道相邻端交错20~30 m。局部通风时,吸出式风管的出风口应引入主风流循环的回风流中。

4)通风机应装有保险装置,当发生故障时能自动停机。通风设备应有适当的备用数量,一般为计算能力的50%。通风系统应定期测试通风的风量、风速、风压,检查通风设备的供风能力和动力消耗。

5)如通风设备出现事故或洞内通风受阻,所有人员应及时撤离。在通风系统未恢复正常工作和经全面检查确认洞内已无有害气体以前,不得进入洞内。如风机假日停止运转,在假日过后进入隧道以前,风机应至少提前2 h启动,并要进行上述同样检查工作。

6)掘进工作中环保监理工程师或技术员应连续监测瓦斯,在其他时间内也需经常监测,以确保洞内工作安全,同时记录测试数据,随时提交监理工程师核查。在每班工作期间,应用手持式风速仪或能上能下托管风速量测计,对风道内的风量至少测一次;如有通风不足,应予记录并立即报告监理工程师。承包人应提供瓦斯浓度、缺氧及游离二氧化硅等检测试验所需的设备,还应为检测试验人员提供经批准使用的防毒面罩。

7)隧道施工必须采用机械通风。在进口和出口处设置消声器,施工场所的噪声不得超过 85 dB(A)。无论采用何种通风方式,通风管宜采用钢制可拆装的刚性管,也可用不可燃性材料制作的管。刚性管道节长宜不超过 6 m。

8)施工期间洞内任何部位和工作面处,空气中的有毒气体和可燃气体的浓度,都不超过国家卫生标准,并且任何汽油动力设备都不允许放在隧道内或在隧道内使用,任何情况下都不允许汽油运到洞内。

9)在隧道掘进或出渣期间,用沉积板或粉尘粒计数器在隧道开挖面附近测定粉尘含量,以制订相应的降低粉尘含量的措施。

控制粉尘产生,钻眼作业必须采用湿式凿岩,仅可在水源缺乏、容易冻结或岩石性质不适于湿式凿岩的地段采用带有捕尘设备的干式凿岩,但所采用的防尘措施不能达到规定的粉尘浓度标准时,严禁采用干式凿岩。

凿岩机在钻眼时,必须先送水后送风;放炮后必须进行喷雾、洒水;出渣前应用水淋湿全部石渣和附近岩壁;新鲜风流连续经过几个工作面时,在两个工作面间和混合式通风系统中两组风管交错的距离间,根据防尘效果,应适当增设喷雾器净化风流中的粉尘;施工人员应佩戴防尘面罩。

通过调整隧道供风的风速以排除粉尘,最佳的排尘风速宜通过现场试验认定。

五、取土、弃土场环境保护监理

公路工程尤其是山岭重丘区的公路工程,弃土(渣)量较大,降水及暴雨较多地区,弃土的冲刷程度也比较严重,因此要特别重视取土、弃土场的环境保护。

(1)取土、弃土(渣)场的选址,见"施工准备期环境监理"相关章节。

(2)在路侧选用田地取土时,取土厚度应在当地地下水位线以上至少 0.3 m,防止地下水出露,影响生态环境。

(3)禁止废渣、土石等向洞口、水体、山涧随意堆弃和无序倾倒。弃渣不得弃入或侵占耕地、渠道、河道、道路等场所,必须运至指定的弃渣场。

(4)为防止固体废弃物堆积体被冲蚀或易发生滑塌、崩塌,应贯彻"先挡后弃"原则,设置拦渣坝。拦渣工程选址、修建,应少占耕地,尽可能选择荒沟、荒滩、荒坡等地方。一般有土坝、干砌石坝、浆砌石坝等形式。土坝构造简单,便于施工,尤其在高速公路项目区,具有大型推筑、碾压设备,最适于修建土坝。

(5)弃渣应在指定范围内严格按照相关要求堆置。应整齐、稳定,不遗留陡坡、滑坡、塌方等隐患,并且排水通畅。河道不得弃渣。桥头弃土不得挤压桥墩、阻塞桥孔。

(6)取土、弃土(渣)场的边坡,都应在工程防护的基础上,尽可能创造条件恢复植被,特别是草灌植物的应用,尽力把工程措施和植物措施很好地结合起来。这不仅能控制水土流失,维护坡面稳定,而且对生态环境改善具有重要意义。

(7)在施工结束后,应对取土、弃土场进行修整、清理和生态恢复,包括复耕或绿化等,并必须有相应的水土保持措施。可按要求在地表覆盖熟土还耕或绿化,或与当地土地管理部门商议后,对取土坑进行改造,放缓边坡,使边坡稳定,或开发成水源、鱼塘。

六、排水工程施工环境保护监理

排水工程施工对环境保护的影响见表 7-12。

表 7-12　排水工程施工对环境保护的影响

序号	活动内容	潜在影响
1	挖掘机、装载机等	1. 噪声；2. 漏油；3. 扬尘；4. 有害气体
2	土石方运输	1. 沿路撒落；2. 随意丢弃
3	运输车辆	1. 噪声；2. 尾气；3. 扬尘
4	夯实机械	1. 噪声；2. 漏油；3. 有害气体
5	砂浆拌合机搅拌	1. 噪声；2. 砂浆外漏
6	砂浆喷射机	1. 噪声；2. 砂浆泄漏
7	清洗砂浆设备	水污染

排水工程包括地表排水和地下排水。

地表排水设施包括边沟、排水沟、跌水与急流槽、蒸发池、油水分离池、排水渠等，应结合地形和天然水系进行布设，并做好进出口的位置选择和处理，防止出现堵塞、溢流、渗漏、淤积、冲刷和冻结等现象。

地下排水设施包括暗沟(管)、渗沟、渗水隧洞、渗井、仰斜式排水孔、检查井等类型，应根据工程地质和水文地质条件确定，并与地表排水设施相协调。

(1)及时沟通排水系统，为邻近的土地所有者提供灌溉与排水用的临时管道。污水不得排入农田和污染自然水源，不得引起淤积和冲刷。

(2)截水沟设置在无弃土堆的情况下，截水沟的边缘离开挖方路基坡顶的距离视土质而定，以不影响边坡稳定为原则，如系一般土质至少应离开 5 m，对黄土地区不应小于 10 m 并进行防水渗加固，截水沟挖出的土，应运到指定地点。

(3)施工过程中应当采取措施，控制扬尘、噪声、振动、废水、固体废弃物等污染，防止或者减轻施工对水源、植被、景观等自然环境的破坏，改善、恢复施工场地周围的环境。无论何种原因，在没有得到有关管理部门同意的情况下，各类施工活动不应干扰河流、渠道或排水系统的自然流动。

(4)将弃土、弃渣于指定地点堆放，并采取防护措施，避免其被冲刷流入水体。

(5)该阶段施工场界噪声限值为昼间 70 dB(A)，夜间 55 dB(A)。

七、砌筑工程施工环境保护监理

砌筑工程施工对环境保护的影响见表 7-13。

表 7-13　砌筑工程施工对环境保护的影响

序号	活动内容	潜在影响
1	地基承载力和基础埋置深度	1. 冲刷；2. 墙体稳定
2	挖掘机、装载机等	1. 噪声；2. 漏油；3. 扬尘；4. 有害气体
3	土石方运输	1. 沿路撒落；2. 随意丢弃
4	运输车辆	1. 噪声；2. 尾气；3. 扬尘

续表

序号	活动内容	潜在影响
5	夯实机械	1. 噪声；2. 漏油；3. 有害气体
6	砂浆拌合机搅拌	1. 噪声；2. 砂浆外漏
7	砂浆喷射机	1. 噪声；2. 砂浆泄漏
8	清洗砂浆设备污水	水污染

挡土墙施工应综合考虑工程地质、水文地质、冲刷深度、荷载作用情况、环境条件和施工条件，结合路基施工进度，同步实施。应采用合理施工方法，尽量减少对环境和相邻路基段的不利影响。

(1)建设施工过程中，应当采取措施，控制扬尘、噪声、振动、废水、固体废弃物等污染，防止或者减轻施工对水源、植被、景观等自然环境的破坏，改善、恢复施工场地周围的环境。

(2)根据水土保持方案，检查水土保持措施的落实情况。

(3)将弃土、弃渣于指定地点堆放，并采取防护措施，避免其流入水体。

(4)该阶段施工场界噪声限值为昼间 70 dB(A)，夜间 55 dB(A)。

八、交通安全设施工程施工环境保护监理

交通安全设施工程施工对环境的影响见表 7-14。

表 7-14 交通安全设施工程施工对环境的影响

序号	活动内容	潜在影响
1	拌合站	1. 扬尘；2. 废水；3. 噪声
2	预制场	1. 废水；2. 噪声
3	基础工程	1. 噪声；2. 扬尘；3. 废弃物处置；4. 有害气体
4	焊接	1. 有害气体；2. 废弃物处置；3. 光辐射
5	油漆和表面处理	1. 有害气体；2. 废弃物处置

交通安全设施包括护栏、隔离栅、道路交通标志、道路交通标线、防眩设施等。

(1)拌合站、预制场、基础工程的防治措施同前文。

(2)外购材料应提供生产商的环保达标证明材料，并经环保监理工程师认可。

(3)防撞护栏打设施工时应防止打桩机械油泄漏造成污染，合理安排施工时间，减少噪声对周边的影响。

(4)焊接的废弃物，如电焊渣、废弃的焊材，应收集处理。

(5)油漆应妥善存放和使用，避免滴、漏，影响水体和土壤。油漆包装物应统一收集处理，不应随意抛弃。

(6)道路标线施工时应制订环境保护措施，防止标线材料在运输和使用中泄漏，污染水体；突起路标和轮廓标施工时，应防止黏合剂的泄漏和污染。

九、环境保护工程监理

交通建设的环境保护工程是主体工程的一部分，是以环境保护为主要目的，进而达到保护、恢复或优化各类环境因子效果的单项工程。环境保护工程的验收，不仅是土木工程质量的验收，

还是环境保护效果的验收,需要进行环境监测,这是环保工程与一般的土木工程的不同之处。

交通环境保护工程,按工程内容可分为以下五大类:

(1)生态环境治理、恢复与优化工程。陆域范围主要包括控制生态环境破坏的拦渣工程和治理工程、临时迹地恢复工程、绿化和景观美化工程、特殊坡面绿化工程等;水域范围主要包括海洋生物人工放流增殖工程、人工鱼礁建设、海岸带湿地的生物恢复工程等。

(2)交通噪声控制工程。交通噪声控制工程主要包括各类声屏障工程、隔声窗工程等。

(3)水污染和环境风险控制工程。水污染和环境风险控制工程主要包括各类污水处理工程、路面和桥面径流的危险化学品环境风险控制工程等。

(4)环境空气污染控制工程等。环境空气污染控制工程主要包括工地扬尘控制,烟尘排放净化设施,煤、矿石和其他杂货码头港口防尘控制工程等。

(5)固体废物污染控制工程。固体废物污染控制工程主要包括固体垃圾和废物收集工程、垃圾处置工程等。

环保工程作为公路工程的附属工程,不仅要满足设计和规范要求,还要满足施工过程中的环境保护要求;另外,还需要达到环境保护效果的要求。环保工程监理的工作内容与主体工程施工监理相一致,其工程性质符合主体工程的特点,可按公路主体工程要求进行监理。

第四节 交工验收与缺陷责任期阶段环境保护监理

公路工程交工验收与缺陷责任期的施工环境保护监理工作包括交工验收环境保护监理、缺陷责任期环境保护监理和竣工环境保护验收监理。

一、交工验收环境保护监理

交工验收环境保护监理的主要任务是检查施工合同约定的环境保护各项内容的完成情况,指出遗留的环境保护问题,监督其整改。

1. 交工验收环境保护监理工作内容

(1)组织交工验收前的环境保护工作内容初验。

1)检查便道、便桥、临时码头、临时驻地、预制场、取土场、弃土(渣)场、拌合站、泥浆池、化粪池等所有临时工程和临时设施的清理情况及环境恢复措施的实施情况,以及生活和建筑垃圾的清理和处置情况。

2)检查边坡整治、排水设施完善的完成情况。

3)检查全线绿化工程等生态恢复措施落实情况。

4)检查施工、监理单位环境保护资料的完整性。

5)检查合同约定的其他各项环境保护目标和措施的完成情况。

(2)整理环境监理资料并归档。

(3)参加交工验收,并接受对环境保护监理资料、环境保护监理工作报告的检查。

2. 施工单位应具备的环境保护资料

(1)施工临时用地总平面布置图、各临时用地占地面积及用途、临时用地的清场、整平和恢复情况。施工期污水排放平面图及主要处理措施。

(2)施工期环境保护措施与管理制度,包括生活区、办公区、临时用地、拌和设备、施工现场、取土场、弃土场及船舶等机械设备等的环境保护措施与管理制度。

(3)施工环境保护措施执行效果的自查记录、监测记录及整改措施等。
(4)环境保护月报。
(5)与监理单位往来的环境方面文件,包括环境监理整改通知及回复单、环境保护监理检查报告表、环保事故报告表等。
(6)环境恢复记录,主要包括:
1)各临时占地初始的地形地貌、地表植被等自然特征的文字描述和影像记录。
2)便道、便桥、临时码头、临时用房、预制场、取土场、弃土(渣)场、拌合站、泥浆池、化粪池等所有临时工程和临时设施的清理和环境恢复的文字和影像记录。
3)边坡整治、绿化工程等生态恢复措施及取土造地等生态补偿措施相关资料。
(7)相关主管部门要求的其他资料。

3. 监理单位应具备的环境保护监理资料

监理单位在交工前应整理好关于施工期环境保护的有关资料,一般应包括以下内容:
(1)环境保护监理计划(规划)。
(2)环境保护监理细则。
(3)环境保护监理所建立的施工标段的环境管理台账及环境检查记录。
(4)环境保护监理所发整改通知单及施工单位回复单、因环境保护问题签发的指令等。
(5)与建设单位、施工单位、设计单位往来的环境保护文件。
(6)与环境保护有关的会议记录和纪要。
(7)环境保护监理月报。
(8)环境保护监理工作总结。
(9)相关主管部门要求的其他资料。

二、缺陷责任期环境保护监理

1. 缺陷责任期内环境保护监理的工作内容

(1)定期检查环境保护遗留问题(环保、水保等)整改措施实施情况。
(2)对项目环境保护设施工程施工进行现场监理,并对环境保护设施运行情况进行检查;如不能达到环评报告书中的相关要求,及时督促其整改。
(3)督促各施工、监理单位完成施工环境保护竣工资料的整理、归档,编写施工环境保护监理工作总结报告。

2. 协助竣工环境保护验收

(1)对需要进行环保、水保单项验收的项目,环境监理应做好验收前的初验工作,并应协助建设单位做好组织验收工作。

协助建设单位编制建设项目竣工环境保护验收申请报告等有关资料,并协助向有审批权的环境保护行政主管部门,办理申请建设项目竣工环境保护验收的有关事项。

协助建设单位编制水土保持方案实施工作总结报告等有关资料,并协助向审批该水土保持方案的机关,办理申请水土保持设施验收的有关事项。

(2)参加项目的水保、环保及工程竣工验收,并完成竣工验收小组交办的工作。
(3)竣工环境保护验收资料及时归档。

三、竣工环境保护验收监理

交通建设项目竣工环境保护验收是指交通建设项目竣工后,环境保护行政主管部门依据《建设项目竣工环境保护验收管理办法》，根据环境保护验收监测或调查结果，并通过现场检查等手段，考核该交通建设项目是否达到环境保护要求的活动。

建设项目竣工后，需要进行试生产或试运行的建设项目，首先向环境保护行政主管部门申请试生产、试运行；在试生产、试运行的3个月内，建设单位向环境保护行政主管部门提出竣工环境保护验收申请，并提交下列材料：

(1)《建设项目竣工环境保护执行报告》，由建设单位自行编制。

(2)《建设项目竣工环境保护验收申请报告》或《建设项目竣工环境保护验收申请表》《建设项目竣工环境保护验收登记卡》。申请报告或申请表并附环境保护验收调查报告或调查表，其编制单位为建设单位委托的、经环境保护行政主管单位批准且有相应资质的环境监测站或环境影响评价单位，与原承担该项目环境影响评价的单位不得同时承担。

其中，环境保护验收监测或调查报告内容包括：

1)环境保护管理检查；

2)环境保护设施运行效果测试；

3)污染物达标排放监测；

4)环境保护敏感点环境质量的监测；

5)生态调查。

交通建设项目的建设单位、设计单位、施工单位、监理单位、环境影响报告书(表)编制单位、环境保护验收调查报告(表)的编制单位应当参与验收。验收内容包括：

(1)与交通建设项目有关的各项环境保护设施，包括为防治污染和保护环境所建成或配备的工程、设备、设施和监测手段，各项生态环境保护设施；与交通建设项目有关的各项水保设施。

(2)环境影响评价文件和有关项目设计文件规定应采取的其他各项环境保护措施；水土保持文件和有关项目设计文件规定应采取的各项水土保持措施。

环保设施竣工验收，应当与主体工程竣工验收同时进行。对填报建设项目竣工验收登记卡的建设项目，环境保护行政主管部门经过核查后，可直接在环境保护验收登记卡上签署意见，做出批准决定。

项目水土保持工程设施验收应有水土行政主管部门水土保持监督管理机构参加，并签署意见。

工程实例

青藏铁路保护"亚洲水塔"不受污染

为了保护好青藏高原上江河源头的生态环境，青藏铁路在建设过程中克服各种环保难题，采取各种措施保护"亚洲水塔"不受污染。

平均海拔4 000 m以上的青藏高原上分布着由冰川形成的众多天然固体水库，成为长江、黄河、澜沧江等数十条江河的主要补给水源，也是维系整个江河流域水资源平衡的调节器，对亚洲乃至世界的水量平衡以及气候变化起着巨大的调控作用，因此，人们形象地称其为"亚洲水塔"。

如何保护江河水系成为青藏铁路建设面临的巨大难题。青藏铁路建设总指挥部总指挥长卢春房说："青藏铁路将三江源(指长江、黄河、澜沧江)、错那湖等作为重点，同时加大对植被、野生动物、湿地和自然保护区的保护力度。"

在长江源特大桥施工中，建设单位将施工中产生的泥浆进行严格的二次沉淀处理，严禁将泥浆直接排入河中；沉淀池析出的水用于路基施工和便道洒水。

错那湖是怒江的发源地之一,也是青藏铁路环保重点控制区。在错那湖边,建设者用沙袋垒起的"环保长城"将施工现场与湖水隔离。建设单位还制定了"苛刻"的规定:任何单位和人员不准向湖水排放污水和垃圾,违反者立即下岗。

美丽的藏北草原是青藏铁路全线沼泽湿地最丰富的地段,建设者们为了保护湿地,在建设路基时采取土工隔栅的环保新工艺,有效地减少占地面积。兰州青藏铁路工程指挥部副指挥长李荣和说:"我们采取土工隔栅措施减少占地面积 20 亩,但增加投资达 2 000 万元,这在铁路建设史上是没有先例的。"

香港妇人逼停港珠澳大桥建设不为私利

全长近 50 km、工程造价逾 700 亿港元的港珠澳大桥,竟被一位家住香港东涌的 66 岁老太,通过法律途径挡住建设步伐,计划 2016 年通车的港珠澳大桥香港段工程或许无法如期完工。

香港东涌 66 岁的老太朱绮华 2010 年通过法律援助,向香港高等法院申请司法复核,要求推翻环保署 2009 年 10 月通过的港珠澳大桥香港口岸段及香港接线段的两份环评报告。朱绮华在司法复核中指出,环保署署长批准港珠澳大桥的两份环评报告,没有评估臭氧、二氧化硫及悬浮微粒的影响,是不合理的也是不合法的,因而要求推翻有关决定。2011 年 3 月,司法复核在香港高等法院开庭进行。2011 年 4 月 18 日下午,香港高院正式裁定港珠澳大桥香港段环评报告不合规格,要求环保署署长撤销环境许可证。

法官的判词指出:环保署长批核的环评报告,欠缺关于空气质素的独立评估,未能符合港珠澳大桥研究概要及技术备忘录的要求。有关环评报告只提出兴建两段道路后对空气造成的影响,而对于不兴建两段路的空气情况则没有给出数据,所以报告缺乏判断基础。

朱绮华的代理律师之一黄鹤鸣强调,理解港珠澳大桥对三地经济发展和区域融合的重要性,"但政府不应因为经济利益和加速区域融合,而放弃行之有效的监督机制,比如通过环境评估保护生态和公众利益。"黄鹤鸣指出,司法复核和法律援助的机制,让小市民获得伸张正义的机会,这正是香港司法机构的价值所在。

据估计由于大桥香港段迟迟未能动工,预计工程造价将上涨 5%。即使当局放弃上诉补做环评,亦需半年至两年时间,2016 年通车无望。造价也提升 30% 至 40%,单计大桥主体工程,港方或因而多付 68.2 亿至 91.1 亿港元。

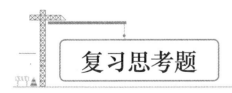

复习思考题

1. 施工环境保护监理的主要任务是什么?
2. 公路施工对环境的影响因素有哪些?
3. 公路施工环境保护监理的依据有哪些?
4. 施工准备阶段的环境保护监理工作内容是什么?
5. 路基工程施工环境保护监理工作内容是什么?
6. 路面工程施工环境保护监理工作内容是什么?
7. 桥涵工程施工环境保护监理工作内容是什么?

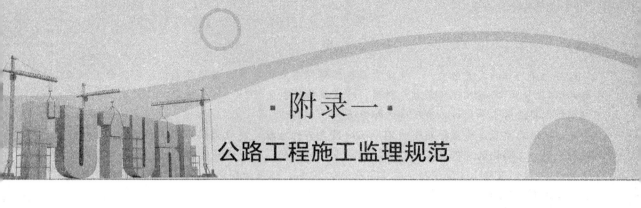

附录一
公路工程施工监理规范

中华人民共和国交通运输部公告
第37号
交通运输部关于发布《公路工程施工监理规范》的公告

现发布《公路工程施工监理规范》(JTG G10—2016),作为公路工程行业标准,自2016年10月1日起施行,原《公路工程施工监理规范》(JTG G10—2006)同时废止。

《公路工程施工监理规范》(JTG G10—2016)的管理权和解释权归交通运输部,日常解释及管理工作由主编单位北京市道路工程质量监督站负责。

请各有关单位注意在实践中总结经验,及时将发现的问题和修改建议函告北京市道路工程质量监督站(地址:北京市丰台区潘家庙222号,邮政编码:100076),以便修订时研用。

特此公告

中华人民共和国交通运输部
2016年7月22日

1 总则

1.0.1 为规范公路工程施工监理,提高工程建设管理水平,制定本规范。

1.0.2 本规范适用于公路新建和改扩建工程监理。

1.0.3 公路工程监理的主要依据应包括:
1 有关法律法规、技术标准。
2 监理合同。
3 施工合同、工程设计文件等。

1.0.4 监理合同中应明确各方的职责和权限,应避免责权不清或交叉。自行监理的亦应以文件形式明确监理机构及其职责和权限。

1.0.5 公路工程监理工作应遵循公正、科学、诚信、自律的原则。

1.0.6 公路工程监理除应符合本规范的规定外,尚应符合国家和行业现行有关标准的规定。

2 术语

2.0.1 监理
监理机构及人员对公路工程施工质量、安全、环保、费用和进度等实施的监督管理及咨询服务活动。

2.0.2 监理机构

在项目现场设立的履行监理职责的组织,包括总监理工程师办公室(简称总监办)及驻地监理工程师办公室(简称驻地办)。

2.0.3 监理人员

从事项目监理工作的专业技术人员。

2.0.4 监理工程师

具备公路工程监理工程师资格、从事项目监理工作的人员。

2.0.5 总监理工程师

具备公路工程监理工程师资格,负责全面履行项目监理职责的管理者,简称总监。

2.0.6 驻地监理工程师

具备公路工程监理工程师资格,经总监授权,负责履行驻地办监理职责的管理者。

2.0.7 监理计划

由总监主持编制、开展监理工作的指导性文件。

2.0.8 监理细则

根据监理计划,针对技术复杂、专业性较强的工程或某一方面监理工作编制的操作性文件。

2.0.9 巡视

监理工程师对施工现场进行的定期或不定期的巡回检查活动。

2.0.10 旁站

监理人员对旁站项目的施工过程进行的现场监督活动。

2.0.11 抽检

监理机构按规定的项目和频率对工程材料或实体质量进行的平行或随机检验活动。

2.0.12 检测见证

监理人员对施工单位关键项目检测过程进行的现场监督活动。

2.0.13 监理日志

监理机构每日对监理工作及施工情况所做的记录。

3 基本规定

3.0.1 监理机构应依法按照合同约定的职责和权限,代表建设单位对公路工程施工质量、安全、环保、费用和进度等实施监理。公路工程监理应实行总监负责制。

3.0.2 建设单位应严格执行公路工程质量管理、安全生产、环境保护等法律法规,提供合法、规范、有序的监理工作环境。

3.0.3 监理机构设置应符合下列规定:

1 公路工程项目监理均应设总监办,100 km 以上的高速公路、一级公路工程可设驻地办。当不设驻地办时,总监办应同时履行本规范规定的驻地办职责。

2 监理机构内部的组织和规模可根据工程特点和规模等因素确定。

3 监理机构完成监理合同约定的任务后可撤离现场。

3.0.4 监理人员配备应符合下列规定:

1 监理机构中监理人员应由总监、监理工程师、试验检测人员和必要的监理员等组成。

2 监理人员的数量和专业结构,应根据监理内容、工程规模、合同工期和施工阶段等因素,按保证有效监理的原则确定。

3 高速公路、一级公路等宜按每年每 7 500 万元建安费配备监理工程师 1 名,并可根据工程特点和实际需要在 0.8～1.2 系数范围内调整。

4 遇重大工程变更等情况,应经建设单位同意后调整监理人员配备,并签订补充协议。

5 监理单位变更总监或监理工程师时,应经建设单位书面同意。

3.0.5 总监及总监办应履行下列主要职责:

1 确定监理机构岗位职责及人员,建立工地试验室。
2 主持编制监理计划,审批监理细则。
3 主持召开第一次工地会议、监理交底会。
4 审批施工组织设计及总体进度计划,审验主要原材料和混合料。
5 签发工程开工令、支付证书、单位工程和合同段的停工令及复工令。
6 组织检查施工单位质量、安全和环保等管理体系的建立及运行情况。
7 审查交工验收申请,评定工程质量,参加交、竣工验收。
8 审核工程分包、工程变更、工程延期和费用索赔等。
9 参与或配合工程质量、安全事故的调查和处理。
10 组织编写监理月报和监理工作报告,编制监理竣工资料。
11 提供建设单位委托的其他工程管理咨询服务。

3.0.6 驻地监理工程师及驻地办应履行下列职责:

1 主持编制监理细则。
2 主持召开工地会议。
3 审批月进度计划,审查一般原材料和混合料。
4 审批分部分项工程开工申请,签发分部分项工程停工令及复工令。
5 核查施工单位测量、施工放线成果并进行复测。
6 采取巡视、旁站、抽检和验收等方式,检查施工质量、安全和环保等情况。
7 组织分项工程(中间)交工质量检验评定,进行分部工程质量评定。
8 核算工程量清单,对已完工程进行计量。
9 组织填写监理日志,编写监理工作报告,归集监理资料。

3.0.7 监理机构在监理过程中发现施工存在质量问题或安全事故隐患的,应要求施工单位整改,未整改或整改不合格的不得进行下一道工序施工,不得进行计量支付。施工单位拒不整改的,监理机构应及时向建设单位或监管部门报告。

3.0.8 公路工程监理宜实行信息化管理。

3.0.9 公路工程监理应根据工程管理过程划分为下列三个阶段:

1 监理合同签订之日至工程开工令确定的开工之日为施工准备阶段。
2 工程开工之日至工程交工验收申请受理之日为施工阶段。
3 工程交工验收申请受理之日至缺陷责任终止证书签发之日为验收与缺陷责任期阶段。

4 施工准备阶段监理

4.1 监理准备工作

4.1.1 监理计划应由总监主持编制,经监理单位审核后报建设单位批准。当工程监理实施情况发生重大变化时,监理计划应及时修订。监理计划应包括下列主要内容:

1 工程概况。
2 监理工作的依据、范围、内容和目标。

3 监理机构的组织形式，监理人员岗位职责，监理人员和设备配备及进退场计划。
4 监理工作制度、监理程序及工作用表。
5 工程质量、安全、环保、费用和进度等监理工作方案，应明确巡视、旁站、抽检和验收等具体计划要求。
6 合同事项管理和信息管理工作方案。
7 监理设施等。

4.1.2 对技术复杂、专业性较强的分部分项工程，尚应编制专项监理细则，并报总监审批。监理过程中，监理细则应根据工程实际变化情况进行补充、修改。监理细则应包括下列主要内容：
1 工程内容和特点。
2 监理工作流程。
3 监理工作要点。
4 监理工作方法和措施。
5 巡视、旁站和抽检等计划。

4.1.3 监理机构应组织监理人员熟悉有关技术标准、合同文件、监理计划和工程设计文件。当发现施工图设计文件有差错时，应及时书面通知建设单位。

4.1.4 监理工程师应现场了解、核查施工环境和条件。

4.1.5 监理机构应按规定填写工程质量责任登记表，如实登记监理人员。

4.1.6 监理机构应按合同约定配备必要的试验检测仪器设备，建立工地试验室。

4.1.7 建设单位应按合同约定提供监理必要的工作、生活等设施。

4.2 监理工作

4.2.1 总监应对施工单位报审的施工组织设计进行审查，并在规定期限内批复。审查应包括下列基本内容：
1 施工组织设计的编审程序。
2 质量、安全、环保、进度和费用等目标。
3 技术、质量、安全和环保等保证体系。
4 安全技术措施、专项施工方案和施工现场临时用电方案。
5 桥梁和隧道施工安全风险评估的工程项目清单。
6 施工人员、资金、主要材料和机械设备等资源供应计划。
7 施工总平面布置、交通导改方案、事故应急救援预案。

4.2.2 总监办应审核施工单位提交的单位、分部、分项工程划分，并报建设单位。

4.2.3 监理机构应对施工单位的工程质量责任登记表进行初审，对施工单位的技术、质量、安全和环保等保证体系建立情况进行检查。

4.2.4 监理机构应核查施工单位工地试验室的人员、仪器设备和试验检测能力是否满足施工合同要求及工程施工管理需要，管理制度是否健全。

4.2.5 监理工程师应参加设计交底，掌握工程设计意图、设计标准和要点，了解对施工质量、安全和环保控制的要求，澄清有关问题。

4.2.6 监理工程师应参加工程交桩，对施工单位提交的原始基准点的复测结果进行核查和平行复测，监督施工单位在原始地面线未被扰动前测定地面线并对其测定结果进行必要的抽测，对工程量清单复核结果及土石方工程量计算资料进行核查。

4.2.7 总监应在施工单位完成施工准备、提交开工预付款担保后，按施工合同约定的金额签署开工预付款支付证书，报建设单位审批。

4.2.8 总监应在合同段开工前主持召开由施工单位项目经理和技术、质量、安全负责人、工地试验室负责人，其他主要管理人员及主要监理人员等参加的监理交底会，介绍监理计划的相关内容。

4.2.9 总监应主持召开第一次工地会议。会议内容和组织应符合本规范第8.2节的有关规定。

4.2.10 总监办收到施工单位提交的合同段开工申请后，应对合同段的开工条件进行核查。具备开工条件的，总监应签发开工令，并报建设单位。

5 施工阶段监理

5.1 一般规定

5.1.1 监理机构应对施工单位提交的分部工程及主要分项工程开工申请进行审查，并在规定期限内批复。审查应包括下列基本内容：

1 施工方案及主要施工工艺控制要点等是否符合有关技术标准。
2 技术、质量和安全管理人员及主要操作人员等的配备是否满足施工合同要求和施工需要。

5.1.2 在施工过程中，监理机构应对施工单位主体责任落实情况、施工合同执行情况和质量安全等保证体系运行情况进行监督检查。

5.1.3 监理工程师应采取以巡视为主的方式进行施工现场监理，按计划定期或不定期巡视施工现场，对施工的主要工程每天不少于1次，并填写巡视记录(格式见附录B-08)。巡视应包括下列主要内容：

1 施工现场管理人员特别是质量、安全管理人员是否到位，特种作业人员是否持证上岗。
2 使用的原材料或混合料、构配件和主要施工机械设备是否与批准的一致。
3 是否按技术标准、工程设计文件、批准的施工组织设计和方案施工。
4 质量、安全、环保和施工标准化等措施是否落实，施工自检和工序交接是否符合规定。

5.1.4 监理机构应安排监理人员对附录A所列旁站项目的施工过程进行旁站，对主要工程的关键项目进行检测见证，并填写旁站记录(格式见附录B-09)，签认检测见证结果。

5.2 质量监理

5.2.1 监理工程师应审查施工单位提交的施工测量放线数据和成果，对从基准点引出的工程控制桩的重点桩位应复测不少于30%，经复测不符合规定时应要求其重新测设。

5.2.2 监理机构应审查施工单位报审的原材料和混合料试验资料，对主要原材料独立取样进行平行试验，对主要混合料的配合比和路基填料的击实试验结果进行验证，审验合格、经批复后方可在工程上使用。

5.2.3 监理机构应在施工单位自检合格的基础上按下列规定进行抽检，并填写抽检记录：

1 对钢筋、水泥、沥青、石灰和碎石等原材料及水泥混凝土、沥青混合料和无机结合料稳定材料等混合料，抽检频率按批次应不低于规定施工检验频率的10%。
2 对分项工程中的关键项目和结构主要尺寸，抽检频率应不低于规定施工检验频率的20%。
3 当监理工程师对工程材料或实体质量有疑问时，应进行抽检。

5.2.4 对施工单位外部采购和委托制作的主要工程构配件或设备，监理工程师应核查产品合格证明文件和施工单位自检报告，进场后对关键项目进行抽检，验收合格后方可使用。对在施工现场不具备检测条件的，监理工程师应按合同约定到厂监督检验。

5.2.5 监理工程师应对施工单位报验的隐蔽工程进行检查验收、留存影像资料，未经验收或验收不合格的不得进行下一道工序施工。

5.2.6 驻地办在收到分项工程交工或中间交工验收申请后,应对施工单位的检验评定资料进行检查,组织施工单位在监理抽检、检测见证和隐蔽工程验收基础上进行质量评定,对评定合格的签发《分项工程(中间)交工证书》。同一个分项工程中间验收不宜超过2次。

5.2.7 驻地办应及时对已完分部工程进行质量检验评定,总监办应及时组织对单位工程和合同段进行质量评定。

5.2.8 监理机构在监理过程中发现施工不符合法律法规、技术标准及施工合同约定的,应要求施工单位改正,并应符合下列规定:

1 质量不合格的材料、构配件不得在工程上使用。
2 对工程质量缺陷,监理机构应签发监理指令单(格式见附录B-03),要求施工单位整改。
3 对质量不合格的工程,监理机构应签发监理指令单,要求施工单位返工处理。
4 对可能危及结构安全或存在重大隐患的质量问题,应签发停工令并向建设单位报告。
5 当发生质量事故时,监理机构应依法按有关规定报告和处理。
6 监理机构应建立质量问题处理台账。

5.3 安全监理

5.3.1 监理机构应确定主要安全监理人员并明确其岗位职责、监理内容等。

5.3.2 安全监理工程师应审查施工组织设计中的安全技术措施或专项施工方案是否符合工程建设强制性标准,应同时审查应急预案、桥梁和隧道等施工安全风险评估报告。对危险性较大工程的专项施工方案中需专家论证、审查的,应检查施工单位组织专家论证、审查的情况。

5.3.3 监理机构应检查施工单位安全生产责任制、安全生产规章制度的建立和落实情况,以及重大危险源安全管理和生产安全事故隐患排查治理情况;应核查施工单位项目负责人、专职安全生产管理人员和特种作业人员的资格,以及施工机械设备和设施的安全许可验收手续。

5.3.4 监理机构应检查施工单位危险性较大工程的专项施工方案的实施情况。发现未按专项施工方案实施时,应签发监理指令单,要求施工单位整改。

5.3.5 监理机构在监理过程中发现存在安全事故隐患的,应要求施工单位整改;情况严重的,应要求施工单位停止施工,并及时报告建设单位。施工单位拒不整改或者不停止施工的,监理机构应及时向有关监管部门报告。

5.3.6 分项工程交验时,安全事故的现场处理未完成的,不得签发《分项工程(中间)交工证书》。

5.3.7 监理机构应由专人负责建立安全监理台账,及时记录安全专项检查和巡视、旁站中涉及施工安全管理的情况、存在问题、监理指令及施工单位处理情况等。

5.4 环保监理

5.4.1 监理工程师应审查施工组织设计中是否按施工合同约定制定了防止、减少环境污染和生态破坏的措施。

5.4.2 监理人员应检查施工单位环保措施的落实情况,包括下列主要内容:

1 是否落实了施工环保责任人,是否对施工人员进行了环保教育。
2 施工场地布设、材料堆场设置和公路废旧材料处理是否符合环保要求。
3 施工通道、临时便道、料场等在干燥易扬尘时是否洒水降尘。
4 施工废渣、废料、废水和生活垃圾等的处置是否符合设计要求。
5 是否落实水土保持措施,是否在拟定的取弃土场作业,取弃土完工后是否进行了防护和植被恢复。

5.4.3 监理工程师应检查施工单位是否依法取得树木砍伐许可,并按许可面积或数量进行砍伐；应督促施工单位依法保护植被、水域和自然景观。

5.4.4 监理机构在监理过程中发现施工违反有关环保法律法规、未按合同要求落实环保措施的，应要求施工单位整改；情况严重的，应签发停工令要求施工单位停工，并向建设单位报告。

5.5 费用监理

5.5.1 监理机构应以质量合格、手续齐全且符合结构安全和环保要求作为计量支付的先决条件。未经总监批准不得支付。

5.5.2 监理机构在按合同约定进行计量、支付时，计量、支付项目应不重、不漏，数量应准确。

5.5.3 监理机构收到施工单位计量申请后应按下列规定及时进行计量：

1 应根据施工合同约定、核定的工程量清单和签发的《分项工程（中间）交工证书》等进行计量，确定实际完成的工作量。

2 对路基基底处理、结构物基础基底处理等有争议需要现场确认的项目，应会同建设、设计、施工等单位现场计量确定。

5.5.4 监理机构收到施工单位提交的工程支付申请后，应按合同约定进行复核，经总监审核后签发支付证书，并报建设单位。

5.5.5 监理机构应建立计量支付台账，按月对计量支付数量与计划数量进行比较分析，发现明显差异时应提出调整建议，并报建设单位。

5.6 进度监理

5.6.1 进度监理应在保证工程质量和安全的基础上以监督施工单位进度计划控制为主线进行。

5.6.2 监理机构应审批施工单位提交的进度计划，总体进度计划应由总监审批，月进度计划等应由驻地监理工程师审批并报总监办。审查施工进度计划应包括下列内容：

1 是否符合施工合同工期管理约定，阶段性施工进度计划是否满足总体进度目标控制要求。

2 主要工程项目是否有遗漏，劳动力、材料、机械设备等是否满足进度需要。

3 是否适合建设单位提供的资金、施工场地等条件。

5.6.3 监理机构应检查施工进度计划的执行情况，按月通过实际进度与计划进度的比较进行分析评价，主要结论应写入监理月报。

5.6.4 进度计划调整应符合下列规定：

1 对总体进度起控制作用的分项工程的实际进度严重滞后时，监理机构应签发监理指令单，要求施工单位采取措施保证工程进度，并向建设单位报告工期延误风险。需要调整进度计划的应重新审批。

2 由于施工单位原因造成工程进度延误，且在监理机构签发监理指令后未有明显改进、工程在合同工期内难以完成的，监理机构应及时向建设单位报告，并按合同约定处理。

3 建设单位或施工单位提出工程进度重大调整时，应按合同或签订的补充合同执行。

5.7 机电工程监理

5.7.1 机电工程监理除应按本章第5.1～5.6节的有关规定执行外，尚应按本节规定进行软件开发、系统功能测试及试运行期的监理。

5.7.2 监理机构应审核施工单位提交的应用软件测试大纲，测试合格后方可上线正式运行。

5.7.3 监理工程师应审核施工单位提交的系统测试大纲。施工单位完成自测并提交自测报告后，应由监理工程师主持现场系统检验测试并对各项指标是否合格进行评定。

5.7.4 在试运行期，监理工程师应巡视检查各系统的试运行情况，重点检查系统工作状况和试运行人员的值班记录，对发现的问题要求施工单位及时整改。监理工程师应核查施工单位提供的备品、备件及专用工具的数量、质量是否满足合同要求。

6 验收与缺陷责任期阶段监理

6.0.1 监理机构应按规定审查施工单位提出的合同段交工验收申请、审核施工单位编制的竣工图，应根据监理工作情况及工程质量评定结果，对是否同意交工验收进行审查并签署意见。

6.0.2 监理机构应按工程验收办法等规定完成合同段工程质量评定、归集整理工程监理资料、编写监理工作报告，并提交建设单位。

6.0.3 监理机构应参加交工验收工作，协助建设单位检查施工合同执行，并接受对监理合同执行情况的检查。

6.0.4 合同段交工验收证书签发后，监理机构应审核施工单位提交的合同段交工结账单，并在规定期限内签认合同段交工结账证书，报建设单位审批。

6.0.5 在缺陷责任期，监理机构应检查施工单位遗留问题整改情况；应检查工程质量，对工程质量缺陷要求施工单位修复，并调查缺陷产生的原因，确认责任和修复费用。

6.0.6 在合同段缺陷责任期结束、收到施工单位向建设单位提交的终止缺陷责任申请后，监理机构应进行审查。对符合合同约定的，总监办应在规定期限内签发合同段缺陷责任终止证书，并向建设单位提交缺陷责任期监理工作总结。

6.0.7 监理机构应参加竣工验收工作，提交监理工作报告和工程监理资料，配合竣工验收检查。

7 合同事项管理

7.0.1 总监办应依法按规定对工程分包计划和合同进行审查，同意后报建设单位审批。在监理过程中发现有转包、违法分包时，应要求施工单位纠正并报建设单位。

7.0.2 监理机构在监理过程中应按施工合同检查施工单位人员履约情况，重点检查项目经理、技术负责人、工地试验室负责人及质量、安全和环保等现场管理人员到岗情况；应检查进场的施工机械设备是否符合施工合同约定，主要施工机械设备是否满足施工质量、安全和进度等要求。

7.0.3 监理机构应按下列规定处理工程停工及复工：

1 监理机构签发停工令时，应根据停工原因的影响范围和程度，明确停工范围、期限及停工期间施工单位应做的工作等，并报建设单位。

2 因施工单位原因停工时，监理机构应对施工单位的停工整改过程和结果进行检查、验收。

3 监理机构应审查施工单位的复工申请，当具备复工条件时签发复工令，并报建设单位。

7.0.4 监理机构应按下列规定处理工程变更：

1 监理机构应按权限审核、办理施工单位提出的工程变更申请。

2 对涉及修改工程设计文件的工程变更，应报建设单位组织处理。

3 监理机构可向建设单位提出工程设计变更的建议。

4 监理机构可对建设单位要求的工程变更提出意见。

5 由于工程变更发生的费用变化应按施工合同约定执行。

7.0.5 总监办应对符合施工合同约定的延期意向或事件进行现场调查，并应在施工单位提出工程延期申请后，对延期原因和拟采取措施等进行审核并报建设单位。

7.0.6 总监办应受理施工单位提交的费用索赔意向通知书，收集整理与索赔有关的资料，对索赔原因、费用测算等进行审核，编制费用索赔审核意见报告报建设单位。建设单位因施工单位原因造成损失提出索赔，宜征求总监办的意见。

7.0.7 监理机构应按合同约定核定价格调整和计日工。

7.0.8 发生违约事件时，总监办应按规定进行调查分析、评估损失，提出处理意见。

7.0.9 总监办在处理争端时，应调查、收集相关资料，提出处理方案并进行协调。在施工合同争议仲裁或诉讼过程中，监理机构应按仲裁机关或法院要求配合调查取证。

7.0.10 施工合同解除时，总监办应根据合同约定，与建设单位及施工单位协商确定施工单位应得款项或偿还建设单位款项，签发工程结账证书。

8 监理工地会议

8.1 一般规定

8.1.1 监理工地会议根据召开时间、会议内容及参加人员等，可分为第一次工地会议、工地例会和专题会议等。工地例会及专题会议可采用视频会议形式。

8.1.2 监理机构应做好会议记录，会议纪要应由各参加单位签认。会议决定执行的有关事项，应按规定的监理程序办理。

8.2 第一次工地会议

8.2.1 第一次工地会议应按下列规定组织：

1 会议应在工程正式开工前召开。

2 会议应由总监主持。

3 总监办应事先将会议议程及有关事项通知建设单位、施工单位及其他有关单位并做好会议准备，宜邀请工程质量监督部门参加。

4 建设单位、施工单位法定代表人或授权代表应出席，各方在工程项目中的主要管理、技术人员等必须参加。

8.2.2 会议应包括下列主要内容：

1 各方应介绍各自的人员、组织机构、职责范围及联系方式。建设单位应宣布对总监的授权，施工单位应提交对项目经理的授权书。

2 施工单位应陈述开工的各项准备工作情况。

3 监理机构应说明监理工作准备情况。

4 监理工程师应说明主要监理程序、质量和安全事故报告程序、文件往来程序和工地例会等要求。

5 建设单位应说明工程占地、拆迁等与开工条件有关的事项。

6 总监应进行会议总结，明确施工准备工作存在的主要问题和解决措施要求。

7 具备开工条件的，可下达工程开工令。

8.3 工地例会

8.3.1 工地例会应由总监或驻地监理工程师主持，宜每月召开1次，建设单位代表、施工单位项目经理、技术负责人及有关人员应参加。

8.3.2 会议应检查上次例会议定事项的落实情况，并对工程质量、安全、环保、费用、进度和合同事项等情况进行讨论，提出解决问题的措施并确定下一步工作安排。

8.4 专题会议

8.4.1 专题会议可由监理工程师主持，建设单位、施工单位代表及有关人员参加，必要时可邀请有关专家参加。

8.4.2 会议应针对工程技术、质量、安全、环保、费用、进度和合同事项等方面的重点、难点及需要协调的问题进行讨论，提出解决方案并形成意见。

9 监理资料

9.1 一般规定

9.1.1 监理资料应包括监理管理文件、质量监理文件、安全监理文件、环保监理文件、费用与进度监理文件、合同事项管理文件，以及监理日志、巡视记录、旁站记录、监理月报、监理工作报告等其他监理文件和影像资料。

9.1.2 监理资料应齐全、真实、准确、完整。

9.1.3 监理机构应建立健全监理资料管理制度，宜采用信息化手段进行管理。

9.1.4 除人员签字部分和现场抽检记录外，监理资料可打印。现场原始记录应留存备查。

9.2 资料内容

9.2.1 监理管理文件应包括监理合同，监理计划、监理细则，会议记录、会议纪要，综合性往来文件等。

9.2.2 质量监理文件应包括质量监理要求和往来文件，测量、材料等审查、试验资料，抽检记录，隐蔽工程验收和工程质量检验评定资料，质量问题处理资料等。

9.2.3 安全、环保监理文件应包括安全、环保管理制度、监理要求和往来文件，检查记录，事故、隐患及问题处理资料等。

9.2.4 费用与进度监理文件应包括费用与进度计划文件、监理要求和往来文件，工程计量、支付文件，工程开工令，进度检查文件等。

9.2.5 合同事项管理文件应包括工程分包、履约检查文件，停工令及复工令，工程变更、延期、索赔、违约和争端处理文件，价格调整文件等。

9.2.6 监理日志应按附录B-07格式填写，并应经驻地监理工程师或总监审核。巡视记录应经驻地监理工程师审核。

9.2.7 监理月报应包括下列主要内容：

1 当月工程实施情况。
2 当月监理工作情况。
3 当月工程质量、安全、环保、费用、进度监理和合同事项管理等情况统计。
4 发现施工存在的主要问题及处理情况。
5 下月监理工作重点。

9.2.8 监理工作报告应包括下列主要内容：

1 工程概况。
2 监理工作概况，包括组织机构、人员、设备和设施情况等。
3 监理工作成效，包括质量、安全、环保、费用和进度监理及合同事项管理等措施，施工过程中检查情况，工程质量评定情况及问题和事故处理情况等。
4 交工验收时存在的问题及处理情况。
5 监理工作体会、说明和建议。

9.3 归档

9.3.1 监理资料应随监理过程及时归集，系统化排列，按规定组卷、编列案卷目录。

9.3.2 监理档案应妥善存放和保管，按时移交建设单位。

9.3.3 监理单位对未列入监理资料归档的其他监理文件也应分类整理，与工程直接相关的在竣工验收前提交建设单位。

附录二

公路工程施工监理用表

B-01 监理计划书报审表

_____工程项目

监理计划书报审表

编　号：_____

| 监理单位 | | 监理机构 | |

致业主(代表)：
　　现上报_____高速公路_____段建设项目_____驻地监理工程师办公室监理实施细则，请审查批复。

申报人：
年　月　日

业主(代表)审查意见：

业主(代表)：
年　月　日

B-02　监理实施细则报审表

_____工程项目
监理实施细则报审表

编　号：_____

监理单位		监理机构	

致总监理工程师：_____

　　现上报_____高速公路_____段建设项目_____驻地监理工程师办公室监理实施细则，请审查批复。

申报人：

年　月　日

总监理工程师审查意见：

总监理工程师：

年　月　日

B-03 监理指令单

_____工程项目

监理指令单

编号：_____

施工单位		合同段	
监理机构			
签发人		日　期	

致_____
（说明监理指令的依据、施工单位不符合规定的事实及整改要求等内容）

请于_____年_____月_____日前回复

抄报(送)：

签收人：		日期：	年　月　日

B-04　工程停工令

_____工程项目

工程停工令

承包单位：_____　　合同号：_____
监理单位：_____　　编　号：_____

停工依据：
停工范围：
停工原因：
停工日期：　　　年　　月　　日　　时
停工后应做如下处理：
驻地监理工程师意见： 　　　　　　　　　　　　　　　　签字：_____　日期：_____
总监理工程师（代表）意见： 　　　　　　　　　　　　　　　　签字：_____　日期：_____
业主（代表）意见： 　　　　　　　　　　　　　　　　签字：_____　日期：_____
承包人： 　　　　　　　　　　　　　　　　收件日期：_____

B-05　复工令

_____工程项目
复工指令

承包单位：_____　　　合同号：_____
监理单位：_____　　　编　号：_____

复工依据：	
复工范围：	
复工原因：	
复工日期：　　　　年　　月　　日　　时	
复工应做如下工作：	
业主(代表)：	日期：
总监理工程师(代表)：	日期：
驻地监理代表：	日期：
承包人：	收件日期：

B-06　工地会议纪要

_____工程项目

工地会议纪要

承包单位：_____　　合同号：_____
监理单位：_____　　编　号：_____

（阐述会议时间、地点、参加单位人员，会议的具体内容、要求、措施等）

此表由主持会议的单位或部门负责整理、印发，并确定属于哪个文件的附件。

B-07 监理日志

_____工程项目

监理日志

编号：_____

监理机构			
记录人		日　期	年　月　日
审核人		天气情况	

主要施工情况	
监理主要工作	
问题及处理情况	

B-08　巡视记录

_____工程项目
巡视记录

编号：_____

施工单位		合同段	
巡视人		巡视时间	年　月　日
巡视范围			
主要施工情况			
质量、安全、环保等情况			
发现的问题及处理意见			

B-09 旁站记录

_____工程项目

旁站记录

编号：_____

施工单位		合同段	
旁站人		旁站时间	年　月　日
旁站项目			
施工过程简述			
旁站工作情况			
主要数据记录			
发现问题及处理结果			

B-10　监理月报告书

_____工程项目

监理月报告书

（　　月份）

合　同　段_____

监理公司_____

驻地监理_____

二〇　　年　　月　　日

B-10-1 监理月报表(一)

承包单位 _____ 合同段 _____ 监理单位 _____ 编号 _____

_____ 监理月报表(一)

_____ 工程项目

截至 20___ 年 ___ 月 25 日   第 ___ 页 共 ___ 页

工程内容	到本期末累计完成百分率/%		本月实际完成百分率/%	工程内容	到本期末累计完成百分率/%		本月实际完成百分率/%
	计划完成百分率	实际完成百分率			计划完成百分率	实际完成百分率	
				其他			
对本月工程完成情况的评价							
存在问题建议							
处理意见							

注:计划完成百分率、实际完成百分率、本月实际完成百分率均指各单项工程工作量与本标段合同总价(含已变更工作量)的比值。

填表: 驻地监理工程师:

附注:1. 工程内容、按合同工程量清单的实际单项工程名称填列。
2. 该表必须打字上报。

B-10-2 监理月报表(二)

承包单位 _____ 合同段 _____ 编号 _____

工程项目 _____

监理月报表(二)

截至 年 月 日 监理单位 _____ 第 1 页 共 1 页

月份	日期																														
	26	27	28	29	30	31	1	2	3	4	5	6	7	8	9	10	11	12	13	14	15	16	17	18	19	20	21	22	23	24	25
气候情况 雨量																															
气温/℃ 最高																															
气温/℃ 最低																															
说明																															
自然灾害 受灾情况																															
自然灾害 对工程计划进度的影响																															
自然灾害 处理结果																															
其他说明																															

填表: 驻地监理工程师:

附注:该表必须打字上报。

B-10-3 监理月报告书(合同主要情况)

监理月报告书(合同主要情况)

承包单位_____ 合同段_____ 监理单位_____

截至 20 年 月 日 编号_____

月 份							
承包人							
合同总价							
工程变更增减金额							
本月预计最终费用							
开工日期							
合同期限							
预计竣工日期							

驻地监理:

填表:

附注:1. 承包人填单位名称;合同总价填签订合同时的总价;工程变更增减金额指的是已正式批准变更累计增减金额;本月预计最终费用=合同总价+工程变更增减金额;开工日期指第一次工地会议批准开工的日期;合同期限指合同签订的竣工日期;预计竣工日期指开工日期加减索赔工期。

2. 工程变更,包括设计变更及清单外变更。

3. 本表必须打字上报。

B-10-4 监理月报告书(合同执行情况)

监理月报告书(合同执行情况)

承包单位_____ 合同段_____ 监理单位_____ 编号_____

截至20 年 月 日

月 份							
本月完成工作量							
本月计划工作量							
完成本月计划比例/%							
累计完成工作量							
累计完成比例/%							
预付款总额							
预付款回扣							
保 留 金							
累计支付总额							

填表:

驻地监理:

注:本表必须打字上报。每次月报均连续逐月填报自开工以来的合同费用执行情况,不许涂改以前各月的数据。

B-10-5 监理月报告书(人员、材料、设备资料)

监理月报告书(人员、材料、设备资料)

承包单位_____ 合同段_____ 监理单位_____ 编号_____

截至 20　　年　　月　　日

工种	管理人员	技术人员			技　　工　　人						外雇劳务
		高级	中级	初级	运输	压路	混凝土	钢筋	电焊	木工	起重	刮平	爆破	
人数														

设备名称	运输		压路		推土		钻机		起重		刮平		摊铺	
型号														
台数														

设备名称	搅拌		打桩			挖掘		铲车			其他设备			
型号														
台数														

材料名称	碎石	砂	钢筋	水泥	沥青	木材
规格						
数量						

填表：　　　　　　　　　　　　　　　　　　　　　　驻地监理：

附注：本表必须打字上报。

B-10-6 监理月报告书（工地试验室试验统计表）

监理月报告书（工地试验室试验统计表）

月 26 日至　　月 25 日

试验项目	试验次数	备注	试验项目	试验次数	备注

附注：本表必须打字上报。

B-11　索赔时间/金额审批表

_____工程项目

索赔时间/金额审批表

承包单位：_____　　　合同段：_____
监理单位：_____　　　编　号：_____

致(承包人)：_____		
根据你_____年_____月_____日第_____号索赔申报表中提出的索赔项目，经核定做以下批准：		
不批准	项目	
	金额/元	
	工期/天	
批准	项目	
	金额/元	
	工期/天	

索赔金额和延期累计：

截至目前索赔累计		本次索赔		到本次累计	
金　额	天　数	金　额	天　数	金　额	天　数

＋ 　 ＝

驻地监理工程师意见：

签字：_____　日期：_____

总监理工程师(代表)意见：

签字：_____　日期：_____

业主(代表)意见：

签字：_____　日期：_____

B-12 工程缺陷责任期终止证书

_____工程项目

工程缺陷责任期终止证书

承包单位：_____　　　　合同段：_____
监理单位：_____　　　　编　号：_____

本证书包括的工程：

检查人(单位)：

合同缺陷责任 证明签发日期	年　月　日	实际缺陷责任 证明签发日期	年　月　日

承包人：　　　　　　　　　　　　　　　　　　　　　　　　　　日期：

总监理工程师(代表)：　　　　　　　　　　　　　　　　　　　　日期：

业主(代表)：　　　　　　　　　　　　　　　　　　　　　　　　日期：

参考文献

[1] 中华人民共和国交通运输部. 公路工程施工监理规范(JTG G10—2016). 北京：人民交通出版社，2016.

[2] 中华人民共和国交通运输部. 公路工程质量检验评定标准 第一册 土建工程(JTG F80/1—2017). 北京：人民交通出版社，2018.

[3] 中华人民共和国交通运输部. 公路路基施工技术规范(JTG/T 3610—2019). 北京：人民交通出版社，2019.

[4] 中华人民共和国交通运输部. 公路沥青路面施工技术规范(JTG F40—2004). 北京：人民交通出版社，2004.

[5] 中华人民共和国交通运输部. 公路路面基层施工技术规范(JTG/T F20—2015). 北京：人民交通出版社，2015.

[6] 中华人民共和国交通运输部. 公路水泥混凝土路面施工技术规范(JTG/T F30—2014). 北京：人民交通出版社，2014.

[7] 中华人民共和国交通运输部. 公路桥涵施工技术规范(JTG/T F50—2011). 北京：人民交通出版社，2011.

[8] 中华人民共和国交通运输部. 公路隧道施工技术规范(JTG/T 3660—2020). 北京：人民交通出版社，2020.

[9] 黄万才. 公路工程施工监理基础[M]. 2版. 北京：人民交通出版社，2007.

[10] 李治平. 监理概论[M]. 2版. 北京：人民交通出版社，2006.

[11] 罗娜. 工程进度监理[M]. 2版. 北京：人民交通出版社，2007.

[12] 李宇峙，秦仁杰. 工程质量监理[M]. 3版. 北京：人民交通出版社，2013.

[13] 雒应. 合同管理[M]. 2版. 北京：人民交通出版社，2007.

[14] 中国交通建设监理协会. 交通建设工程安全监理[M]. 2版. 北京：人民交通出版社，2010.

[15] 中国交通建设监理协会. 交通建设工程施工环境保护监理[M]. 北京：人民交通出版社，2010.

[16] 袁剑波. 工程费用监理[M]. 2版. 北京：人民交通出版社，2007.

[17] 鲍香台，周志言，张璠. 公路工程施工监理[M]. 北京：中国科学技术出版社，2001.

[18] 洛阳市三星公路工程监理咨询有限责任公司. 公路工程监理实用手册[M]. 北京：人民交通出版社，2004.

[19] 刘吉士. 公路工程施工监理实务[M]. 北京：人民交通出版社，1999.

[20] 邵景干. 高速公路工程施工监理指南[M]. 北京：中国建筑工业出版社，2009.

[21] 唐杰军，蒋玲. 公路施工监理[M]. 北京：人民交通出版社，2006.